AF358510

COLECCIÓN
EDUCACIÓN:
OTROS LENGUAJES

Directores de la colección:

Jorge Larrosa

(Universidad de Barcelona, España)

Carlos Skliar

(FLACSO, Área Educación, Argentina)

Edición: Primera, Octubre de 2022

ISBN: 978-84-18929-77-9

Diseño: Gerardo Miño

Composición: Eduardo Rosende

© 2022, Miño y Dávila srl / Miño y Dávila editores sl

Prohibida su reproducción total o parcial, incluyendo fotocopia, sin la autorización expresa de los editores.
Cualquier forma de reproducción, distribución, comunicación pública o transformación de esta obra solo puede ser realizada con la autorización de sus titulares, salvo excepción prevista por la ley. Diríjase a CEDRO (Centro Español de Derechos Reprográficos, www.cedro.org) si necesita fotocopiar o escanear algún fragmento de esta obra.

dirección postal: Tacuarí 540 (C1071AAL)
Ciudad de Buenos Aires, Argentina
tel-fax: (54 11) 4331-1565
e-mail producción: produccion@minoydavila.com
e-mail administración: info@minoydavila.com
web: www.minoydavila.com
redes sociales: @MyDeditores, www.facebook.com/MinoyDavila

Facundo Giuliano

CONTRAFILOSOFÍAS DE LA EVALUACIÓN

PEDAGOGÍAS SIN RENDICIÓN

ÍNDICE

INTROITO
QUIZÁS INNECESARIO

Noé Jitrik

Vano intento el de presentar un trabajo sobre conceptos que acumulan toneladas de reflexiones muy sustanciosas pero que, en principio, podrían comprenderse de entrada; sin embargo, el libro de Facundo Giuliano desmiente esa presunta dificultad. Y no quizás por una búsqueda de originalidad, sino por un gesto de índole filosófica muy propio: no dejar nada afirmado en pie, trasponer los muros de lo ya sabido, ir más atrás de lo que los conceptos, precisamente, porque están muy instalados, parecen haber resuelto.

El de evaluación no sólo es uno de ellos, sino que posee una virtud innegable: es un universal, todo se evalúa, desde lo mínimo y simple cotidiano —el gesto, el comportamiento, el estado físico, el afecto, el precio, el valor de las cosas- hasta la superior y más compleja —la promesa, el mérito, la moral, el aprendizaje, el conocimiento, las creencias, las decisiones políticas—. Al parecer sin evaluar, primo hermano bastardo de "juzgar", ninguna sociedad puede subsistir. Pero, igualmente, y por lo mismo, lo singular, la educación, que es el labrantío en el que Facundo Giuliano reflexiona y, asombrosamente para nuestro apartamiento de semejante asunto, devela: lo dramático, lo a veces perverso, lo falso, el autoritarismo, las posiciones, las frustraciones.

Al igual que otros mecanismos, sin los que la cultura de una sociedad perdería su dinámica, la evaluación promueve y limita, condiciona y estimula, es como un aceite indispensable para que los mecanismos de la cultura no se oxiden y dejen de funcionar. Pero hasta qué punto y con qué fundamentos: sobre eso Facundo Giuliano se detiene e interroga lo que se ha dicho, así como sus prácticas, las estructuras mismas de su sentido. Cuestiona lo que llama la "razón evaluadora", que es la base de la "razón del sistema", desde otra razón, la problematizadora. Nos hace ver, arroja luz sobre lo que en principio sería una actitud naturalizada, un es así y sin eso dónde iríamos a parar.

Entre la innumerable multitud de objetos evaluables y la evaluación que resulta se tiende un espacio; por de pronto, tiene lugar un criterio de valoración, se evalúa para justificar, promover, instalar pero, a continuación, otro criterio, la objetividad, y eso es por definición cuestionable, que debería guiar todos los pasos de una evaluación y, sobre todo, la acción de un sujeto que nace en ese espacio, el "evaluador", palabra que caracteriza cierta majestad, la de alguien sentado en una especie de trono y que está encargado de definir en ocasiones un destino mediante sus decisiones evaluadoras. Figura que encarna la continuidad de un sistema, es responsable de las sustituciones y los reemplazos, así como de las consagraciones y que parece, por su competencia y sus méritos, pero también por su adhesión a determinados valores, ideológicos y políticos, inevitablemente, justificar lo que una institución, en el caso educativa, necesita para funcionar y subsistir.

Sería vano, como señalé al comienzo, evocar las numerosas incitaciones a pensar que formula Facundo Giuliano en este minucioso libro, fruto de una investigación prolongada y acuciosa. Lenguaje claro y preciso, recorridos críticos impecables, considerable dosis de poesía en el pensamiento y en la expresión, el libro proporciona una idea tanto del punto en el que se mueve esa suerte de interacción entre semiótica, psicología, sociología y literatura y lo que sale de la Universidad, nada inerte por cierto. Y una palabra más, una muestra de un filosofar que indaga en lo naturalizado y en lo evidente, en lo que hay detrás de las palabras, oculto en la sombra de lo ya sabido y el lugar común.

¿Cómo juzgarlo? ¿Cómo prever sus efectos? Es cierto que está dirigido a ese mundillo que es la educación, en el que evaluar es constante y acompaña todas las etapas de una carrera, temor y temblor, pero también en una posible lectura de un pensar activo, necesario para comprender un poco mejor a qué estamos sometidos en un mundo estructurado, deficiente estructuración quizás en el que toda incitación a revisión y cambio es sentida como a punto de quebrar lo poco que tenemos.

Exordio

> ¿A quién se le ocurre encender un fósforo en el
> polvorín, hablar de borrachos en la taberna, de soga
> en la casa del ahorcado?
>
> Ezequiel Martínez Estrada, *Las 40*

¿Tanto apruebas, tanto vales?
De pedagogías sin rendición

Siempre hay alguien disponible para ocupar el banquillo de los acusados, ese lugar donde se forma la experiencia de ser culpable hasta que se demuestre lo contrario. Una mirada socarrona o amenazante de un lado y unas cuántas somatizaciones del otro: ansiedades, insomnio, palideces, balbuceos, terrores y temblores. Lo que tanto se pidió para los represores y genocidas de nuestro país, juicio y castigo, se extendió a todo el cuerpo social examinado y sancionado ahora bajo los influjos pedagógicos que impelen a rendir, y a rendirse, ante los significantes infinitivos de una época obsesionada con el rendimiento: evaluar y castigar. De todos modos, no es propiedad exclusiva de nuestro presente la dieta de antidepresivos, ansiolíticos, cafés y cigarrillos (chocolatada y chupetines para las primeras infancias estresadas por los requerimientos del sistema) que tal vez convoquen una estancia diarreica o bulímica, como metáfora de la fluidez solicitada, en las performances exigidas. Total, lo que importa es que pase rápido, ya lo sabe el organismo, más lo sabe la conciencia abarrotada de informaciones que pronto olvidará incluso cuando se luzca ante el Saber sólido e inquisitorial. *Ca-*

prexam se llamaba de manera abreviada y jocosa al cagazo pre examen, al miedo combinado con la tensión y el suplicio que hacía aumentar los latidos del corazón llegando a taquicárdicas situaciones de desmayo, muestras de una debilidad que hacía de cualquiera alguien frágil carente de aptitud o mereciente de humillación.

Mientras tanto, los teóricos alineados y con semblante positivista han puesto sus datos experimentales sobre la mesa enseñando que las calificaciones dependen del ánimo evaluador, del temperamento examinador, del azar sobre a quién juzgaron antes que a vos. Se descalifica la experiencia del desconocimiento, se evalúa positivamente *dar cuenta* de un Saber que no se dejará aprehender si guarda un ápice de vitalidad. Algo también sucede con el tiempo, por ejemplo, al evocarse aquella percepción de cuando las clases terminan y comienzan las pruebas (equivalente a decir que un dar se liquida cuando empieza a pedir su contraparte, que ni siquiera es arte). Algo también sucede con el espacio, por ejemplo, cuando se evoca el aula como un horno evaluador en el que la docencia atontada hace preguntas comercializables que ni el espíritu juguetón de la sabiduría popular quisiera responder. Ni hablemos de cuando la oralidad es puesta a prueba y la di*ser*tación (o, en un tartamudeo original, disertasación) se torna ocasión de un juicio a veces total, pero siempre incluyente de criterios inconscientes que operan en la percepción de detalles como, según advirtieron en 1970 autores no adeptos a la igualdad de las inteligencias —cual lucha de clases en el aula— el estilo o los modales, el acento o la elocución, la postura o la mímica, incluso la vestimenta y la cosmética.

Competencia individualizadora, veredictos totalizantes (o totalitarios) a veces imprevisibles, arritmias sistémicas que impiden la música del pensar y el conversar, imposición de *una* definición del saber y de *la* manera de manifestarlo como escaladas en los montes mercantiles de la "dignificación", satisfacción onanista del ideal pequeñoburgués de la igualdad formal (disfraz muy legitimado para la desigualdad y forma nada festiva de lo ridículo) que decanta en la constitución y la consolidación evolutiva del *homo hierarchicus* (supervivencia de los más aptos mediante), la educación reducida a la producción de individuos (infancias y jóvenes sin importancia colectiva) cada vez mejor adaptados a las demandas del mercado y la época –alguien diría: *cualificados*–. Hacia 1970, Bourdieu y Passeron hablaban de "la religión típicamente francesa de la clasificación" (1996, p. 200) no solo sin atender a sus resistencias, también sin prestar atención a la diseminación geopolítica de sus iglesias, credos y sacramentos. Tampoco era obligación que lo hagan, pero desde nuestras latitudes –a menos que haya una indeseable complicidad manifiesta– se hace difícil hacer la vista gorda u oídos sordos a estas cuestiones cuyos efectos pesan y siguen pesando sobre nuestros pueblos, sobre nuestras vidas y sobre nuestros tiempos. Eso sí, dejaremos a los sabios a la derecha, aunque sabemos que les gusta cambiarse de fila cada tanto dependiendo el soplo del viento, pues siempre preferiremos ubicarnos a la izquierda junto a ignorantes de todas las edades y colores que, no obstante, siguen enseñando lo imposible y escribiendo los versos subterráneos que convocan las más diversas melodías del mundo.

Lo subversivo, así y aquí plantado, retoma vigorosamente la lucha contra la selectividad maquillada de "natural" y la reducción de la enseñanza en toda pedagogía que rinde pleitesía a una formación rendida al rendimiento que, por su propio raciocinio, aleja lo popular de la educación por más pública que se desee. Nuestra problematización se sitúa en estas coordenadas combativas que exploran los vectores conspicuos y timoratos de su razón de ser y de hacer, del tipo de racionalidad que fundamenta las pedagogías del *statu quo* y que no está falta de filosofía. De hecho, en un ensayo sobre el que nunca llegamos a conversar, y que luego me acompañaría en más de una clase en la universidad, el querido Horacio González hablaba de una razón calculista y menguada, categorizadora e incentivadora, planificadora y privatista, en resumen, lo que poco menos de dos décadas después –sin haber leído ese texto, pero en una conversación directa con su gestualidad– hemos condensado en lo que llamamos *razón evaluadora*. La educación pública, en cualquiera de sus versiones, se ve amenazada por su agregación pasiva como mero bártulo de esta razón de mercado y sus procedimientos que descansan en una simulación registradora y censora como racionalidad acorde a su conjunto carcelario de reglamentaciones. Por esto Horacio, hacia finales del siglo XX, advertía que cuando se instala el imperio del pensamiento como cálculo quedamos presos de un molde crediticio y taxonómico que califica y es calificado cual existencia bancaria.

El arte de educar sucumbe así ante "la doble presión de la finalidad cautiva y la reconversión del lenguaje a una dimensión instrumental, en la que no falta la palabra 'herramienta' y en donde lo humano se convierte en asunto de 'recursos humanos'" (González, 2001, p. 58). Como contrapartida se yergue toda una ontología fiscalizadora y un orden pedagógico estamental que la garantiza, frente a lo cual cabe preguntarse: ¿cómo pasamos del pensamiento taxidermista y calculista a la incalculabilidad del pensar, es decir, a lo incalculable como crítica, como pensamiento sentido que, al ser ofrecido, ya no es igual a sí mismo? Tal vez aquí lo contingente y lo desinteresado, tan rechazados por la categorizadora razón de la evaluación y su canon calculista, sean tan cardinales como el placer o el dolor que siente un sujeto en formación y no una entidad cosificada, destituida de porosidad y memoria colectiva. Tal vez sea esta también una manera de impugnar el *mercado de enseñanza* que "se rige no por la formación sino por la 'capacitación', [...] por la instrucción de 'capataces' que juegan su función de expertos transitorios en la aplicación de conocimientos perecederos" porque no han recibido alguna formación que invite a pensar sino meras *recetas* "para instrumentar, para aplicar, para devenir los empleados de las grandes corporaciones del primer mundo" (Bleichmar, 2007, p. 132). Guardianes del coto, usuarios de la iniquidad que cultivan el temor a la sombra y la oscuridad, representantes de las centrales cibernéticas del dominio o, para afilarnos con Ezequiel Martínez Estrada: "servidores estipendiarios, honorarios o vocacionales de la caballería de los filibusteros, [...] cazadores de esclavos, [...] caudillos de la vileza y la miseria, bebedores de sangre, sudor y lágrimas, capitanes de hordas cegadas y atemorizadas" (1957, p. 16).

Horacio aventura otra respuesta a la pregunta formulada por el pasaje, el paisaje o el paso bailarín que nos permite salir del eterno invierno calculador hacia el florecimiento primaveral de lo incalculable del pensar: se trata de la crítica incómodamente asentada en lo abierto, lo que no obliga, lo que rechaza fundar su propia instalación de catequesis profesionalistas. Pero también, de la crítica recuperada y emancipada de "la potestad de la institución que ya no interpreta, sino que administra juzgamientos" (González, 2001, p. 61). Activismo recuperador y revocador que puede escenificar una formación sin coerción institucional y que prescinde de toda mediación categorial en el acto de educar, acto conversacional si los hay en pie de verdadera igualdad no generacional. Tal vez sea otra manera de enseñar la rebeldía contra el embrutecimiento pedagógico, contra la conciencia aprobatoria ecuménica que hace de la educación una palabra más rebalsada de autoridad moral o, trayendo a conversación a otro González llamado César, el "relleno bendecido de todo repulgue discursivo" (2021, p. 97) que termina en una cantinela política con rasgos de bondad y la enunciación de su falta resulta la explicación a cualquier problema, así como el pedido de más sería la solución. Pero el poeta y cineasta César González percibe también en parte de ella "una máquina multifacética y multipolar de reducción, subestimación, normalización y banalización de la potencia humana" capaz de convertir animales entusiastas en tímidas estatuas de gritos enmudecidos que se inician en el (auto)rechazo y el "doblegarse ante la gente 'que sabe'" (2021, pp. 97-99).

No se puede así tener una idea complaciente del mundo y menos todavía soportar esa "voluntad de rescatar en los perdidos de la noche, en los ciegos de los caminos, la supuesta luz que los guiaría hacia su propia verdad y, en una relación mecánica de causa a efecto, el resorte de una actividad [pedagógica productiva] que volvería a colocar a esos marginales del mundo en el mundo" (Mercado, 1990, p. 62). Por esto es que a Martínez Estrada se le encogía el corazón y quería morir cuando veía las aulas puestas al servicio de garrapatas docentes o cuando veía que un estudiante devenía en gendarme, sentía vergüenza de que en las escuelas se enseñe a *usar* "la inteligencia como ganzúa y cortafrío", producto probable de que con balanza en mano "progresivamente se han ido perfeccionando los métodos de oprimir, depredar y vejar" (1957, pp. 47-70). ¿Quedará un ápice de indignación contra los impostores y embaucadores del pueblo? ¿O nos quedamos en la encerrona de una educación *para* la servidumbre y el acostumbramiento al maltrato hacia los animales? ¿Habremos asistido al ablandamiento mediante tanta explicación comercial de ventajas o al amedrentamiento vía guerra de nervios? Bastante antes que Foucault, Martínez Estrada advirtió cómo la nueva economía del poder encontró mayor eficacia en el embrutecimiento y la intimidación o el desaliento a las ganas de vivir que en el látigo y el cepo, así como con artefactos de la democracia puede someterse al pueblo sin que lo note y hacer que este lleve guirnaldas a sus verdugos.

Si en las guirnaldas se enhebran —aisladas en su singularidad— las historias como cuentas que tributan al matrimonio bien avenido de la Orden y el Orden, yunta obediente para dominar si las hay, puede escucharse de fondo una macabra vociferación latosa que exclama: "¡Diga usted quién es! ¡Denuncie usted su impostura! ¡Revele de inmediato su condición genuina de paria! ¡Considérese culpable e inferior! ¡Confiese su debilidad!" (Mercado, 2005, p. 67). Si con la avidez necesaria se curte el cuero y se supera una a una cada barrera exclamativa de requerimientos, la mezcla de aprobación y valor nos traza una pregunta inconcluyente e inexcusable: ¿tanto apruebas, tanto vales? Pero no será ni puede ser esta la última palabra, más desde que se plantaron las mínimas y ya insinuadas pedagogías sin rendición con las que este volumen se trama.

Contrafilosofías:
no todo son grisáceos universos de polvo

Que amor por la sabiduría, que sabiduría del amor, que saber de la amistad, que amistad por el saber, que afecto de conocer o conocer por el afecto, que relación con la verdad o verdad de la ración, las traducciones de la palabra Filosofía han traído un abanico tan amplio de tentativas corporativas como de sutiles atentados liberadores y problemáticas cadenas a la vida de los pueblos. En todas esas traslaciones fraternales, de alguna manera u otra ha quedado latente toda relación con el no saber que funda la exteriorización de la gestualidad filosófica y pone en acto, o en juego, sus negables e innegables andanzas tragicómicas. De aquí que no se intente la contradicción sin más o establecer una caprichosa *contra* a una actividad común fundamental y relacional de la praxis humana, antes bien se desearía atender a parte y arte de su retahíla de problemas que invita a escuchar el pensamiento sinuoso afincado en la nervadura sensible del suelo amoroso frente al ruido sabiondo de certezas incapaces de temblar y menos aún de bailar. Imantación enigmática del estar no más por la sabiduría del lugar (y del luchar) común: verdad ambigua del lacrimal, saber poroso de las vidas anodinas, conocer tímido del gesto repetido.

Hacia 1987, algunos años antes de su deceso, Susana Thénon arribó a una impresionante definición de la Filosofía en una obra que llevó por nombre *Ova completa*. El sustantivo plural neutro latino, que remite literalmente a huevos, también aloja la referencia al estoicismo que acostumbraba a comparar la filosofía con un huevo (cuya cáscara era la Lógica, la clara era la Física y la yema era la Ética), pero su adjetivación en concordancia también es un participio pasivo plural neutro latino que literalmente remite a lo colmado y sus variantes posibles: rellenos, repletos, rebosantes, henchidos. En este juego de pluralidades neutras, pero no neutrales ni neutralizables, también se percibe cierto hartazgo cargado, un cansancio no amigable y un agotamiento injustificable. Pero aquí, ¿dónde radicaría la base de estas manifestaciones de extenuación? Si vamos a la enunciación y vemos lo que expone su primera línea tal vez comenzamos a entender: "Filosofía significa 'violación de un ser viviente'" (Thénon, 2019, p. 155). Desarma la palabra y encuentra en *filoso* lo que corta mucho, así como en *fía* la tercera persona del verbo fiar, es decir, un depósito de confianza y un dar sin cobrar (*ad referéndum*). Desde aquí, entonces, su actividad es ejercida por los fiadores, la "Cofradía de los Sonrientes", los llamados *Friends* que de veras tienen la manija –o creen tenerla– en la descomunal mezquita de Oj-Alá.[1]

Una vez consumada, hacen su aparición por orden: la taquería, el comisario, el juez de la causa, el forense, el abogado de oficio, el reportero gráfico, el secreto de sumario, el advertidor de fascismo, una familia vecina, un psiquiatra, dos guardias. Ya adentro, ¡ay!, mejor dicho, hay: una que perdió las piernas, un sacerdote, un indiferente, un sádico, un calco-maníaco, un *Elogio de la locura* Ilustrado para Niños. Ya más, ¡uf!, ya bien adentro: "el recuerdo de una frase famosa el olvido de esa / frase famosa al que sigue el olvido de todo lo / famoso y lo que no lo es salvo tu culo" (Thénon, 2019, p. 156).[2] El poema definitorio termina señalando el momento de cuando la pena es condonada (al modo equiparable de una deuda), años después, solo queda retomar su ejercicio o que te lo ejerzan. Quizá no esté de más evocar

---

1.   También puede leerse esta irónica línea como una referencia a una gran estructura que se sale de lo común, que puede ser por ello no comunal, y que se destina al culto con una sala de oración orientada hacia "La Meca" (ubíquese aquí la escuela occidental predilecta), con una torre desde la cual se llama a los fieles y con una fuente para realizar las purificaciones del caso. Si encima pertenece a *Oj-Alá*, podemos percibir el nombre de una deidad precedida por una onomatopeya de disgusto, al tiempo que su contracción conforma toda una expresión de deseo que, a veces, puede confirmar o no una creencia.

2.   Cuenta Leopoldo Marechal que cierto idealista cordobés lo interrogó en un ateneo de barrio: "¿Por qué será que hasta que no se habla del culo nadie se humaniza?", a lo que respondió que "siendo esa parte la menos ilustre de nuestra modalidad corpórea, es la que nos hace reflexionar con más hondura sobre la modestia de nuestro color humano y la que nos reduce mejor a los difíciles términos de la humildad" (1994, p. 53).

aquellos momentos posteriores a exámenes o evaluaciones en los que se asegura que nos violaron en la prueba, que nos rompieron nuestra parte posterior o, incluso con metáfora reproductivista, que también contra nuestra voluntad nos embarazaron. Si *la* Filosofía tiene incluido ese régimen juzgador que abarca desde edificaciones donde se encierra gente con presunción de culpabilidad, pasando por toda una burocracia policial, hasta la pérdida de extremidades (o la rotura de posterioridades) y la presencia de calco-maníacos sacerdotales, sádicos e indiferentes, ¿cómo se conforma su suma de adeptos sin más? ¿quedarán impunes sus idiotas útiles y colaboracionistas de toda calaña? ¿necesitaremos más motivos que nos convoquen a encontrar sin buscar, a plantar y plantear, aquí y ahora, *contrafilosofías*?

En la trampa, se titula el ensayo de Herta Müller (2015) en el que describe cuatro tipos de relaciones con un régimen opresivo, que también son cuatro maneras de comportarse en función del Mismo. La primera de ellas supone una *actitud constructiva* a su interior e implica ponerse a disposición del régimen sin que sea requerido, lo cual se hace *para* alcanzar una posición privilegiada frente al resto y, en medio del interés voluntarista, entra en escena el deseo de reconocimiento y de convertirse en autoridad mandona, más precisamente en un *verdugo sin miedo*, motivo por el que llama la atención como muestra de que es alguien de fiar y quiere por ello su recompensa. Si esta manera queda manifiesta porque *construye* una trampa, la segunda se caracteriza por *hacerla funcionar*: se pide expresamente colaboración y entra en juego la inseguridad a pesar de que quien colabore no tarde en hacerse de la situación, lo que le constituye un *verdugo con miedo* que, precisamente por eso, realiza su trabajo con gran empeño, se adelanta a sus obligaciones, se mantiene cerca de la trampa haciéndola funcionar incluso cuando nadie se lo pida y después dirá que lo único que hizo fue "cumplir órdenes". La tercera involucra una inclinación a colaborar, pero que nunca resultará requerida: esta relación constituye al *simpatizante* que, aunque evita la cercanía de la trampa -consciente de que solo cae en ella quien se acerca demasiado-, no dudará en encogerse de hombros y decir que las cosas no son "tan terribles".

Quien no presta colaboración entra en la *renegación* y comienza a ser percibido/a como enemigo del régimen, de manera que tanto verdugos con miedo como sin miedo se lo toman como una provocación personal y es para este tipo de personajes, renegados y renegadas, que la trampa está construida. Los simpatizantes los ven y pueden hasta sentir compasión, pero evitan el contacto, así como el trato que les propicien los verdugos actúa como medida testimonial que indica cuánto de fiar son para el régimen. Esta radiografía del ejercicio del poder puede conjugarse con un análisis anterior de Müller (2011) que pone de manifiesto la situación en que pueden quedar las singularidades después de su paso por un régimen opresivo: están aquellas que quedan *intactas* (quienes no tuvieron que superar el dolor de la exclusión, no sufrieron la bofetada de la normalidad ni se vieron obligadas a abofetear a otras), aquellas que quedan *dañadas* (tal vez quienes a diario debieron censurar su imagen hasta perder su singularidad para ajustarla a la normalidad)y aquellas que quedan *rotas* del todo (quizá quienes, sintiendo la indiferencia de todos y de todo, llegaron a confundir su propia respiración con *el tic-tac de la norma* y fueron sostenidas en una mano como se sostiene un objeto útil). Müller llegó a percibir cómo, en todos los tonos de broma o seriedad, palabras como *norma, normal, normalidad* nunca dejaron de ser palabras de control que no se escuchaban en el pueblo, sino que se decían en la ciudad y eran fácilmente monopolizadas por los opresores y sus esbirros.

Será acaso por todas las opresiones vividas que a la escritora y pensadora rumana le gustaba salirse de la fila, escapar al *tic-tac* de la norma, creer en las singularidades, aunque no tengan pruebas, descreer de personas que las obtienen y no creer en algunas *precisamente porque* las tienen. Puede olvidarse el hambre cuando se está satisfecho, pero no las humillaciones y sufrimientos que con razón de crueldad se han hecho. Total, la inclusión como desubjetivación insiste más allá de su consumación, desintegra cualquier peculiaridad ética hasta cimentar la base moral desde la que se reparten condenas. Llegada esa instancia en que ya no somos tan iguales, podría preguntarse, ¿tanto cedes, tanto vales? La valoración se inserta en un modelo de polarización de la subjetividad que traza una estafa piramidal con obvia cúspide en el éxito y la ganancia especuladora, con base amplísima en algún tipo de perdición y en el impedimento de enfrentarse a nadie "por el anonimato con el cual el sistema diluye constantemente responsabilidades y presenta toda toma de decisión como de una racionalidad imposible de ser derribada" (Bleichmar, 2007, p. 79). Pero de esta manera solo quedarían los tecnócratas de la masacre disueltos o licuados en los esquemas impersonales que aceitan las partes opresivas de las estructuras mismas todavía perdurables, mal que les pese a pensadores de lo líquido y la evaporación. Además, ¿puede haber racionalidad sin corporalidad que la encarne, la practique o la actúe? La gente calificada como *perdedora* en este marco, ¿está totalmente imposibilitada de resistir, de enfrentar y combatir aquello que la oprime?

La fuerza o el esfuerzo del corazón, también llamado coraje, en la defensiva y en la ofensiva convoca la triada de inteligencia, imaginación y sensibilidad que lo contingente reclama en su batalla con el pecho desnudo. Tal vez sea una pelea más ajustada a la poética que a cualquier arte militar, porque los teoremas poéticos tienen más potencia de llegada que las balas de pesadas armas. Aquí la luz se parece a la de tres lámparas europeas ahorcadas en el techo por sus cables ruinosos donde han cagado profusamente cien generaciones de moscas africanas y latinoamericanas. Las ondas concéntricas en su peligrosidad y centrifugación alertan del cascote que inquietó el espejo de las aguas, haciendo sentir la furia del verbo traducida en una bronca demiúrgica que hace crujir los huesos literarios y degustar los caracúes filosóficos. ¿Inquietudes pedagógicas sin rendición o contrafilosofías de toda evaluación? No es una elección forzada, ni un binarismo ocasional que recuerda la desgracia dualista, tal vez sea un deleite de trenza cocida o un entramado de percepciones que se tejen con amor de abuela cercana y cala las problemáticas por su adentro, acorde a las instancias de una vida en laberinto y pelea. Alegrón de la esperanza que brota ante la inminencia de un combate ineludible, mordedura de las vainas del furor en tiempo presente porque sabido es que después los dientes se aflojan…

Si los conflictos filo-educativos no son muchos en lo esencial, su repetición a través de los tiempos puede alojar denominadores comunes, pero con disímiles numeradores encarnados en paladines, ángeles o demonios bajo formas distintas despistantes en su modernidad/colonialidad que pueden llevarnos a morir de pedagogía. O, mejor dicho, de *esa* pedagogía que cansa con su sucesión de gestos evaluadores, que cumple y hace cumplir inexorablemente como acciones y reacciones esperables o predeterminadas, diálogos y monólogos ajenos a toda conversación posible e imposible, hipos nerviosos de la tragedia evaluativa y risas impostadas del sainete examinador: vocación del juicio que empuja a las tablas y ordena un mutis en cada habla. Renegadas y renegados se resisten a entrar en escena, mientras simpatizantes allí colaboran en ese teatro cruel de verdugos iluministas y fantasmas ilustrados. Desmontar su gran operación convoca los deseos de romper las mascarillas actorales, incluida la máscara propia, con tal de ver lo que hay debajo y mirarse a cara limpia en algún espejo terrible, porque algo de liturgia hay en la farsa. También no poco de infancia, esa viveza nutrida de una temporalidad no cronológica que a veces anda presa bajo máscaras adultas y adustas, aunque otras veces anda catita y meneando a flor de piel en algún gesto acrónico siempre contemporáneo. Por eso tal vez todo accionar opresivo sea un atentado a la infancia como sustantivo colectivo de enseñanza y una definición de verdugo tal vez sea "aquel que ha sido tomado por su máscara y ha dejado enterrada su infancia en el patio de una escuela olvidada".

Lo anterior también puede evocarnos a Martínez Estrada cuando interpeló a un ministro de Educación por el trato que recibían las infancias que entraban como genios a las instituciones educativas y salían como idiotas, mientras enfatizaba que *no se sabe* con qué se trata cuando se trata de infancia, por muchas ceremonias que se celebren en su honor y por más que se le dediquen muchos templos llamados escuelas, colegios y universidades. Ese no saber también se lo adjudica a Sarmiento que quiso convertir al país en una escuela y "no se le ocurrió que mucho mejor hubiera sido convertirlo en un jardín de infantes" (Martínez Estrada, 1956, p. 85), lo que nos habría ahorrado muchos años malgastados, muchos episodios vergonzosos de nuestras historia política, muchas lágrimas y sangre, si tan solo se hubiese procurado más infancia -incluso para los caudillos odiados- en lugar de la pretensión de que escolares a los diez años reciten de memoria la Constitución. Algo más agrega el autor de *Radiografía de la pampa* sobre el maestro de la patria: "El que también nos confesara que jamás supo hacer bailar un trompo, remontar una cometa ni conoció ninguno de los juegos infantiles ¿cómo había de ser un gran maestro?" (1956, p. 85). Si la liturgia filosófica por antonomasia conducía a la mayoría de edad como destino final inapelable, esta contrafilosofía nos muestra la necesidad de restituirle su imperio a la infancia y nos implemente sus derechos.

Como si se tratara de una batalla lenta y milenaria, recordando a Murena (1963) en sus tramas, cada palabra, verso, página crítica y drama mina, roe, debilita, percude, desgasta todo sistema totalizante, subvirtiendo esquemas tradicionales de pensamiento sin caer en pomposidades porque tal vez:

> Tenemos que dejar de ser solemnes y graves y, sin dejar de crear universidades tantas veces como sea posible, no olvidar de que los circos son tanto o más necesarios; y que un país con pocos circos es un país con muchas cárceles. (Martínez Estrada, 1956, p. 86)

No obturar las venas circenses o festivas de las pedagogías sin rendición es dar lugar, no a profesores tragafuegos que intentan entre *tener* y capturar la atención con su ventriloquía explicadora, sino a la docencia en su equilibrismo imposible, en su malabarismo inquebrantable, en su payasada inevitable y en su payada irremplazable, todas andanzas de contrafilosofías que no prescinden de la mímica, la magia, el escapismo, el contorsionismo. Pues un verso solo no hace poema y, aunque la tecnología quiera anteponerle *meta*, es su conjunción de pluralidad sin teleología lo que funda singulares poéticas. Contrafilosofías del capitalismo cognitivo, o de la evaluación que es lo Mismo, pluriversidad de los sentidos agujereados por lo vivo: aleteo contra la semejanza, costado que se desprende en la maravilla fugaz de un sueño diurno *mater*ializado en un testimonio no requerido, aunque multiplicado en las vidas entreabiertas como bocas del mundo que se alimentan de signos deseantes. Sin un fondo oscuro junto a algo que irradie las estrellas no brillan y una estrella aterrizada no es más que escombro, breve sombra que aleja al pájaro borrador y acerca curiosidades de rondón al fogón de una fiesta enseñante que busca la tesitura, sin juicio a las criaturas, sin diosas que nos pegan, sin presentimientos de altura.

Allá por 1932 ya lo advertía Baldomero Fernández Moreno: "No todo son grisáceos universos de polvo, / ni caminos de leguas duplicados de barro: / hay momentos dulcísimos también en la campaña, / que no tenéis vosotros, doctores ciudadanos" (1969, p. 164). Campaña que es campo anhelante de monte y aspereza, de actos de índole diversa sin fin determinado, tiempo no estrictamente encaminado, salida del puerto sin egos de conquista, destinos que no tienen pruebas como historias pasibles de morir con su verdad olvidada en la memoria, suerte de las estrellas que guían entre caminos sin avistables huellas. Geografías desviadas de la formación que convierte a enseñantes en ejecutantes examinadores evaluadores y a estudiantes en subjetividades sospechosas potencialmente condenables o culpables hasta que demuestren lo contrario. Si lo conversamos con los trazos sonoros de Gustavo Nápoli y su causa que renguea, el viaje sigue más allá de las luces de la autopista: habrá un siempre para la batalla y la razón que nos aplaza, como hay una sombra para cada luz, andemos por donde andemos. ¿Violencias de una racionalidad patriarcal de ser o de hacer? Conglomerado experiencial que metaforiza los casi acostumbrados maltratos a toda nerviosidad educativa vital (que, por gravitación popular, no se deja reducir a cosa disciplinar) al avistar avatares pedagógicos de alteridad.

Se escucha desde lejos al poeta de mataderos cuando, como relámpagos en la fría noche, cruzamos los abismos que guardan a la sombra ocultadora de nosotros mismos, lo extraño está ahí del otro lado entre temiendo y dando una mano, tal vez una práctica de libertad descolonizando. Esta puede ser otra andanza educativa que, en su travesía festiva, no escatima letra de lo mínimo, ironía vital, ni mucho menos sensibilidad fronteriza con su inaplazable trasfondo de combatividad. Pedagogías que no se rinden, ni rinden porque conviven amigablemente con la insuficiencia del resultado (otra manifestación de lo imposible), acaso sean los hilos entramados de toda contrafilosofía o, quizá en su reverso, las contrafilosofías germinen precisamente allí donde hay pedagogías sin rendición y, por ello, en lucha o ética rebelión. Hay quienes han llegado a percibirlas y (re)vivirlas cada "día en que la atmósfera está completamente despejada del mínimo miasma de 'sanción'" (Deligny, 2017, p. 35), pero todavía quedan quienes empujan a caminar sin mirar siquiera si hay un clavo herrumbrado de la historia o apenas una entrometida piedra metafísica en el zapato izquierdo de caminantes venidos al mundo sin calzado, con muletas circunstanciales o, de a ratos, con silla de ruedas sin freno de mano.

Ensayo terminado un 25 de mayo: día del cumpleaños de mi abuela (a la seño Mary, felicidades) /un año del recuerdo formado por lo que sería nuestra última charla telefónica de largos e intensos minutos con Horacio González / 212 años de los acontecimientos revolucionarios y liberadores de la historia argentina.

BASES MODERNAS/COLONIALES DEL EVALUAR Y AVATARES PEDAGÓGICOS DE ALTERIDAD

> Ponderación, encuadre […], exhibición de la experiencia cuando se supone haberla objetivado, todos esos gestos "positivos" son argucias para salirse de las luces de los reflectores y entrar en el cono de sombra, en la opacidad de la negación. Nada borra más los hechos, nada desvanece más los perfiles de la realidad que la clasificación de esa misma realidad.
>
> Tununa Mercado, *En estado de memoria*

> El combate con la desaparición es arduo. Buscas con urgencia en todas tus memorias, porque gracias a una simétrica repetición de experiencias sabes que si no lo recuerdas pocos instantes después de haberlo mirado este olvido significará los más desoladores días de búsqueda.
>
> Alejandra Pizarnik, *El deseo de la palabra*

Preguntarnos sobre el racismo epistémico

Prestar atención al racismo epistémico es una manera de desenmascarar las lógicas crueles de las instituciones modernas y de caminar por alguna contrafilosofía vinculada a los procesos sociales de liberación que, a su vez, intenta poner freno a los excesos de una cultura que se pretende universalmente válida. Como enseña Walter Mignolo (2018), el racismo epistémico atraviesa las esferas sociales del mundo en el que vivimos y suele ocultarse en la naturalización de ciertas formas de pensar y de producir conocimiento. Se trata de una operación de clasificación social porque valora como deficiente la humanidad de cierta gente por considerarla exigua, al tiempo que pondera y resalta a quienes caben en su particular supuesto universal. Pero también se trata de una maniobra epistémica porque responde a un sistema estructurado "desde actores, instituciones y categorías de pensamiento que gozan del privilegio de ser hegemónicas o dominantes y que logran imponerlo como verdad ontológica, apoyándose en investigaciones 'científicas' [que llevan adelante esos mismos actores, desde esas mismas instituciones, con sus propias categorías de pensamiento]" (Mignolo, 2018, p. 124), lo cual establece un estándar desde el cual se juzga a otros modos de pensar y a la gente que los encarna. De este modo opera el racismo epistémico que es administrado por actores institucionales con potestad para clasificar y jerarquizar a partir de los criterios heredados o que ellos mismos producen:

> Quien clasifica (enuncia), se clasifica a sí mismo entre los clasificados (lo enunciado) pero él es el único que clasifica entre todos los que caen en la clasificación. Este es un poderoso truco cuya operación, como en cualquier truco de magia, queda invisible para la audiencia que lo ve como algo que simplemente sucede. (Mignolo, 2018, p. 129)

Quienes han sido peor ubicados en la clasificación solo pueden disentir, mientras que quienes han producido la clasificación se ubican siempre en la cima de la jerarquía (cualquier similitud con los rankings —inexistentes sin evaluación—, es pura coincidencia). Vemos así "un lenguaje operando sobre los principios y supuestos del conocimiento" que hace caer a ciertas gentes bajo "la consideración de ser epistemológica y ontológicamente inferior (o al menos bajo la sospecha de serlo)" por no pertenecer al "club de la genealogía del pensamiento 'universal'" (Mignolo, 2018, p. 131). Esta observación da a pensar con más profundidad algunas relaciones que se cruzan cuando la pedagogía se apoya en la razón de la evaluación y hace que la educación se asemeje a la humillación, al desprecio y a la dominación. Porque, como reflexiona Carlos Skliar (2011), humillar quiere decir matar (aunque luego los asesinos digan que no fueron ellos, sino la propia incapacidad o la infinita pequeñez de ese o esa que de algún modo ha muerto) o en su defecto:

> *Deja marcas indelebles en todo el cuerpo. Quien la recibe demora demasiado tiempo en reaccionar. Quien la pronuncia sabe lo que está haciendo. Un ser que se cree curiosamente iluminado, golpea con toda su sombra a otro que es visto como sin luz. A eso llamaremos vejación, ofensa, muerte. 'No humillarás' jamás ha ascendido a la categoría de mandamiento.* (Skliar, 2011, p. 189; énfasis original)

Ego-pedagogías de la racionalidad moderna (ego conquiro/ego iudex/ego cogito)

> ¿Superioridad? ¿Inferioridad? ¿Por qué no intentar, sencillamente [...] sentir al otro, revelarme al otro?
>
> Frantz Fanon, *Piel negra, máscaras blancas*

Desde finales del siglo xv, con el Acontecimiento de la Conquista de América, se fue elaborando y formalizando un modo de producir conocimiento que daba cuenta de las necesidades cognitivas del capitalismo: la medición, la cuantificación, la externalización (objetivación) de lo cognoscible respecto del conocedor, para el control de las relaciones de las gentes con el mundo circundante... Tal como lo plantea el pensador peruano Aníbal Quijano, ese modo de conocimiento "fue, por su carácter y su origen eurocéntrico, denominado *racional*; fue impuesto y admitido en el conjunto del mundo capitalista como la única racionalidad válida y como emblema de la *modernidad*" (2007, p. 94). Sobre este último término se ha dicho mucho, pero resulta importante para este análisis destacar dos voces.

Santiago Castro-Gómez conceptualiza la *modernidad* como

> una serie de prácticas orientadas hacia el control racional
> de la vida humana, entre las cuales figuran la instituciona-
> lización de las ciencias sociales, la organización capitalista
> de la economía, la expansión colonial de Europa y, por
> encima de todo, la configuración jurídico-territorial de
> los estados nacionales. (2000, p. 93)

Desde estas instancias centrales se ejercerá dicho control hacia adentro y hacia afuera. Por su parte, Nelson Maldonado-Torres señala que

> Descartes le provee a la modernidad los dualismos men-
> te/cuerpo y mente/materia, que sirven de base para: 1)
> convertir la naturaleza y el cuerpo en objetos de cono-
> cimiento y control; 2) concebir la búsqueda del cono-
> cimiento como una tarea ascética que busca distanciar-
> se de lo subjetivo/corporal; y 3) elevar el escepticismo
> misantrópico y las evidencias racistas, justificadas por
> cierto sentido común, al nivel de filosofía primera y de
> fundamento mismo de las ciencias. (2007, p. 145)

En esta serie, cabe agregarlos ensayos de Michel de Montaigne (2014 [1580]) que también ponen de manifiesto otro antecedente filosófico moderno (anterior y distinto al aportado por Descartes) muchas veces pasado por alto en su aportación sustancial a la configuración de la *subjetividad moderna* y que, fundamentalmente, remiten a una obstinada obsesión por el juicio. De hecho, en los capítulos dedicados al magisterio y a la educación, resalta el valor del juicio por sobre el saber, la ciencia y las historias (que, según dice, más que enseñarlas, habría que enseñar a juzgarlas). Esto permite pensar que el *ego iudex* (yo juez) convive con y fortalece el *ego conquiro* (yo conquisto) al tiempo que ambos perviven en el *ego cogito* (yo pienso).

Estas definiciones son de vital importancia no solo por el enfoque planteado, sino también porque ponen en evidencia una serie de prácticas de control que forman parte del tipo de racionalidad que aquí se busca cuestionar. En efecto, no puede pasarse por alto la idea de *escepticismo misantrópico* que tantas veces se ha vivido o se ha intuido vivir, pero en pocas ocasiones se ha podido analizar con tal tino. A este respecto cabe resaltar que con el racismo científico y la idea misma de raza (inescindible de la de género)[3] como las expresiones explícitas de una actitud más general y difundida sobre la humanidad de sujetos colonizados y esclavizados en las Américas y en África (desde finales del siglo xv y en el siglo xvi), Maldonado-Torres sugiere que lo que nació entonces "fue algo más sutil, pero a la vez más penetrante que lo que transpira a primera instancia en el concepto de raza: se trata de una actitud caracterizada por una sospecha permanente" (2007, p. 133). Esta actitud de sospecha permanente siempre dirigida hacia otros (y otras, e incluso o-tres que no entran en el binarismo), que Maldonado-Torres (2007) llama *escepticismo misantrópico*, se basa en los logros del *ego cogito* (yo pensante) y de la racionabilidad instrumental que estaban contenidos previamente en el *ego conquiro* (yo conquistador) y –agregamos por nuestra parte– el *ego iudex* (yo juez), lo cual permite avistar que debajo del "yo pienso" podría leerse "otros (y otras) no piensan" y en el interior de "soy" puede ubicarse "la justificación filosófica para la idea de que 'otros no son' o estarían desprovistos de ser" (Maldonado-Torres, 2007, p. 144). Esta sospecha permanente hacia otros y otras, por la lógica misma de la colonialidad, pervive en nuestros tiempos más visiblemente, de formas variadas, en las relaciones pedagógicas que se encuentran mediadas por la racionalidad evaluadora.

Por tanto, y retomando a Quijano, el *eurocentrismo*

---

3.   En conversación con Bárbara Aguer (2018), podemos observar que en dicha relación de inherencia se advierte la coalescencia entre la racialización y la feminización (como operaciones de subsunción a alguna forma de minoría –asociada siempre a políticas de tutelaje/control, producción de dependencia y expropiación del trabajo y los saberes–) con el patriarcado y la colonialidad (ofreciendo el primero las experiencias y retóricas que hacen a la segunda, al tiempo que esta complejiza el sistema de clasificación patriarcal).

no es la perspectiva cognitiva de los europeos exclusivamente, o sólo de los dominantes del capitalismo mundial, sino del conjunto de los educados bajo su hegemonía. Y aunque implica un componente etnocéntrico, éste no lo explica, ni es su fuente principal de sentido. Se trata de la perspectiva cognitiva producida en el largo tiempo del conjunto del mundo eurocentrado del capitalismo colonial/moderno, y que *naturaliza* la experiencia de las gentes en este patrón de poder. Esto es, la hace percibir como *natural*, en consecuencia, como dada y no susceptible de ser cuestionada. (2007, p. 94)

Con lo cual no sería desatinado ubicar estos elementos como una serie de antecedentes constitutivos del surgimiento de una razón predominantemente evaluadora (y devaluadora) que contiene de manera naturalizada una concepción de humanidad que diferencia entre inferiores y superiores, racionales e irracionales, primitivos y civilizados, como núcleo principal de la racionalidad pedagógica que bajo la estructura colonial de poder producirá discriminaciones que se asumen con pretensión "científica", "neutral", "objetiva" o "ahistórica". En este sentido, acordamos con Quijano (1992) que dicha estructura colonial de poder fue, y todavía es, el marco dentro del cual operan las relaciones sociales (de las que las relaciones pedagógicas forman parte sustancial). Así, como la europeización cultural se convirtió en una aspiración y un modelo universal a seguir desde el lugar en que devino un modo de alcanzar los beneficios del "desarrollo", la seducción de evaluar a otros y otras hizo de la educación moderna/colonial una forma eficaz de llegar (a producir o gestionar) masivamente las subjetividades de las culturas no europeas. Por eso, examinar, evaluar, escudriñar, clasificar, juzgar y condenar a otros/as forman parte de los procedimientos de un tipo de razón que busca la sujeción de cada singularidad a esa lógica múltiple de la totalidad que promueve la *colonialidad* (uno de los elementos constitutivos y específicos del patrón mundial de poder capitalista). Se percibe entonces una relación intrínseca de la colonialidad con la razón evaluadora y su proceder siempre clasificatorio en el marco de una totalidad directamente funcional al capitalismo o, si se prefiere, a lo Mismo.

Las formas y los efectos de la *colonialidad* se inscriben en una sangrienta trama que va desde el exterminio más abrumador en la historia de la humanidad[4] a la represión cultural manifiesta en distintas formas de exclusión social. Esto no ha sido sin la primacía de esa racionalidad (evaluadora) moderna que ha devaluado alteridades y sus formas de expresión a todo nivel, operando históricamente como lo que podríamos llamar "el lado más oscuro de la pedagogía". A partir de este problemita, sostenemos junto a Bárbara Aguer (2018), se forja un *saber desde la supervivencia* que hace emerger el gesto de reclamo no por la "inclusión" en ese mundo, sino por la transformación del mundo como tal y la construcción colectiva de epistemologías de re-existencia que repiensan las condiciones bajo las cuales formamos "lo común". Como escribió Judith Butler en uno de sus pocos textos sobre esta cuestión:

> si nos oponemos al sufrimiento impuesto bajo el colonialismo, si llegamos a condenarlo incluso, sin exigir una transformación esencial de las estructuras que lo sustentan, entonces nuestra objeción se reducirá a ese mero inventario de principios morales, que es capaz de

---

4   En América Latina, la represión cultural y la colonización de los imaginarios por Europa fueron acompañadas de un masivo y gigantesco exterminio de indígenas, principalmente por su uso como mano de obra desechable, además de la violencia de la conquista y de las enfermedades. Siguiendo lo planteado por Quijano, "La escala de ese exterminio (si se considera que entre el área azteca-maya-caribe y el área tawantinsuyana fueron exterminados alrededor de 35 millones de habitantes, en un periodo menor de 50 años) fue tan vasta que implicó no solamente una gran catástrofe demográfica, sino la destrucción de las sociedades y de las culturas" (1992, p. 13). Otro relieve convida el análisis de Aguer (2018) sobre los discursos que, forjados en torno a los genocidios/epistemicidios (de uno y otro lado del Atlántico entre el siglo XV y XVI), legitimaron la explotación (de determinados cuerpos *marcados* por el género, la raza y la religión) y el privilegio epistémico (de los hombres blancos cristianos y europeo-occidentales) organizando así la colonialidad del ser y del saber.

atender a las consecuencias perniciosas de los sistemas políticos, sin arriesgarse a operar una transformación de mayor alcance que acabe con sus raíces. (2009, p. 202)

De aquí la importancia de sentir la escuela sin descuidar la piel, intentando liberarla de su legado moderno y su estructura colonial que sigue oprimiendo corporalidades y subjetividades. Más aún por lo doloroso que puede llegar a generar en quienes la habitan y la hacen todos los días: a veces una "atenuación de los sentidos, el establecimiento del cuerpo en muerte social" en cuanto "cuerpo que experimenta y respira su potencialidad como muerte" (Butler, 2009, p. 209), otras veces la cancelación lenta y progresiva de una vitalidad como un fuego que se apaga...

La escuela colonial y sus condenadas de la tierra

> La primera cosa que aprende el indígena es a ponerse en su lugar, a no pasarse de sus límites. Por eso sus sueños son sueños musculares, sueños de acción, sueños agresivos. Sueño que salto, que nado, que corro, que brinco. Sueño que río a carcajadas, que atravieso el río de un salto, que me persiguen muchos autos que no me alcanzan jamás.
>
> Frantz Fanon, *Los condenados de la tierra*

La escuela moderna/colonial ha sido —y sigue siendo— un programa de ordenamiento: tanto del mundo como de la gente que la y lo habita. Hay un antes y un después de la escuela moderna/colonial; luego de ella, la gente que habita el mundo y pasa por la escuela ha sido ordenada, medida, clasificada, normalizada (aunque no sin resistencias). Se trata de un lugar propicio para el cultivo de parámetros impostados que se toman como referencia para juzgar-comparar-clasificar (básicamente, evaluar) y a partir del cual se establece "lo normal", o "la normalidad" que, en otras palabras, consiste en

> *lo habitual que, justamente por su carácter pretendida-*
> *mente usual y natural, se transforma en regla indiscu-*
> *tible e indisimulable. Sus fronteras nunca quedan del*
> *todo claras y es eso mismo lo que la vuelve principio y*
> *fin de todas las cosas. Su pronunciación es jactanciosa*
> *o demasiada ajena. Argumento para que nada cambie,*
> *acompañado por un encogimiento de hombros. Autoriza*
> *a la segregación, la violencia. Y también la promesa de*
> *inclusión. No hay manera de encontrar el individuo que*
> *refleje la palabra en su plenitud. Pero está lleno de gente*
> *que la pronuncia como arma de guerra para juzgar a los*
> *demás.* (Skliar, 2011, pp. 279-280; énfasis del original)

Por Fanon (1965) sabemos que el mundo (ordenado) en compartimentos es colonial, y la escuela moderna ha sido una de las formas de su cristalización. En los *Condenados de la tierra*, Fanon (1965) dice que cuando el contexto colonial se percibe en su aspecto inmediato, es evidente que lo que divide al mundo es primero el hecho de pertenecer o no (a tal especie, a tal raza, a tal clase, a tal género, a tal religión).[5] En este sentido, podría pensarse en el rol ordenador y clasificador de la educación moderna/colonial que hasta nuestros días se encuentran escuelas (o compartimientos) para indígenas, discapacidades, mujeres, hombres, ricos, pobres o cualquier vestigio de anormalidad identificada. Tal vez la idea de "escuela inclusiva" haya querido reconstruir, sobre las bases de las escuelas modernas, un sitio de alojamiento para cualquiera, más allá y más acá de las diferencias, pero está claro que ello ha traído nuevas formas de clasificación social o discriminación ya que, si bien puede haber una escuela para todos y todas, si no se combate la ra-

---

5. Aquí podemos advertir un punto de partida de cómo la división colonial opera pedagógicamente una separación categorial de la experiencia que, al tiempo que la vacía de densidad vital reduciéndola a escisiones compartimentadas, conlleva diferentes cegueras epistémicas que la analítica interseccional viene a denunciar y reconceptualizar para evitarlas. En relación con la praxis de análisis interseccional puede encontrarse en Aguer (2018) una palestra de ejemplos estridentes.

cionalidad evaluadora que la ha caracterizado históricamente, la lógica cruel de segregación y normalización (esencialmente racista y parte activa de la matriz colonial de poder) continuará su cometido.

Un pequeño excurso podría dedicarse a esa evocación de la *clasificación social*. Con este concepto, Quijano (2007) refiere a procesos de largo plazo en los que se asignan lugares y roles a la gente en el control de diferentes ámbitos de la existencia social que van desde el trabajo a la subjetividad y sus productos (sobre todo el imaginario y el conocimiento). De esa distribución depende la clasificación que determina relaciones y diferencias sociales a partir de las que se abren procesos de desclasificación y reclasificación por el carácter de su articulación hacia el interior del patrón colonial de poder, cuya caracterización detallada puede hallarse en Giuliano (2019b). Desde esta perspectiva, los procesos de subjetivación constituyen la base de la clasificación social que se enraíza en el marco impuesto y naturalizado de las instituciones y categorías que ordenan las relaciones de poder cuyo impacto termina por jugarse en el nivel decisivo de la corporalidad (pues el cuerpo es el que padece en última instancia las puniciones en todas sus formas).[6]

El contexto pedagógico colonial es moralista, vive de moralinas y ordena las conductas desde ellas. No hay lugar para excepciones o si lo hay es solo para confirmar las reglas univer-

---

6. No pueden descuidarse las cuestiones de sexo/género que, como venimos observando en estas configuraciones, tienen un rol decisivo no reductible a un área compartimentada sobre la que sería optativo pronunciarse o demorarse. Si bien Quijano (2007) les dio lugar en su análisis, el texto de Aguer (2018) convida un abordaje crítico de la colonialidad del género en la teoría de la colonialidad del poder, dialogando y profundizando las revisiones realizadas por la filósofa argentina María Lugones y la pensadora hondureña Breny Mendoza, al tiempo que advierte tres mitos que ordenan la naturalización de las categorías básicas de la explotación/dominación (como la de género identificada con el sexo) y que operan produciendo una reducción política (el contractualismo liberal que reduce lo social a suma de subjetividades individuales), una ontológica (el dualismo moderno occidental que subsume el cuerpo a la mente trazando su separabilidad), una económica (el fetichismo que reduce la vida a fuerza de trabajo y la naturaleza a objeto de explotación).

sales. Por esto es que coincidimos con Fanon (1965) cuando caracteriza el mundo colonial como maniqueo e ilustra su carácter totalitario cuando se hace de toda alteridad por colonizar (por reducir a *lo mismo*) una especie de quintaescencia del mal de la cual siempre es preciso sospechar, increpar, evaluar... Probablemente esta fue la forma de la colonialidad que Fanon anticipó de algún modo cuando dijo que el colonialismo, luego de las colonias, entablaría su combate en el terreno de la cultura y de los valores.

Mundo en compartimentos, maniqueo, seguro de sí, que aplasta con sus tareas las espaldas encorvadas por el trabajo de mantener la cabeza baja. La escuela moderna/colonial es un sitio de examen permanente, cuna de la racionalidad evaluadora que perfeccionaría sus técnicas y dispositivos con los avances psico-didácticos;[7] contexto eyector que rechaza y pone a la alteridad en un estado de tensión permanente y de lucha por permanecer (y pertenecer). Este estado impone estar siempre alerta, descifrando los múltiples signos que difícilmente hagan saber si se ha pasado o no del límite en medio de un mundo pedagógico de sospechas que, ante la duda, lo ubicará siempre con presunción de culpabilidad hasta que (se) demuestre lo contrario. Fanon (1965) diría que dicha culpabilidad no es asumida sino como una especie de maldición, una espada de Damocles, que aporta una atmósfera en que la violencia colonial

---

7. Darcy Ribeiro (1985) señala que, desde Europa, sobre todo desde el siglo XVI, se exportaron técnicas y otras innovaciones en un movimiento de exportación/importación de conceptos, preconceptos y formas idiosincráticas de ser, las cuales hacían referencia —simultáneamente— a la gente europea que implementaba esas actividades y a la gente de otros lugares que tenía que arreglárselas con ellas. Aquí podrían ubicarse los orígenes de lo que Jauretche (2012) dio a pensar en 1957 con la idea de *colonización pedagógica* y que tanta relación tiene con el raciocinio evaluador alojado en las reconfiguraciones actuales de la llamada *colonialidad pedagógica* (Giuliano, 2019d, 2020a). En este sentido, pueden atenderse las relaciones de la matriz colonial de poder con los dispositivos pedagógicos contemporáneos (Giuliano, 2019b) y algunas discusiones más detalladas sobre la pervivencia de la colonialidad en las nuevas defensas de la escuela y sus horizontes de descolonización (Giuliano, 2019c, 2020b; Giuliano y Skliar, 2019).

y la violencia pacífica coinciden de manera cómplice. Probablemente se pueda sostener *lo mismo* de la escuela moderna/colonial tal como hoy se sigue heredando, a no ser por algunas excepciones...

A la comunidad, el maestro devenido Amo Institucional opone su fuerza. Como un exhibicionista con deseos de seguridad recuerda en voz alta una y otra vez que "aquí el Amo, el que manda, soy yo".[8] Pero, siguiendo la reflexión fanoniana, en lo más profundo de sí misma, la alteridad no reconoce ninguna instancia: puede estar dominada, pero no domesticada; puede estar inferiorizada, pero no convencida de su inferioridad; espera pacientemente que la vigilancia se descuide para rebelársele, porque sabe que hasta "la objetividad" va dirigida contra sí. Sus músculos son sinónimo de una actitud expectante, ya que lo primero que se le impone aprender es a ponerse en su lugar, a no pasarse de sus límites. Por su parte, la impugnación de este mundo donde no caben muchos mundos no es una confrontación racional de los puntos de vista, no es un discurso sobre lo universal (aunque sí, tal vez, de lo *pluriversal*), sino la afirmación desenfrenada de una originalidad que desordena el orden establecido o lo subvierte. Para Fanon, en esto consistía la descolonización y ella no era el resultado de una operación mágica, de un sacudimiento natural o de un entendimiento amigable. Más bien se trata de un encuentro de dos fuerzas congénitamente antagónicas que extraen precisamente su originalidad de esa especie de sustanciación que segrega y alimenta la situación colonial. La descolonización, podría decirse, es el significante femenino que toca y trastoca el Ser, lo afecta, lo modifica, lo singulariza, lo estancia, lo invita a introducir un ritmo propio. Es la intimación a un replanteamiento integral de la situación que haga nacer la desalienación (ética, política, pedagógica) a partir del rechazo a tomar la actualidad como definitiva.

---

8.   Un antecedente histórico de esta escena puede encontrarse en *El requerimiento* (1512), considerado un elemento fundante de las relaciones pedagógicas desigualitarias en América Latina y un síntoma que tiende a repetirse (Giuliano, 2017b).

Las condenas de la escuela moderna/colonial son para quienes no piensan o no están como el deber Ser manda estar-ahí. El control sobre estas alteridades revela el poder de la colonialidad del ser o la subjetividad y del conocimiento donde opera un olvido del fundamento ético de la subjetividad, así como una reducción de la relación con la alteridad al conocimiento y las formas de pensar, sentir, hacer, a la autonomía o los deberes de propiedad que subordinan o limitan el significado de la educación y la enseñanza:

> En el contexto de un paradigma que privilegia el conocimiento, la *descalificación* epistémica se convierte en un instrumento privilegiado de la negación ontológica o de la sub-alterización. "Otros no piensan, luego no son". No pensar se convierte en señal de no ser en la modernidad. Las raíces de esto, bien se pueden encontrar en las concepciones europeas sobre la escritura no alfabetizada de indígenas en las Américas. (Maldonado-Torres, 2007, p. 145)

De allí podemos partir para pensar el estatus de la condena, en el campo específico de la educación. Por ejemplo, la acción del aplazo –en otras latitudes llamada "suspender" o "desaprobar"– como negación del tiempo (de la alteridad) posee un carácter condenatorio desde el lugar en que parte de un juicio en el que uno (des)califica, marca o sentencia a otro/otra por no haber respondido como *debía* en el tiempo y el espacio impuestos. Generalmente entra en juego algún tipo de ciframiento que da entrada a un campo de comparación, al mismo tiempo que ofrece una manera de identificación que oficia también de auto comprensión. Esto permite concebir la *razón evaluadora* y sus mecanismos, dispositivos o tecnologías, como una forma de subjetivación en cuanto manera de formar sujetos que se entienden a sí mismos de acuerdo al valor reflejado en la medida de los resultados obtenidos. Si estos no son por arriba de la línea establecida como deseable, hay una devaluación de la alteridad que funciona como condena, en el sentido de ser comprendida como menos (productiva, prometedora, eficaz) que otras, lo que implica una reducción en el propio horizonte de posibilidades. De este modo, se internalizan normas de subjetivación de acuerdo a un sentido de sí que sería medible y exigible.

Así, se avista en educación una relación ineludible entre evaluación y devaluación, aplazo y condena de la alteridad. Pero, principalmente, ¿qué aspecto de la alteridad es condenada? En un proceso educativo, podría decirse que un elemento históricamente denostado: la falla, la equivocación, el error, lo cual no es más que una manera de vivir el error negativamente, o peor, una manera que clausura formas de *estar* por el hecho de calificar la *errancia* como una falta condenable, aunque siempre quede una lectura más por hacerse...

E de evaluador,
pero también de examinador/ejecutor

Sabido es que no hay condena ni condenados sin alguien que ejecute la pena. La figura del condenador y el ejecutor de la pena en educación se condensan en alguien que examina y suele conocerse con el nombre de Evaluador. Un perfil de esta figura podría inferirse, en una forma quizá más filosófica o literaria que literal, de la novela *Evaluador* de Noé Jitrik (2002). Desde su significante funcionalmente masculino[9] a su poder patriarcal, se percibe que no le gusta perder en las riñas de la mezquindad. Una vida que vive al ritmo de la lectura sin interés de papeles, solicitudes y mamotretos, sobre los que *debe* informar, juzgar, decidir el destino de otras a quienes nunca conocerá.

Mientras goza evaluando y disfruta de esa droga que lo mantiene arriba, en la calle un grupo de mujeres le canta al poder de turno: "el patriarcado es un juez / que nos juzga por nacer

---

9.   Nietzsche decía que la palabra "hombre" significa "el que mide" porque "¡Ha querido *denominarse* según su descubrimiento más grande!" y es donde remontaría el origen de su moralidad: "la enorme agitación interior que se apoderó de la humanidad primitiva cuando descubrió la medida y la evaluación" (2011, p. 160).

/ y nuestro castigo / es la violencia que no ves". No escucha, él solo cumple con su trabajo y se consume en su malestar físico que es apenas un síntoma de estar atado a esa penosa —pero "prestigiosa"— tarea. El cuerpo habla lo que su conciencia calla, después de todo no hay impunidad para quien ejerce el detestable derecho para quitar, castigar, reconocer carencias, en suma, todo lo que intenta "equilibrar" reconociendo "merecimientos" u otorgando "premios". Pero "alguien tiene que hacerlo, alguien tiene que juzgar", se dice para justificar su buena conciencia. "¡Aquí están los resultados!", enfatiza para que a priori se le crea. Y alguna gente le cree, pero mucha otra no y solo finge creerle para que su autoridad no se vea atacada.

Corta cabezas, rebana presupuestos, "hace justicia" y se posiciona como garantía del desarrollo cultural, social, e incluso, político. Su lugar en la maquinaria de impostura le impide detenerse, hacerse un tiempo, respirar pausado y no vivir agitado. Escudriña la atmósfera, mide los ángulos de la luz, por más que la realidad se le escape por todas partes. Va de conjetura a desencanto, sabe que ninguna evaluación es confiable, porque sabe de todas las fallas que produce, pero se dice que "siempre fue así". Evalúa, evalúa, que nada quedará (sin evaluar). Prefiere hacerlo, opta por la fiebre administrativa antes que mirar a su alrededor y ver cómo se hunde la tierra o se caen las paredes frente al sollozo de las multitudes. Quizá porque un buen evaluador, entrenado para decidir lo que otros valen, debe concentrarse siempre al punto de olvidarse de la desdicha propia (y, más aún, la ajena). Su aspiración a juzgador supremo le impide sentir cualquier implicancia con los demás: números antes que nombres portadores de una vida.

Nunca se visualizaría a sí mismo como verdugo o victimario, tan solo es un "experto". O un legitimador de decisiones que desde su conocimiento "especializado" afirma que no son impuestas arbitrariamente, sino que su carácter incuestionable emana de la *propia* "objetividad". Controla gentes a todo tipo de nivel y de escalas: alteridades que devienen meras cosas a ser medidas, calculadas y gestionadas, mediante técnicas que se suponen universalmente válidas y neutrales. Desde ahí traza el marco de inteligibilidad que autogenera criterios según requiera y el peritaje que fiscaliza las demarcaciones de su razón de evaluar. Al final no importa si es hombre, mujer, trans, de algún color o religión, pues se trata de un engranaje más de la totalidad, de otro ladrillo en la pared.

(Cierto arte puede recordar que los engranajes fallan, la totalidad se agrieta y un libro de base puede desviar las líneas de los bloques macizos que sobre él se carguen).

Violencias evaluativas

El filósofo esloveno Slavoj Žižek (2013) llama *violencia subjetiva* a aquella que es practicada por un agente que podemos identificar al instante, es la parte visible de un triunvirato que incluye también dos tipos más de violencia objetiva: la *violencia simbólica*, encarnada en el lenguaje y sus formas, y la *violencia sistémica*, que es consecuencia catastrófica del funcionamiento homogéneo de nuestros sistemas políticos y económicos. De este modo, la violencia objetiva es inherente al estado de cosas llamado "normal" y, esta violencia, en su variante *sistémica*, no solo involucra la violencia física directa sino también, y fundamentalmente, las más sutiles formas de coerción que imponen las relaciones de dominación y explotación. Estas formas de violencia, además de producir sujetos excluidos o desechables, se subsumen en el tipo de racionalidad que aquí llamamos evaluadora. Pues el evaluador como agente identificable, practica una violencia simbólica que involucra el lenguaje (y sus formas)[10]

---

10. La operación clasificatoria propia del raciocinio evaluador se caracteriza por ser una operación de lenguaje que consiste en nominar, nombrar, cifrar, (des)calificar. Por tanto, en dicho proceso simbólico, la violencia opera a múltiples niveles. Tal como sostiene Žižek, "en la simbolización de algo hay violencia, lo que equivale a su mortificación [...] El lenguaje simplifica la cosa designada reduciéndola a una única característica; desmiembra el objeto, destroza su unidad orgánica y trata sus partes y propiedades como autónomas" (2013, p. 79). Resulta también destacable el hecho de que *razón* y *raza* comparten la misma raíz latina (*ratio*), lo cual se conecta con el argumento de que el

al tiempo que su accionar es inherente a la "normalidad" que impacta en el cuerpo de los sujetos mediante formas de coerción más o menos sutiles y hace de los vínculos pedagógicos relaciones de dominación (no sin resistencia, claro está).

Este problema ético-político se torna particularmente interesante cuando se quiere hacer del mismo una cuestión *pospolítica*, esto es, una política que se pretende escindida de ideología y se centra en la administración especializada o gestión, supuestamente "neutral" u "objetiva", de los expertos. De este modo, la política del evaluador que atraviesa a los sujetos del campo educativo toma la forma de una política del miedo que en nombre de una verdad (en apariencia) "despolitizada" o "socialmente objetiva", ejerce sus violencias hacia quien pretenda reconocimiento en dicho campo. La subjetividad actual y toda potencia de alteridad se enfrentan entonces a los avatares de ser reducidas a la mera regulación dura por parte del conocimiento administrativo o a tratamientos fetichistas de su vulnerabilidad que ameritarían "nuevos modos de evaluación" menos severos, más flexibles, dulces o comprensivos. En este punto se entiende mejor a Žižek cuando sostiene que "no hay contradicción entre el respeto al otro vulnerable y la preparación para justificar la tortura" (2013, p. 58), puesto que el sujeto evaluado cual sujeto torturado pasa a ser "un objeto cuyo dolor es neutralizado, reducido a un factor con el que hay que vérselas como en un cálculo racional utilitario (el dolor es tolerable si evita una cantidad de dolor mucho mayor)" (2013, p. 61).

Como puede observarse, la (en apariencia) ingenua prerrogativa "ética" que encubre la típica hipocresía de la moral, de "cálida comprensión" de la otredad, esconde actos terribles de violencias. Ante esto, toma un gran sentido ético la actitud docente (no evaluadora) que ayuda buscar en cada alteridad un camino singular, sin interponerse o manteniendo una distancia apropiada que resguarde su enigma constitutivo que tantas ve-

---

lenguaje (característico de un ser de razón), y más aún el lenguaje de la razón evaluadora, sea la primera y más grande fuerza de división.

ces el fetichismo del reconocimiento quisiera develar. Pero en la situación actual, en la que se hace a los sujetos cómplices de la abyección evaluadora, la opresión es borrada o enmascarada como libre elección: "¿De qué te quejas si has elegido educarte? Tu elegiste, sabías las consecuencias y que toda educación *requiere* evaluación". En efecto, de acuerdo con Žižek, "nuestra libertad de elección funciona a menudo como un mero gesto formal de consentimiento respecto a nuestra propia opresión y explotación" (2013, p. 178). Olvidar esto implica un gesto de lo que suele conocerse como *denegación fetichista*: "Lo sé, pero no quiero saber lo que se, así que no sé" o, más precisamente, "Lo sé, pero rechazo asumir por completo las consecuencias de este conocimiento, de modo que puedo continuar actuando como si no lo supiese" (Žižek, 2013, pp. 70-71). De este modo la evaluación, su racionalidad y todas las violencias que supone funcionan como un ritual que se ha planteado históricamente como "ineludible" en la educación. Su mentada sinonimia ha llegado al punto en que todo sujeto "educado" puede devenir un evaluador en potencia (probablemente de su propio evaluador en primera instancia). Así la evaluación se instala como un ritual de iniciación en el que una singularidad se somete a ella "por elección propia", sabiendo bien lo que cabe esperar y con el claro objetivo de obtener el premio –o reconocimiento– esperado: ser aceptado en el restringido círculo de evaluados y que se le permita realizar los mismos rituales a los nuevos miembros o recién llegados. Pero es una prueba difícil: pasar el test o aprobar el examen no se trata de mera buena voluntad, hay que contar con un entrenamiento sólido del cuerpo y la memoria para no fallar y no quedar fuera. En cualquier caso, el ingreso a este violento proceso de lenguaje, más allá de su resultado positivo o negativo, de su calificación o descalificación, se paga con una "libra de carne": pues la marca subjetivante queda, la traza se graba en la piel de la memoria.

Educación en des-a-prendimiento

No fue quien vendió a su gente, pero sí ellos a ella. Si la piel es un lenguaje, la traicionaron hasta por su tonalidad. La silenciaron, la burlaron, la encerraron y ataron a la servidumbre, la apalearon durante siglos y ha sido una esclava, mano de obra barata, colonizada. Esterilizada, castrada, su destino bajo los patriarcas no se ha librado de ser herido. Invisibilizada, no fue escuchada, muchas veces deseó hablar, actuar, protestar, desafiar. Pero con tanta suerte en contra escondió sus sentimientos, sus verdades, ocultó su fuego, pero mantuvo ardiendo su llama interior:

> Se mantuvo sin rostro y sin voz, pero una luz brilló a través del velo de su silencio. Y aunque no pudo extender sus ramas y para ella en este momento el sol se ha escondido bajo la tierra y no hay luna, continúa avivando la llama. El espíritu del fuego la estimula para luchar por su propia piel y un trozo de suelo en el que permanecer, un suelo desde el que ver el mundo –una perspectiva [...] Ella espera hasta que las aguas no sean tan turbulentas y las montañas no tan resbaladizas con la ventisca. Golpeada y magullada espera, sus magulladuras se arrojan contra ella misma y contra el pulso rítmico de lo femenino. (Anzaldúa, 2004, p. 80)

Es difícil no caer en la tentación de pensar que ese puede haber sido un conglomerado experiencial que la educación, como fuerza vital y no ya como cosa disciplinar, atravesó y sigue atravesando. Aunque se trata de Gloria Anzaldúa (2004) cuando enseña que, para una mujer, y en particular una mujer mestiza, únicamente había tres direcciones hacia las que orientarse: hacia la Iglesia como monja, hacia las calles como prostituta, o hacia el hogar como madre. Luego para algunas pocas apareció una cuarta opción: incorporarse al mundo por medio de la educación. En este sentido hoy cabe decir que, de un tiempo a esta parte, en algunos países de América Latina, los límites del derecho a la educación fueron reduciéndose cada vez más y el planteo de la educación como derecho fue ampliándose en relación con los diferentes niveles del sistema educativo. Pero, ante las nuevas oleadas de inclusión educativa, los problemas históricos tienden a tomar nuevas formas. Sobre estas, bastante enseñan las investigaciones y estudios sobre la educación heteronormativa y patriarcal, con sus respectivos dispositivos corporales de normalización, las pedagogías de la sexualidad y sus efectos performativos, y la necesidad de la lucha por una educación sexual integral.[11] No obstante, si bien es cierto que una mayor población (en su mayoría mujeres) fue accediendo al sistema educativo y cada vez fue llegando más lejos en sus niveles, también es cierto que fue encontrándose con nuevas formas de exclusión ligadas a problemas propios de un sistema educativo sexista y racista heredado de la modernidad.

De ahí quizá se entienda mejor la emergencia de una educación feminista-liberadora. Pero la misma no puede advenir si hasta sus procedimientos más sutiles son patriarcales, racistas, normalizadores y, por tanto, (d)evaluadores de las singularidades. Más aún si la educación sigue en manos de la razón evaluadora, siempre conducente a medirlo todo y clasificar, controlar, seleccionar. El papel de este tipo de racionalidad, tributaria a la razón científico-técnica, signada como fundamental para el progreso y el desarrollo, es precisamente acceder a los secretos más ocultos y remotos de toda alteridad con el fin de obligarla a obedecer los imperativos de control. En esta clave es que algunas políticas e instituciones, como las que sustentan la educación moderna/colonial, están definidas por el imperativo de la "modernización", es decir, por la necesidad de disciplinar las pasiones y orientarlas hacia el beneficio a través del trabajo, con lo cual se trata de ligar las subjetividades al proceso de producción "mediante el sometimiento de su tiempo y de su

---

11. En esa clave, pueden leerse las conversaciones con Judith Butler en Giuliano (2017a), la compilación de Lopes Louro (1999) y el volumen editado por García Suárez (2004).

cuerpo a una serie de normas [...] definidas y legitimadas por el conocimiento" (Castro-Gómez, 2000, p. 89). Así se intenta crear perfiles de subjetividad coordinados por una base jurídica que formalmente define un tipo de subjetividad deseable cuya materialización se buscó concretar mediante la educación moderna/colonial.

De ese modo, la escuela moderna/colonial[12] se constituye en el espacio donde va a formarse el tipo de sujeto que los ideales regulativos reclaman y donde buscan introyectar una disciplina sobre la mente y el cuerpo que le capacite para Ser "útil a la patria", lo cual justifica que el comportamiento sea "reglamentado y vigilado, sometido a la adquisición de conocimientos, capacidades, hábitos, valores, modelos culturales y estilos de vida que le permitan asumir un rol 'productivo' en la sociedad" (Castro-Gómez, 2000, p. 90). De aquí que, con frecuencia, "el poder que un sistema económico complejo manipula reside en su autoridad para asignar un valor a una alteridad, solo como un posible cuerpo integrable a sus procesos de producción" (Mudimbe, 2006, p. 344). Al convertirse en mera fuerza de trabajo, una inconmensurable alteridad se reifica y su sentido se instrumentaliza.

Sin embargo, una pizarra se erige horizonte que atraviesa la mirada de las infancias por doquier. Se busca allí, no siendo prisioneros de la Historia, un salto que introduzca la invención en la existencia y un principio de liberación. Las desgracias del frente son las memorias que impiden dejar de interpelar en las grietas del mundo, esos intersticios donde pueden tejerse argumentos entre silencios que confrontan las voces altisonantes

---

12. Cabe aclarar aquí que se habla de la escuela que la modernidad/colonialidad estableció como institución hegemónica de formación del futuro ciudadano o, como también sostienen algunos historiadores, como "máquina de educar": una tecnología replicable y masiva para aculturar grandes capas de la población. Aunque no todas las pedagogías del siglo xix coincidieron en la metáfora industrial o tecnológica para hablar de la escuela, sin embargo, "todas compartieron el hecho de concebirla como un artefacto o invención humana para dominar y encauzar la naturaleza infantil" (Pineau et ál., 2016, p. 22).

del juicio educacional (Giuliano, 2020c). Así, tal vez, se avista un desvío que no conduzca al lenguaje que evalúa y pretende estar más allá del cuerpo y del lugar, al lenguaje que relega o intenta suspender afectos y deseos, al lenguaje que impide el roce de lo político. Se asoma entonces una enseñanza como un desprendimiento, un desenganche, un desaprender quizá, en los márgenes, en los bordes, en las rajaduras de la totalidad.

Enseñanza y transgresión, ¿un solo corazón?

A Camila Machado y Leda Agnes Simões

Nos llevamos alguna sorpresa cuando encontramos formas de la racionalidad del evaluar y sus términos (perennemente) mercantiles permeando pensamientos pretendidamente transgresivos. Algo de esto sucede cuando leemos que la función docente estaría relacionada con *valorizar* la presencia de cada singularidad como *contribuciones* que serían *recursos* usables para construir una "comunidad abierta de aprendizaje". Se sabe que el aprendizaje (como competencia, habilidad o capacidad supuestamente verificable en determinado tiempo y espacio), desde hace algunas décadas a esta parte, se ha convertido en un fetiche del capitalismo cognitivo y la noción de "comunidad (abierta) de aprendizaje" viene a reforzar una idea de colectividad en torno a esa unidad de producción y generación de valor. Además, la década de 1990 fue un tiempo histórico en que, curiosamente, fundaciones estadounidenses como Kellogg formularon programas (neoliberales y neocoloniales) para América Latina y el Caribe donde esas nociones encabezaban las iniciativas para "ayudar a las personas a ayudarse a sí mismas", "triunfar como individuos", "tener sentimientos de valor", "ejercer el buen juicio". Este puede ser también otro interesante ejemplo de colonialidad pedagógica (Giuliano, 2019d).[13]

---

13. En una conversación sobre este asunto, Luisina Zanetti (colega y compañera de la Universidad Nacional de Córdoba) me hizo ver que también puede ser un ejemplo gráfico de cómo funciona el poder pastoral produciendo gana-

Encontramos un problema similar cuando se propone que, en el marco de una "educación como práctica de la libertad", no solo estudiantes sean impelidos/as o llamados a "confesar" sino también docentes, de manera que, siendo primeros en correr el riesgo de lo que tal acción supone en un espacio educativo, se liguen productivamente "las narrativas confesionales a las discusiones académicas para mostrar de qué modo la experiencia puede iluminar y ampliar nuestra comprensión del material académico" (hooks[14], 2013, pp. 35-36). Aquí se torna difícil pensar en la educación como práctica de libertad cuando aparece una propuesta de extender los alcances de la confesión como práctica pedagógica, en lugar de combatir las prácticas confesionales que siempre promueven diferentes formas de autoculpabilidad y, por ende, de sujeción a la racionalidad evaluadora (Giuliano, 2020d).[15] Después se habla de cómo muchos docentes tienen miedo de permitir que los pensamientos vaguen "sin dirección" en el aula, por temer que todo desvío en relación con el programa predeterminado perjudique el proceso de evaluación y, aunque se pondere mayor flexibilidad en él, se indica que "los estándares siempre deben ser altos" o que "la excelencia debe ser valorada, pero los estándares no pueden ser fijos y absolutos" (hooks, 2013, p. 210). No deja de ser llamativa la cercanía semántica que tiene en portugués la palabra *estándar* con la palabra *patrón*.

---

do (en su doble acepción de ganancia y rebaño) a partir de la instalación del consumo de cereales como un elemento "fundamental para el desarrollo de las infancias" (algo que Kellogg hizo con creces en nuestras latitudes).

14. Esta autora firma todas sus publicaciones con su nombre en minúsculas por una decisión política-epistémica, razón por la cual se mantiene esta grafía.

15. A lo mejor se entiende un poco más si consideramos la influencia que el cristianismo tuvo en la obra de Paulo Freire (referente autoral de la educación como práctica de la libertad) y cómo este reivindicaba la razón de evaluar (Giuliano, 2018a). Igualmente, aquí estamos discutiendo algunas ideas de bell hooks (2013) que manifiesta cercanías a la obra de Freire y, quizá por ello, descuida que, por ejemplo, históricamente el dispositivo de la confesión acompañó "los procesos de expropiación del territorio-cuerpo de la potestad de las mujeres" (Aguer, 2018, p. 177).

La profesora quiere que sus estudiantes piensen: "estoy aquí para trabajar con este material de la mejor manera posible y no puedo tener miedo de la nota que voy a obtener, pues, si trabajo de la mejor manera posible, sé que eso se va a reflejar en mi nota" (hooks, 2013, p. 210). De esta manera la profesora hooks promueve, tal vez de manera no (tan) intencional, el pensamiento ego-lógico y liberal de que la nota es algo que cada quien puede "controlar por medio de su trabajo en el aula" (2013, p. 210). Y deseamos creer que es de manera no (tan) intencional porque estos fragmentos que estamos problematizando, extraídos del libro *Enseñando a transgredir* de bell hooks (2013) –publicado originalmente a mediados de la década de 1990–, conviven conflictivamente con otros en los que se admite que las evaluaciones realizadas al final de cursos no ayudan a mejorar las experiencias de aprendizaje compartidas o que la evaluación permanente impide la transformación de las instituciones educativas en lugares culturalmente diversos y cómo eso está relacionado con el miedo a equivocarnos –tan promovido por la razón evaluadora, inescindible de la razón punitiva (Giuliano, 2020a)–. En esta línea, también puede mencionarse su mirada sobre la imposición de los estándares (o patrones) de "evaluación crítica" que se usan para definir qué es teoría y qué no, lo cual para ella forma una alianza entre académicas blancas y sus colegas blancos que alimenta la "supremacía blanca" y se ve manifiesta en esos estándares (o patrones) que devalúan todo lo que "no encaja" en ellos. Asimismo, su denuncia de la sospecha academicista sobre la presencia de emociones o pasiones en docentes que pueden interferir en la consideración "objetiva" de los quehaceres estudiantiles muestra el presupuesto falso que supone la neutralidad de la educación y que ella se daría en un terreno emocional "plano" en el cual nos podemos vincular de manera indiferente, estoica, insensible, inmutable, desapasionada.

Ello nos hace pensar que se trata de una contradicción sintomática que pone de manifiesto diferentes –incluso antagónicas– posiciones de sujeto (las que remiten a la colonialidad del *deber ser* –propio del raciocinio evaluador– y las que se resisten o luchan por formas de re-existencia), puesto que las raíces de su teorización se hunden en la infancia que intentaba llevar a la gente de su alrededor a hacer las cosas de otra manera, a escuchar el mundo de otra forma, a desafiar el *statu quo* y que encontraba, por esas intervenciones, castigos de todo tipo. Por supuesto que percibía la injusticia de esos castigos, pero cuando preguntaba por su razón de ser le respondían que "estaba perdiendo el juicio y precisaba ser castigada con más frecuencia" (hooks, 2013, p. 84). Aquí es interesante resaltar la correlación "pérdida de juicio - necesidad de castigo" y "ganancia de juicio - prescindencia de castigo" porque estos pares en apariencia opuestos caracterizan el funcionamiento de una misma lógica y tipo de racionalidad que se encuentra en el seno de la colonialidad pedagógica (y, por ende, del patriarcado). Desde ahí parte la punición a toda desviación que intente enseñar un hacer, un escuchar o desafiar el mundo de otro modo. Esto permite ver líneas de continuidad respecto de las formaciones coloniales, pero más todavía deja en evidencia que, si bien el caldo de cultivo de la razón de evaluar se avista más fácilmente en los ámbitos educativos y tal vez ese sea su ámbito de consolidación, sus mañas y efectos no siempre han estado circunscriptos a ese ejido ni allí se quedan exclusivamente. Otro libro posterior de esta autora aporta importantes trazos en este sentido.

En el libro *El feminismo es para todo el mundo*, publicado originalmente en el año 2000, bell hooks (2017) analiza la crítica a lo que solía llamarse "enemigo interno" para referirse al sexismo interiorizado que conducía a por lo menos tres caminos vinculados con la racionalidad de la evaluación: I) autoconsideraciones de inferioridad; II) verse como "competidoras por la aprobación patriarcal" acompañadas por la emocionalidad correspondiente (celos, desconfianza, miedo, odio); III) juzgarse y castigarse las unas a las otras. Frente a estos asfaltos del pensamiento sexista-patriarcal, hooks (2017) señala los derroteros del pensamiento feminista que ayudaron a desaprender el autodesprecio. Entre estos, visualizamos al menos tres frentes de lucha mutuamente imbricados: I) contra el juicio que se aferra a imaginarios culturales e impele a juzgar por el aspecto de la gente produciendo obsesiones y trastornos en las corporalidades; II) contra la violencia patriarcal que se basa en la aceptabilidad de que un individuo con más poder controle a los/las demás mediante distintas formas de fuerza coercitiva, más aún cuando las estructuras jerárquicas establecidas se perciban amenazadas; III) contra los estándares en general (y no solamente los que contienen prejuicios sexistas) para juzgar los comportamientos de las infancias. Esta última cuestión adquiere relieve porque suele pensarse que cuando activistas y pensadoras feministas generan espacios educativos en los que los sesgos sexistas no son los estándares para juzgar, esto ya es suficiente para que las infancias puedan "desarrollar su autoestima de forma sana" (hooks, 2017, p. 102) sin considerar que son los propios estándares (en general y en particular) la causa del problema que no solo afecta autoestimas sino la vitalidad misma de las infancias (Giuliano, 2020e). Pues se sabe que, históricamente, las diferentes formas de violencias que ejercen adultos/as sobre las infancias se han constituido en norma casi indiscutible de nuestras sociedades y ellas funcionan como cimientos para otras formas de abuso.

Por tanto, pensamos que una pedagogía comprometida como la que propone bell hooks (2013), si es cierto que tiene como centro el bien-estar y el entusiasmo (como esfuerzo colectivo entre docentes y estudiantes por transgredir las fronteras establecidas por alguna seriedad impostada)[16] necesita desengancharse de la razón evaluativa y combatir sus mañas que intentan infiltrarse de diverso modo. En tal sentido, el placer de enseñar como acto de resistencia que busca contraponerse a la indiferencia y a la apatía también implica el deseo de descolonizar la educación como práctica de la libertad, es decir, inte-

---

16.   Estas características son importantes en la propuesta pedagógica de bell hooks (2013) porque, a partir de ellas, toma distancia de las pedagogías críticas (incluso de Freire) y de las pedagogías feministas convencionales que no otorgan importancia o énfasis a tales cuestiones.

rrumpir la sinonimia que la modernidad/colonialidad estableció entre educar y evaluar: dar lugar (y tiempo) a formas diversas del sentir, del estar, del habitar lo educativo.

Por otra descolonización pedagógica (con letra de lo mínimo: ironía vital, sensibilidad fronteriza, sin fin de fiesta)

No hace falta ser un muchachito francés hijo de inmigrantes rusos con la dicha de doctorarse en Letras y al poco tiempo ser obligado a ir al frente de una guerra que nos hiera de muchas maneras, para inscribirnos en un movimiento de resistencia y percibir desde allí la importancia vital de la ironía. Si bien algo así le sucedió a Vladimir Jankélévitch (2015), creemos que no es necesario correr la misma suerte para convidar trazos filosos en relación con la ironía y ubicarla como hija del ocio (traducción posible para una noción de escuela por descolonizar), espíritu distendidamente valiente (sin especulaciones sobre las sorpresas) y paciente jugadora con el peligro (se la juega cuando imita, provoca o ridiculiza el peligro y define así una manera de jugar*se* el todo por el todo, o por las partes). Implica la gran invitación de no caer en la reflexión "seria" que ni siquiera es capaz de burlarse de su objeto con tal de conservar la impasibilidad de una conciencia "neutra" que se estima demasiado pura como para inclinarse a la sonrisa. La ironía vital intuye que el vínculo íntimo (a veces secreto) entre la tragedia y la comedia es demasiado importante como para dejarlo en manos de comediantes, de mercaderes de la actuación y de caretas ocasionales. Demasiadas desgracias afrontamos a diario en la educación y en la vida (¿hay mucha diferencia?) como para que también nos confisquen la sonrisa que puede dar fuerza a la digestión analítica de alguna situación.

Imposible seriedad, inadmisible (pretensión) de neutralidad: la sonrisa no puede ser patrimonio del cinismo que hace el papel de oprimido por la mañana y el de opresor por la tarde;

la seriedad fundamental es la que conocimos en la infancia al jugar. La seriedad sin infancia sería un (trágico) error, o peor: una impostura. La exhalación irónica condensa el respeto retirando los epítetos del yo, el maquillaje, las medallas, los títulos y todos los adornos de la vanidad: "Simplifica, desnuda y destila. Como etapa de purificación de cara a un absoluto jamás alcanzado, [...] aparenta con el fin de arruinar las falsas apariencias" (Jankélévitch, 2015, p. 175). Se manifiesta allí donde emergen las formas de la irreverencia, allí donde se dicen las insolencias, allí donde se hace la travesía de las blasfemias y en alguna de esas experiencias dichas o atravesadas nos da la chance de liberarnos de la pedantería (tan afín a las ciencias y las disciplinas), de la admiración de grandes personajes (tan afín a las ciencias y las disciplinas), de la adoración de nosotros mismos (agregue aquí quien lea sus afinidades electivas). De interrogantes indiscretos, incomoda e inquieta la vida en sus deducciones complacientes y hace que un espíritu inocente no mezquine su corazón inspirado.

Ni los largos inviernos del descontento pueden contra ella, lo cual enseña "el misterio de una generosidad inagotable que después de cada decepción recobra la frescura de la infancia" (Jankélévitch, 2015, p. 178) y nos recuerda que no hay ironía sin alegría o sin ese acuerparse generador de energías afectivas y espirituales que rompe fronteras y el tiempo impuesto proveyendo cercanía, revitalización y nuevas fuerzas que permiten *"recuperar la alegría sin perder la indignación"* (Lorena Cabnal citada en Aguer, 2018, p. 194; énfasis del original). Indignación, por si hiciera falta aclaración, ante las injusticias que se presentan en formas múltiples de opresiones patriarcales, coloniales, raciales, capitalistas. Pero la tentación irónica crece en ese territorio minúsculo donde reside su "no sé qué" y sin darnos cuenta habilita un modo de conocimiento que involucra una visión a la altura del suelo, una perspectiva de infancia que permite estar en lo pequeño como defensa ante lo inasible, lo inabarcable, el abismo. En síntesis, lo que Tununa Mercado llama *la letra de lo mínimo*: un modo de oír "muy diferente de la aplicación de una estructura en torno a la cual se acomodarían las piezas con un poder de decisión, o de voluntad, de configurar una forma" (2003, pp. 15-16).

Desde ahí tal vez pueda abrazarse un poco más la gestualidad irónica que a veces se expresa en diminutivo, o con letra de lo mínimo, por no seguir sobrecargando de seriedad impostada y de pretensiones de neutralidad los problemones significantes que nos circundan, que nos dejan sin aire e incluso oprimen espacios vitales como los educativos. Bienvenidas sean entonces las licencias e irreverencias poéticas que alojan amorosamente dislocaciones pedagógicas, políticas y epistémicas: "En cada pequeño combate ético –desde el más leve al más rebelde y agresivo– se pone en juego [...] la liberación, y todos los momentos intermedios en que se es cada vez más libre, aunque se esté en la cárcel" (Mercado, 2021, p. 47). La desarticulación de dominaciones comienza a jugarse en cada gesto cohesionador, en cada palabra entre-tramada, en cada acción junta-fuerzas que el ingenio en complicidad compañera y colectiva pone al alcance de la liberación.

Y cuando las dominaciones toman forma de grandes estructuras, como observó hace tiempo Tununa Mercado (2021), los movimientos de resistencia inscriben su gesta histórica en la infancia de transformaciones estructurales que necesitan de un vínculo indivisible entre existir y subvertir. Desde el vamos, esto aguza esa sensibilidad fronteriza surgida de la inseguridad física y psicológica que implica encontrarse viviendo dolorosamente la apertura al mundo, de encontrarse inerme con el agua al cuello o cuando se nos vienen encima todo tipo de opresiones, esa sensibilidad nos hace percibir, evocando y parafraseando a Anzaldúa (2016), al evaluador cuando está a cinco manzanas de distancia[17] y permite poner en acto una especie de táctica de

---

17. En el texto original, Anzaldúa dice: "Seremos capaces de sentir al violador a cinco manzanas de distancia" (2016, pp. 85-86) y hemos cambiado violador por evaluador atendiendo, además de la caracterización ofrecida en páginas anteriores, al análisis de las relaciones de parentesco y mutua imbricación entre evaluación y violación señaladas en Giuliano (2020a).

supervivencia que la gente atrapada entre los mundos despliega sin darse cuenta porque está latente en cada singularidad. Gloria Anzaldúa (2016) llama *la facultad* a esta sensibilidad fronteriza e indica que son las circunstancias de opresión y lucha lo que la despierta, la convoca, la pone en acción. Una facultad, sin graduación ni evaluación, que implica una sensibilidad en lugar de una capacidad, un movimiento interior y exterior insurgente en vez de un cargo o título que dota de autoridad y derecho.

Así hallamos en la sensibilidad fronteriza, la letra de lo mínimo y la ironía vital que nos permiten hacer frente al racismo epistémico en sus humillaciones, a la colonialidad en sus manifestaciones, a la escuela moderna/colonial en sus inclusiones reductoras de alteridad, a las violencias de la razón de evaluar en sus abyecciones y a la seriedad de sus agentes que promueven "neutralidad". Encontramos en tales movimientos intersticiales de la existencia algunas maneras de reconstitución epistémica de la educación combatiendo lo que en ella intenta naturalizarse de evaluación y clasificación, lo que de racionalidad evaluadora se filtra en posiciones que ensayan pedagogías de la liberación, lo que de colonialidad late en sintomática contradicción. Encontramos, para decirlo con Bárbara Aguer (2018), formas de poner en cuestión los principios metafísicos que nutren el modelo cognitivo del capitalismo occidentalista patriarcal y sus modos de distribución del saber, de lo "esperable" y de lo "deseable".

Ahí donde otras formas de pensar y conocer son consideradas exiguas al tiempo que algunas caben en un particular supuesto universal que es resaltado-preconizado-ponderado e impuesto como dominante, una lucha colectiva se perfila. Allí donde se establece un estándar desde el cual se juzga otros modos de pensar y a la gente que los encarna, una lucha pedagógica se traza. En todo lugar donde prime un tipo de racionalidad más o menos evaluadora siempre dominarán las necesidades cognitivas del capitalismo (medir, cuantificar, externalizar, objetivar, controlar las relaciones con/en el mundo y con/en las corporalidades), la obsesión del *ego iudex* compartiendo lugar con el *ego conquiro* disfrazados de *ego cogito* (encubridor de una concepción de humanidad que distingue entre superiores/inferiores, racionales/irracionales, civilizados/salvajes), la educación eurocentrada que naturaliza controles como incuestionables y seduce con la idea de desarrollo que encuentra en la evaluación una forma de producción y gestión de subjetividades a gran escala, la sujeción a la lógica múltiple de la colonialidad como trama cruel re-actualizable (construida sobre la base de diversas formas de exterminio, represión, exclusión). Pero ese panorama aciago no impide interrumpir el pensamiento de encima para abajo y desde aquí levantar el puño de la crítica que hace escuela contra las desigualdades manufacturadas, repetidas, comercializadas.

Ahí donde la escuela es una forma de ordenamiento del mundo y la gente es sometida a parámetros que establecen normalidades e imponen comparaciones, o genera compartimentos según diferencias, otra descolonización pedagógica se incita. Allí donde la escuela asigna lugares y roles para garantizar el control de la existencia y sus productos, con sus procesos de subjetivación que impactan en las corporalidades, la resistencia educativa se juega en la impugnación comunitaria de reglas que aparecen como indiscutibles o pretendidamente naturales. En todo lugar donde la escuela incluye o promete inclusión al mismo tiempo que autoriza violencias y produce reducciones de alteridad (por sospecharse, increparse y evaluarse como mal potencial para la mismidad), se instala un estado de tensión permanente (por pertenecer, por permanecer, por cargar culpabilidad hasta demostrar lo contrario) en el que se condenan las equivocaciones, los errores, las fallas, las faltas, los traspiés (enjuiciándoles, razón evaluadora mediante, y sentenciándoles la marca de desaprobación, de descalificación, del aplazo que niega el tiempo de alteridad). Frente a esto, la insurgencia descolonizadora se trama afirmando una originalidad que desordena o subvierte el orden establecido, tomando energías del encuentro de fuerzas antagónicas, tocando y trastocando el (deber) Ser que se pone en estancia indicativa (*estar* singularizado, afectado, modificado por las circunstancias de descolonización) del tiempo que hace nacer la desalienación (ética, política, pedagógica).

Ahí donde la fiebre administrativa genera riñas de la mezquindad y personajes que se constituyen en referentes indiferentes que "solo cumplen con su trabajo" (por lo cual no escuchan, cortan cabezas, rebanan presupuestos, reconocen carencias y merecimientos que equilibrarían la partida), garantes de algún desarrollo promotor de una "objetividad" técnica que se supone universalmente válida *para* trazar marcos de inteligibilidad hegemónicos, una insubordinación educativa se hace deseable. Allí donde la violencia es practicada por un agente identificable, o es encarnada en el lenguaje y sus formas, o es consecuencia del funcionamiento del sistema, o es inherente al estado de cosas "normal", o se asoma por una política del miedo, o es materializada por una regulación burocrática que genera tratamientos fetichistas de vulnerabilidades, o se enmascara como libre elección, o se plantea como ineludible ritual de iniciación y naturalización, una articulación comunal se torna imprescindible en la (re)emergencia y una respuesta contrahegemónica abre paso a la re-existencia pedagógica. En todo lugar donde la educación sea maltratada, se convierta en patrón de humillación, se configure cual dispositivo (en cualquiera de sus variantes), se construya como artificio e impostura, seguirá cultivándose una razón de evaluar, es decir, una competencia por la aprobación patriarcal, una promoción del autodesprecio, una inducción a la confesión, una instrumentalización de la alteridad, una cotización o reducción de la singularidad, un fetichización del aprendizaje y una automatización de la enseñanza. Ya no queda espacio aquí para insistir en la perfilada lucha pedagógica, a lo mejor puede ser hora de invitar a una educación festiva donde las seriedades se permitan el baile liberador y las gravedades un paréntesis que se haga sonrisa insinuadora, donde la seducción sea arte de la (actitud) crítica en conspiración insurrecta de sentidos, donde la moralina sea dinamitada por la insolencia del juego alborozado que parodia nuestra corrección, donde la bufonería pueda pintarle la cara a la pedantería, donde la insubordinación sea invitación a una igualdad radical que pide confirmación y no mera ilusión ni contemplación. ¿Será que la fiesta empieza donde la lucha acaba o el placer de una se monta sobre el goce de la otra? Y si la vida se sostiene en un combate entre ficciones, ¿qué razón impone sin problemas un fin de fiesta? Latidos enseñan que la fiesta no termina, continúa por otros medios mientras alguna pelea se siente en el aire. Festejar y combatir: ¿acaso hay educación liberadora que pueda respirar sin esos pulmones? Burla a la utilidad, eso tal vez sea educar. Todavía queda algo más por tramar, otra prosa por jugar, otro "no sé qué" por sentir.

(moverse con)

Moverse con los días grises sin paga
cuando la luz todavía no se apaga.

Moverse con el gesto de mutua bienvenida
entre dos desconocidas que podrían pasar
una eternidad en el instante de su vida.

Moverse con las injusticias
cuando la gente queda inmóvil
 y ningún fuego se prende.

Moverse con una palabra
impronunciable indescifrable
que resguarda un frágil arcano.

Moverse con la charla honda
en los segundos superfluos
y con la conversación fútil
en los momentos espesos.

Moverse con el encuentro que se cultiva
entre la incógnita del tiempo que pasa
y el deseo de lo que pasa en el tiempo.

Tan solo por evitar el monólogo escrito:
moverse con este estar presentes,
sin condición miramiento pragmatismo,
en algún cuerpo que lee sin espera
del roce tímido que ya está siendo

¿TIENES RAZÓN EVALUACIÓN?

EVALUAR. *Estimar, apreciar, calcular, pero también: escudriñar, espiar, vigilar, controlar. Su origen es francés, su presente es universal. Su pronunciación muestra algo que no es posible observar con los propios ojos en medio de los acontecimientos en que participamos y somos responsables. Crea infinitos modelos de sí misma, desde los más coercitivos hasta los más participativos. Si bien se dirige a sujetos, objetos y relaciones, la vista suele clavarse en un sujeto-otro o en un grupo-otro o en una comunidad-otra. En los últimos tiempos es pronunciada antes que nada y después de todo.*

Carlos Skliar

La buena presencia de una racionalidad (introducción de la cuestión)

Una cita y una pregunta quizá fundamental, podrían indicar el comienzo de un amor o de una lucha. Con este inicio, no se buscan nuevos modos, nuevas modas, o una novedad que alimente algún canon de citación. Tal vez entonces la invitación se trate de profundizar una intuición, una cuestión, una investigación. En esta ocasión, será sobre una temible razón de ser y de hacer que pareciera andar al acecho de cualquiera hace ya un tiempo considerable.

Preguntar si algo tiene razón es intentar trazar cierta interrogación por un estado de cosas y prácticas que de algún modo han llegado a ser como están siendo. Este podría ser uno de los propósitos más explícitos del presente capítulo: indagar la razón –de ser– en la tan auspiciada evaluación y explorar las formas más o menos explícitas que ella toma en la educación contemporánea.

A diferencia de lo que lo solía entenderse por escuela (*scholé*) –fuente de tiempo libre y experiencia de lo disponible como bien común–, la modernidad hizo de ella una instancia burocrática-institucionalizada que cimentó una serie de prácticas, tecnologías y dispositivos, atravesadas por el establecimiento de diversas racionalidades siempre conducentes a *lo mismo*. Mediante una permanencia relativamente diferencial a lo largo del tiempo, estas racionalidades con sus respectivas prácticas, tecnologías y dispositivos, impactaron directamente en la educación de la población –y aún lo siguen haciendo–. Aquí interesa interrogarnos sobre un tipo de racionalidad que ha sido dominante desde hace al menos cinco siglos a esta parte, una racionalidad cuya pervivencia está atada a las lógicas pedagógicas más naturalizadas respecto del examinar o evaluar.

Juan Amos Comenio en su *Didáctica Magna*, en pleno siglo XVII, ya se ocupaba de dejar en claro que la acción de educar y aprender estaría en vinculación con ciertas prácticas de examen. Hoy, dicho planteo encuentra continuidad en todos los discursos que muestran pregnancia a seguir cimentando la relación de sinonimia acrítica instalada entre educación y evaluación. Gilles Deleuze ya lo anticipaba, en su *Posdata sobre las sociedades de control* [1990], señalando la posibilidad de que viejos medios vuelvan a la escena, pero con las adaptaciones necesarias. Se trata de pensar, entonces, la *continuidad* de ciertas lógicas que perviven al interior de los espacios educativos (hoy más versátiles, por las formas mismas que van tomando las *sociedades de control* a diferencia de las anteriores sociedades disciplinarias, aunque se conserven diferentes formas de esta).

Así como las sociedades disciplinarias reemplazaron a las sociedades de soberanía (en Europa, pero con sus respectivos efectos coloniales en el resto del mundo), y esto supone una serie de cambios en las prácticas sociales y políticas que Michel Foucault analizó[18] en detalle, hoy las *sociedades de control* introducen modificaciones respecto de las sociedades disciplinarias y no sin consecuencias para la educación en su conjunto. A este respecto, releyendo el planteo deleuziano, la *formación permanente* replantea el papel históricamente central que la modernidad le ha asignado a la escuela[19] y la evaluación continua resignifica el papel del examen: lo cual constituye el medio más seguro para librar la escuela a la empresa, que introduce sus lógicas de rivalidad o competencia y que opone a los individuos entre sí, en medio de *modulaciones* (como un molde autodeformante que cambia continuamente) meritocráticas y de ciframiento.

Es contemporáneo entonces el diagnóstico de Deleuze (1996) sobre que la escuela –al igual que las prácticas de examen– de las sociedades disciplinarias se ve afectada por esta nueva reconfiguración que suponen las *sociedades de control*, pero habría que reservarse el beneficio de la duda sobre si esta afectación es del orden de la tendencia al reemplazo o la sustitución de esas formas –cuando no de su intensificación–. De aquí que es preferible rescatar la idea de la reaparición de ciertos mecanismos con nuevas adaptaciones, pues nos inclinamos a pensar el presente desde esta óptica (más en un tiempo donde el paso por la escuela y los diferentes niveles del sistema educativo tiende, al menos en América Latina, a institucionalizarse como obligación y/o derecho, a la vez que la formación permanente crece en medio de las ofertas que las mismas instituciones educativas ofrecen haciendo uso de la "sociedad en red" o la *on-line education*). Tal vez habría que pensar aquí lo educativo

---

18. Es necesario destacar que, si bien los análisis de Foucault tienen su centro de gravitación en la sociedad europea, particularmente sin descuidar su *locus* de enunciación, esto no quita la influencia de estos procesos en la consolidación de la matriz colonial de poder que desde el siglo XV a esta parte no ha cesado de atravesar subjetividades como territorios y saberes.

19. Para un abordaje detenido de este argumento respecto del momento de consolidación global de la escuela como "máquina de educar", propia de la modernidad con características particulares, se recomienda visitar el texto de Pablo Pineau (1999).

desde la convivencia entre el control y cierta pervivencia de lo disciplinario, lo cual sugiere las modulaciones mencionadas anteriormente pero también la insistencia de determinados moldes (como módulos distintos); la escuela a la par de las "formas de lo escolar" que hacen a la educación permanente y se encuentran más allá de la escuela (medios masivos de comunicación, clubes, instituciones de formación ad-hoc, centros de "apoyo escolar", etc.); la evaluación continua nutriéndose de las lógicas propias del examen (por ejemplo, la persistencia de una jerarquía que vigila cualquier error o desviación y la consecuente sanción que busca normalizar cualquier forma de alteridad), ciframientos y competencias que comienzan pero no terminan nunca.

Así mismo no puede dejar de atenderse los análisis actuales a cerca de las nuevas configuraciones que implican las *sociedades de control* y tienen consecuencias para nuestro tema en cuestión. Por ejemplo, Pablo Manolo Rodríguez (2008) muestra cómo la vigilancia comienza a expresarse en datos estadísticos que duplican al sujeto en sí mismo y dicha información, en el espacio biopolítico, establece curvas sobre lo normal y lo patológico que vuelven sobre el sujeto vigilado bajo la forma de reglas de comportamiento esperado. Cálculo, monitorización, *management* y auditoría, se vuelven significantes claves de este nuevo lenguaje numérico que posibilita una vigilancia discreta y hasta voluntaria, al tiempo que involucra la flexibilidad de los cuerpos y las mentes[20] donde se graban consignas variables y cambiantes de acuerdo a las prerrogativas que el capitalismo impone. Flavia Costa (2014) ha trabajado lo que esto implica al nivel de la productividad del cuerpo en relación con el planteo de la "buena presencia" y el imperativo de gestionar las propias posibilidades, incrementando —mediante dispositivos como el *fitness*— el propio capital humano para ofrecerse al precio más alto posible en el mercado afectivo, libidinal, social o laboral.

---

20.   No en vano las neurociencias ocupan un papel protagónico en el discurso pedagógico neoliberal actual, con sus respectivas apuestas a la evaluación como política educativa transversal al sistema educativo.

Pero todo esto no podría pensarse en sus bases y alcances sin la educación o la pedagogía, y mucho menos la evaluación o, mejor aún, el tipo de racionalidad que atraviesa estas cuestiones y que aquí proponemos analizar. En esta línea, un primer antecedente clave sobre el cual puede pivotear esta exploración lo convida Rodolfo Kusch cuando en 1978 hacia el final de su vida y de su obra señala, en un libro cuyo título lleva *Esbozo* como palabra de partida, la relación entre racionalidad y hacer:

> lo racional implica siempre una cierta coherencia que es defendida dentro de un modo tradicional de pensamiento, y por eso apunta a un *qué hacer* a partir de aquella. La racionalidad legitima el hacer, hace a un solo modo de operar y ante todo a un *cómo hacer*. En este punto, en tanto racionalidad y hacer se vinculan, lo irracional supone forzosamente, no la ausencia de racionalidad, sino la existencia de otro modo de serlo. (2007c, p. 355)

Sin forzar el análisis podría relacionarse el convite kuscheano con Foucault (2001) cuando, a comienzos de la década de 1980, señaló la importancia de no considerar como un todo la racionalización de la cultura o la sociedad, sino analizar ese proceso en diversos campos, cada uno en relación con una experiencia fundamental. De este modo invita a analizar las racionalidades específicas –que organizan el orden de las prácticas–, antes que subsumir todo análisis bajo el parangón homogeneizante del progreso de una racionalización general.[21] De aquí partimos para profundizar la cuestión del tipo de racionalidad que suponen las prácticas, dispositivos y tecnologías históricas de examen y, hoy, de evaluación, particularmente en el campo problemático de la educación. Como mencionamos anterior-

---

21. En una conferencia ofrecida en Vermont hacia finales de 1979, Foucault al estudiar las relaciones entre racionalidad y poder, como la palabra «racionalización» le era peligrosa, sostenía que "el problema principal –cuando la gente intenta racionalizar algo– no consiste en buscar si se adapta o no a los principios de la racionalidad, sino en descubrir cuál es el tipo de racionalidad que utiliza" (1990, p. 97).

mente, al ser la evaluación heredera de muchas de las lógicas propias del examen y contener nuevas adaptaciones o formas, se ha optado aquí por entender como *razón evaluadora* a este tipo de racionalidad que atraviesa la racionalidad pedagógica desde al menos ya más de cinco siglos. De manera provisoria, y sin pretensiones de exhaustividad, podemos decir que esta racionalidad impele a medir, comparar y normalizar a sujetos tan singulares como diferentes, operando en la acción un principio de clasificación que marca la cercanía o lejanía de los sujetos respecto de un ideal de sujeto y una representación pedagógica que funciona como norma e indica quién está dentro y quién queda fuera de lo que se establece como "aprobado" (que podría decirse incluido/normal) y "desaprobado" (que podría mencionarse como excluido/anormal). De aquí que la apuesta se sitúe al nivel de dar con una mirada amplia que permita ver a esta racionalidad específica imbricada en una práctica o en un sistema de prácticas que se condensan en diferentes dispositivos, mecanismos y tecnologías:

> Digamos que no se trata de calibrar unas prácticas con la medida de una racionalidad que llevaría a apreciarlas como formas más o menos perfectas de racionalidad; sino, preferentemente, de ver cómo se inscriben en unas prácticas, o en unos sistemas de prácticas, unas formas de racionalizaciones, y qué papel desempeña en ellas. Pues es cierto que no hay «prácticas» sin un cierto régimen de racionalidad. (Foucault, 1982, p. 66).

De este modo puede detectarse que, en el planteo de Foucault (2001) sobre un régimen de racionalidad y en sintonía con el que aquí hacemos, prima un sentido instrumental y relativo a cierta *estrategia*, ya que se designan los medios (prácticos o técnicos)[22] a emplear para a alcanzar cierto fin o llegar a un de-

---

22.   Edgardo Castro (2011) subraya la relación que establece Foucault en la noción de racionalidad con la de técnica y tecnología (la regularidad que organiza un modo de hacer u obrar orientándolo hacia un fin), así como también con la de práctica (definida por la racionalidad de los modos de

terminado objetivo siempre en relación con otros y consigo.[23] Pues la misma "pedagogía por objetivos" termina de reforzar la idea de que no hay educación sin examen y evaluación, y sin objetivos preestablecidos con relación a otros o a sí mismo. El auge evaluador llega incluso hasta planteamientos que sostienen la coevaluación y la autoevaluación como prácticas educativas que, incluso, se han puesto de moda hasta en los discursos progresistas de nuestros tiempos.

Tecnologías entre la dominación y las libertades

Algo del orden de unas prácticas o tecnologías de gobierno se juega en esta racionalidad. En una de sus últimas entrevistas, Foucault (1994) sostiene que las tecnologías gubernamentales se ubican entre los juegos de estrategia y los estados de dominación. Allí sostiene la necesidad de analizar dichas técnicas, porque a través de ellas se establecen y mantienen los *estados de dominación* –que aluden a un tipo de relación de poder más estructurada, más estable, más institucionalizada en juegos de penalidades y coerciones– donde el margen de maniobra de los objetos del poder se encuentra mucho más restringido que en los *juegos estratégicos entre libertades* –"que hacen que unos intenten determinar la conducta de los otros, a lo que los otros responden tratando de no dejar que su conducta se vea determi-

---

hacer u obrar que tiene su sistematicidad y su regularidad; abarca el ámbito del saber –como prácticas discursivas-, del poder –como relaciones entre sujetos–, de la ética –como relaciones del sujeto consigo mismo– y tiene un carácter recurrente).

23. Aquí comienza entrar en juego, en un primer sentido muy amplio ya señalado por Pablo De Marinis (1999), el concepto foucaultiano de *gobierno* que hace referencia a la conducción de la conducta, es decir, a una forma de actividad práctica que tiene el propósito de conformar, guiar o afectar la conducta de uno mismo o de otras personas. En el marco del *raciocinio evaluador*, dicha noción puede manifestarse en acciones y relaciones del individuo consigo mismo, así como en relaciones interpersonales que involucren algún tipo de control o guía de la conducta de los demás. Como sabemos, en educación, estas relaciones se dan en el marco de instituciones o "comunidades educativas" e involucran el ejercicio de un poder pedagógico-político.

nada por ellos o tratando de determinar a su vez la conducta de los primeros" (Foucault, 1994, p. 140)–[24]. Esto convida a pensar este tipo de racionalidad en el marco general de las formas múltiples que adquieren las situaciones de gobierno de unos por otros en una sociedad, las cuales según Foucault (2001) se caracterizan por superponerse, entrecruzarse, limitarse, anularse o reforzarse. En este sentido, la estatización continua de las relaciones de poder hace referencia no solo al sentido restringido de la palabra *gobierno* sino a su *gubernamentalización*, es decir, su elaboración o racionalización centralizada bajo la forma o los auspicios de instituciones estatales (como es el caso de la educación institucionalizada y el sistema educativo como marco burocrático-estatal donde se desarrolla).

Esta operación de racionalización del poder la pueden llevar a cabo varios tipos de autoridades, a muy diferentes niveles de la conducta y con diversas justificaciones morales de los modos de ejercer el poder, en el marco del cambiante campo discursivo educativo. Esto implica de modo general hacer la misma pregunta sobre el gobierno, pero para la evaluación: ¿quién puede evaluar, qué es evaluar, qué o quién es evaluado? Aquí entra en juego todo un sistema de reglas, formas de pensar, procedimientos tácticos con un conjunto de condiciones que también incluyen las resistencias que ello pueda generar por parte de otros actores. Así podremos ver que la *razón de evaluar,* cimienta sus propias tecnologías de gobierno como mecanismos prácticos (con pretensiones de objetividad y/o veracidad), sugestivos y puntualizados (con aspiraciones de efectividad y/o eficacia), juiciosos e individualizados, locales (aunque también globales), a veces insignificantes en apariencia, ritualizados y casi naturalizados por su aplicación cotidiana habitual, "a través de los cuales los diversos tipos de autoridades pretenden conformar, normalizar, guiar, instrumentalizar las ambiciones,

---

24.   Por ello, De Marinis (1999) sostiene que la idea de los *juegos estratégicos* deja abierta y potencia las posibilidades de resistencia, evasión y contestación, que hacen a la movilidad, la reversibilidad y la inestabilidad de este tipo de relaciones de poder.

aspiraciones, pensamientos y acciones de los otros, a los efectos de lograr los fines que ... [se] consideran deseables" (Miller y Rose en De Marinis, 1999, p. 89).

Los procedimientos de examen y evaluación forman parte de los numerosos ejemplos que pueden mencionarse en este contexto y están estrechamente ligados de una manera u otra. Técnicas de notación, de cómputo y cálculo, invención de dispositivos de informe, modos tabulados de presentar la información, la estandarización de los sistemas de entrenamiento y la inculcación de hábitos o la introducción de profesionalismos y vocabularios técnicos, pueden ser otros ejemplos estrechamente relacionados. Así vemos también en estos procedimientos, por los cuales el saber se inscribe en el ejercicio del poder, la autoridad y el dominio, intervenir siempre al menos un elemento de cálculo y previsión, dirección y moldeamiento, modelación y modulación, orientado a producir determinados efectos –no sin resistencias– en la conducta de los otros. Como podrá percibirse, no hay primacía epistemológica de la racionalidad por sobre las tecnologías sino más bien imbricaciones interdependientes o vinculaciones intricadas entre ambas.

De manera más específica, Foucault reconoce cuatro tipos principales de tecnologías que cada una de ellas representa una matriz de la razón práctica:

> 1) tecnologías de producción, que nos permiten producir, transformar o manipular cosas; 2) tecnologías de sistemas de signos, que nos permiten utilizar signos, sentidos, símbolos o significaciones; 3) tecnologías de poder, que determinan la conducta de los individuos, los someten a cierto tipo de fines o de dominación, y consisten en una objetivación del sujeto; 4) tecnologías del yo, que permiten a los individuos efectuar, por cuenta propia o con la ayuda de otros, cierto número de operaciones sobre su cuerpo y su alma, pensamientos, conducta, o cualquier forma de ser, obteniendo así una transformación de sí mismos con el fin de alcanzar cierto estado de felicidad,

> pureza, sabiduría o inmortalidad. Estos cuatro tipos de
> tecnologías casi nunca funcionan de modo separado, aun-
> que cada una de ellas esté asociada con algún tipo par-
> ticular de dominación. Cada una implica ciertas formas
> de aprendizaje y de modificación de los individuos, no
> sólo en el sentido más evidente de adquisición de ciertas
> habilidades, sino también en el sentido de adquisición de
> ciertas actitudes. (1990, pp. 48-49)

Tal vez podría pensarse a la racionalidad evaluadora y sus prácticas, mecanismos y dispositivos, como un fondo donde estas tecnologías podrían encontrarse operando en constante interacción porque, a partir de ella y los elementos que la constituyen, los individuos establecen relaciones de elaboración, transformación o manipulación de objetos (en los cuales quedan inscritos subjetivamente) utilizando signos, símbolos y significaciones que hacen o dan sentido a su conducta en relación con determinado tipo de fines –que delimitan un marco "objetivante" del sujeto–. Estas relaciones que muchas veces, sino todas, hacen devenir a la singularidad en objeto[25] que se comporta en forma condicionada con arreglo a determinados fines, se caracterizan también, y esta quizá sea su motivación más seductora, por adecuar la efectuación de unas operaciones sobre *sí* (en cualquiera de sus formas, físicas o intelectuales) para obtener una transformación tal que permita alcanzar cierto estado de saber-poder asociado a una promesa de felicidad por los (c)réditos que dicho estado trae o traerá. Esto da el pie para pensar a la razón evaluadora como un elemento contemporáneo de lo que Foucault (2007) llamaba *gubernamentalidad*, ya que hay elementos de contacto entre las tecnologías de dominación de los demás y las referidas a uno mismo.

---

25. "Objeto" que funciona como representación de la singularidad o donde la singularidad queda inscrita, y en el cual el sujeto siempre puede establecer una estrategia de resistencia que opera desde los márgenes del juego de poder establecido, pero nunca fuera de él.

Así podemos notar que el tipo de racionalidad en cuestión y sus tecnologías refuerzan el clima de época con su permanente oda a la lógica de la competencia, el éxito y la responsabilidad individual, lógica mercantil por la que nos encontramos lastimosamente atravesados y a la que sobran motivos históricos para resistir de toda forma posible e imposible. En la búsqueda de liberar a la educación de esta lógica cruel y los mandatos capitalistas que la constituyen, una pista quizá la daría el intento de atender la enseñanza que las *gestualidades descolonizadoras del yo* (Giuliano, 2016) suponen no como dominio de un determinado saber-poder o habilidad, sino como un afecto ético y una actitud política que se juegan en una experiencia de pensamiento junto a otras...

Evaluar como base del dar muerte y, por lo Mismo, del evolucionismo

En una de las clases del curso *Defender la sociedad*, dictado en el *College de France*, puede escucharse a Foucault decir que

> en los siglos XVII y XVIII constatamos la aparición de las técnicas de poder que se centraban esencialmente en el cuerpo individual. Todos esos procedimientos mediante los cuales se aseguraba la distribución espacial de los cuerpos individuales (su separación, su alineamiento, su puesta en serie y bajo vigilancia) y la organización, a su alrededor, de todo un campo de visibilidad. Se trataba también de las técnicas por las que esos cuerpos quedaban bajo supervisión y se intentaba incrementar su fuerza útil mediante el ejercicio, el adiestramiento, etcétera. Asimismo, las técnicas de racionalización y economía estricta de un poder que debía ejercerse, de la manera menos costosa posible, a través de todo un sistema de vigilancia, jerarquías, inspecciones, escrituras, informes: toda la tecnología que podemos llamar tecnología disciplinaria [...]. Ahora bien, me parece que durante la se-

gunda mitad del siglo XVIII vemos aparecer algo nuevo, que es otra tecnología de poder, esta vez no disciplinaria. Una tecnología de poder que no excluye la primera, que no excluye la técnica disciplinaria sino que la engloba, la integra, la modifica parcialmente y, sobre todo, que la utilizará implantándose en cierto modo en ella, incrustándose, efectivamente, gracias a esta técnica disciplinaria previa. Esta nueva técnica no suprime la técnica disciplinaria, simplemente porque es de otro nivel, de otra escala, tiene otra superficie de sustentación y se vale de instrumentos completamente distintos. (2000, p. 219)

Por tanto, siguiendo a Foucault, puede notarse que "tras un primer ejercicio del poder sobre el cuerpo que se produce en el modo de la individualización, comienza a aparecer un segundo ejercicio que no es individualizador sino masificador" (2000, p. 220): esto es lo que dará a entender como *biopolítica* y de ella señalará algunos puntos, a partir de los cuales se constituyó, en relación con sus prácticas y sus primeros ámbitos de intervención, saber y poder. Entre los que interesan para el análisis del tipo de racionalidad en cuestión conviene mencionar el interés en las previsiones, las estimaciones estadísticas o las mediciones globales, pero más aún el elemento que va a circular de lo disciplinario a lo regularizador, que va a aplicarse del mismo modo al cuerpo y a la población, que permite a la vez controlar el orden disciplinario del cuerpo y los acontecimientos aleatorios de una multiplicidad biológica, dicho elemento es la *norma* como aquello que "puede aplicarse tanto a un cuerpo al que se quiere disciplinar como a una población a la que se pretende regularizar" (Foucault, 2000, p. 229). Esto da el pie para situar a la *sociedad de normalización* como una sociedad donde se cruzan, según una articulación ortogonal, la norma de la disciplina y la norma de la regulación: se visualiza así un poder que se hizo cargo del cuerpo y de la vida en general, y que será analizado como *biopoder*.

Con el *biopoder* se inscribe el racismo en los mecanismos del Estado y este es un asunto cardinal para nuestro análisis desde otro prisma que nos permite explorar otra forma de plantearse la relación entre racismo y evaluación, pues no puede pensarse el biopoder sin su racismo (siempre d-evaluador) ni a la razón de la evaluación sin su dimensión racista constitutiva. Argumentar esta afirmación nos lleva a explorar las tesis foucaultianas a propósito de lo que entiende por racismo y su relación con el "dar muerte" en una sociedad de normalización. Como puede llegar a escucharse en Foucault, el racismo es "el medio de introducir por fin un corte en el ámbito de la vida que el poder tomó a su cargo: el corte entre lo que debe vivir y lo que debe morir" (2000, p. 230) y

> La raza, el racismo, son la condición que hace aceptable *dar muerte* en una sociedad de normalización. Donde hay una sociedad de normalización, donde existe un poder que es, al menos en toda su superficie y en primera instancia, en primera línea, un biopoder, pues bien, el racismo es indispensable como condición para poder dar muerte a alguien, para poder dar muerte a los otros. En la medida en que el Estado funciona en la modalidad del biopoder, su función mortífera sólo puede ser asegurada por el racismo. [...] Si el poder de normalización quiere ejercer el viejo derecho soberano de matar, es preciso que pase por el racismo [...]. Desde luego, cuando hablo de *dar muerte* no me refiero simplemente al asesinato directo, sino también a todo lo que puede ser asesinato indirecto: el hecho de exponer a la muerte, multiplicar el riesgo de muerte de algunos o, sencillamente, la muerte política, la expulsión, el rechazo, etcétera. (2000, pp. 231-232)

En efecto, es desde este lugar que también puede sostenerse lo que podríamos llamar la dimensión racista de la razón evaluativa o, al mismo tiempo, el racismo del biopoder que opera mediante la evaluación. Porque esta racionalidad y todas sus prácticas, tecnologías o conjunto de técnicas, mecanismos y dispositivos implican siempre una dimensión mortífera de reducción de la alteridad. Porque el hecho de cifrar o (sub)clasificar al otro o a la otra, su normalización y/o sanción, su a-plazo (o el negar su plazo, su tiempo), entre otros ejemplos que pueden darse, ponen de manifiesto en muchas ocasiones la expulsión, el rechazo, la muerte política o la multiplicación del propio riesgo de muerte (tan simbólica como real) de la alteridad. En este registro funciona la lógica de la distinción y jerarquización de unos frente a otros, la calificación de lo bueno y la descalificación de lo inferior a la norma(lidad) esperada, toda una manera de fragmentar o de desfasar a unos respecto de otros en el marco de la pedagogía moderna/colonial como continuación de la guerra por otros medios. Si bien el racismo va a diseminarse, en primer lugar, con la colonización, es decir, con el genocidio colonizador, las miradas descolonizadoras enseñan que estas lógicas propias de la matriz colonial del poder continúan aun sin las colonias en la forma de lo denominado por Quijano como colonialidad del poder, o por Mignolo como colonialidad del saber y del ser o de la subjetividad. (Estas cuestiones que llegan a tensionar el planteo foucaultiano en alguno de sus puntos de análisis han sido exploradas en el capítulo anterior).

El hecho de que una concepción de sujeto previa opere en esta racionalidad, pone en juego una dinámica excluyente que busca eliminar o reducir toda diferencia mediante procesos de selección y disputa que buscan una regeneración de los sujetos de acuerdo a lo estipulado. Como en una lucha por la vida en la que-para vivir uno- otro tiene que morir, dar algún tipo de muerte a la *de*generación, a la alteridad o a la anormalidad es lo que hace la vida de esta racionalidad más pura: algunos didactas le llaman *constante macabra* al hecho de que haya aplazados en los exámenes o evaluaciones y esto, dicen, daría la tranquilidad de que el trabajo evaluador se está llevando a cabo de la manera correcta. Como si el hecho de reducir o eliminar los errores y las desviaciones hicieran del *yo evaluador* una especie más fuerte que se expande e invita a otros a pasar la prueba de sobrevivencia para ser también *yo evaluadores* (de sí mismos, con la autoevaluación, o de los otros, con la coevaluación). La diferencia, lo errado o erróneo, lo desviado de la norma, serían peligros para la población que el estado asume evaluar en nombre de una educación o una reeducación que corrija o excluya todo rasgo que no coincida con —o altere— lo establecido como correcto o esperable. De aquí que Foucault sostenga:

> En el fondo, el evolucionismo, entendido en un sentido amplio —es decir, no tanto la teoría misma de Darwin como el conjunto, el paquete de sus nociones (como jerarquía de las especies en el árbol común de la evolución, lucha por la vida entre las especies, selección que elimina a los menos adaptados)—, se convirtió con toda naturalidad, en el siglo XIX, al cabo de algunos años, no simplemente en una manera de transcribir en términos biológicos el discurso político, no simplemente en una manera de ocultar un discurso político con un ropaje científico, sino realmente en una manera de pensar las relaciones de la colonización, la necesidad de las guerras, la criminalidad, los fenómenos de la locura y la enfermedad mental, la historia de las sociedades con sus diferentes clases. (2000, p. 232)

Disciplina, control y seguridad de lo normal

Como venimos analizando, podrá notarse la tendencia a inclinarnos por reconocer flujos de continuidad entre mecanismos que reaparecen, aunque con nuevas adaptaciones, y técnicas o tecnologías que engloban e integran sus formas anteriores introduciendo algunas modificaciones. En este marco, observamos que la razón evaluadora puede englobar e integrar, de diferentes modos, determinados mecanismos, dispositivos y tecnologías que conservan —tanto como atraviesan— algunos designios propios del poder disciplinario en el marco de las actuales sociedades de control o de seguridad.

Si bien, en el curso "*Seguridad, territorio, población*", Foucault (2006) enseña que los dispositivos de seguridad tienen una tendencia constante a ampliarse, son centrífugos, integran sin cesar nuevos elementos (como la producción, la psicología, los comportamientos), poseen un grado de permisividad, responden a una realidad de tal manera que la respuesta la anule (la limite, la frene o la regule), funcionan con libertad; si bien tal vez al interior de la sociedad la racionalidad evaluadora cimiente estos dispositivos al punto que ya se habla de una "cultura de la evaluación" o una "ideología de la evaluación" que atraviesa todo el campo social, nos interesa aquí detenernos a pensar lo que sucede de modos diversos en la educación institucionalizada donde se presenta cierta pervivencia de la lógica disciplinaria más allá de los variadas reconfiguraciones actuales. A este respecto no se puede soslayar el lugar de la idea foucaultiana de *sociedad de normalización* que mencionamos anteriormente, siempre de la mano de su relación con los designios disciplinarios que la caracterizan y aún permanecen a pesar de los cambios actuales. Atendiendo la enseñanza de Foucault (2006), vemos que la disciplina:

- es esencialmente centrípeta,
- funciona aislando un espacio y determinando un segmento;
- reglamenta todo, no deja escapar nada;
- no sólo no deja hacer, sino que su principio reza que ni siquiera las cosas más pequeñas deben quedar libradas a sí mismas y la más mínima infracción debe ser señalada con extremo cuidado;
- las cosas se distribuyen según un código de lo prohibido y lo permitido o lo obligatorio, así prescribe en todo momento lo que debe hacerse;
- sus artificios son más apremiantes cuando la realidad se torna insistente y difícil de vencer, de normalizar o analizar.

Esto invita a pensar el lugar que los designios disciplinarios tienen en el tipo de racionalidad en cuestión y que, por ejemplo, no puede perderse de vista lo que Foucault entendía por *normalización disciplinaria* ya que esta descompone a los individuos, los lugares, los tiempos, los gestos, los actos, las operaciones, en elementos que son suficientes para percibirlos-identificarlos, modificarlos y clasificarlos en función de objetivos (pre)determinados:

> establece las secuencias o coordinaciones óptimas [...], fija los procedimientos de adiestramiento progresivo y control permanente y por último, a partir de ahí, distingue entre quienes serán calificados como ineptos e incapaces y los demás. Es decir que, sobre esa base, hace una partición entre lo normal y lo anormal. La normalización disciplinaria consiste en plantear ante todo un modelo, un modelo óptimo que se construye en función de determinado resultado y la operación de normalización disciplinaria pasa por intentar que la gente, los gestos y los actos se ajusten a ese modelo; lo normal es, precisamente, lo que es capaz de adecuarse a esa norma, y lo anormal, lo que es incapaz de hacerlo. En otras palabras, lo primero y fundamental en la normalización disciplinaria no es lo normal y lo anormal, sino la norma. Para decirlo de otra manera, la norma tiene un carácter primariamente prescriptivo, y la determinación y el señalamiento de lo normal y de lo anormal resultan posibles con respecto a esa norma postulada. (2006, pp. 75-76)

Pero, seguidamente, Foucault dirá que lo que ocurre en las técnicas disciplinarias se trata más de una *normación* que de una normalización, ya que todo parte de la norma como prescripción primaria, a diferencia de lo que ocurre con el señalamiento de las diferentes curvas de normalidad donde

> la operación de normalización consistirá en hacer interactuar esas diferentes atribuciones de normalidad y procurar que las más desfavorables se asimilen a las más favorables. Tenemos entonces algo que parte de lo normal y se vale de ciertas distribuciones consideradas [...]

> como más normales o, en todo caso, más favorables que otras. Y esas distribuciones servirán de norma. La norma es un juego dentro de las normalidades diferenciales. [...] Lo normal es lo primero y la norma se deduce de él, o se fija y cumple su papel operativo a partir del estudio de las normalidades. (2006, pp. 83-84)

Así vemos que dicha operación (más propia de los mecanismos de seguridad) ya no se trata de una *normación* sino de una *normalización*, puesto que la norma no es un punto de partida sino una deducción a posteriori del juego en el que ella participa dentro de las normalidades diferenciales y las distribuciones de normalidad. Lo normal funciona aquí, entonces, como prescripción primaria.

Como puede notarse, este planteo nos permite pensar que el tipo de racionalidad en cuestión, junto a sus prácticas, mecanismos, dispositivos y tecnologías, opera(n) principalmente en el terreno de la normalización, pero también, y dependiendo de las circunstancias, en el terreno de lo que Foucault (2006) ha llamado *normación*. Resulta relevante esta arista del problema porque da lugar a observar que la complejidad del *raciocinio evaluador* tiene una versatilidad tal que su terreno de acción puede partir de una norma como condición de posibilidad para el establecimiento de lo normal y lo anormal (en el caso de la *normación*), así como también puede partir de lo normal que establece la norma cuya operatividad se da a partir de distribuciones que marcan la lejanía o la cercanía con el grupo-parámetro de normalidad que se toma de referencia (en el caso de la *normalización*).

Formación de capital humano: *empresas* de sí

La sinonimia instalada entre educación y evaluación, así como lo que aquí llamamos razón evaluadora, tampoco puede pensarse al margen de los procesos socio-económicos. Como ha podido percibirse anteriormente, la racionalidad propia de la evaluación ejerce una función clave en la preparación de la subjetividad –o la subjetivación– para el mercado y sus normas o pautas de normalidad que impactan de entrada en la producción de los cuerpos como capital humano. Pero será necesario observar esta cuestión con mayor detalle, puesto que desde este prisma no sería difícil afirmar que las subjetividades y cuerpos mejor evaluados, es decir mejor valorados o valuados, tendrán mayores posibilidades de insertarse en el amplio espectro que implica el mercado ya no sólo laboral sino, como Costa (2014) indica, también afectivo, libidinal o social.

En 1979, en el marco del curso *Nacimiento de la biopolítica*, Foucault (2007) enseña que la teoría del capital humano representa dos procesos: el adelanto del análisis económico en un dominio hasta entonces inexplorado y, a partir del mismo, la posibilidad de reinterpretar en términos económicos dominios que podían considerarse y de hecho se consideraban como no económicos. A este respecto la doctrina económica neoliberal comienza a ubicar la economía como una "ciencia del comportamiento humano" en una relación entre fines y medios escasos que tienen usos que se excluyen mutuamente... Y esto va de lleno con la educación de nuestro tiempo.

Viene a cuento la anécdota de esa pregunta que un grupo de investigadores hacían a niños el primer día de clase antes de entrar a la escuela y después de salir de ella: "¿Qué te imaginas que vas a hacer en la escuela?" –comenzaban preguntando. "Hacer amigos, jugar, conversar, dibujar, pensar..." –respondían, entre otras cosas, entusiasmados. "Finalmente, ¿qué hiciste hoy en la escuela?" –les preguntaban al salir. Y varias voces respondieron, en un tono que iba del cansancio al suspiro, pronunciando la misma palabra: "trabajé...".

En este breve pero tragicómico relato comienza a (entre)verse esa definición del capital como renta futura que será indisociable de su poseedor, el desarrollo de la llamada aptitud para el trabajo como idoneidad para poder hacer algo: la idoneidad del trabajador es una máquina que ya no se podrá separar de sí mismo y producirá sus –futuros– flujos de ingresos (porque no se vende de manera puntual en el mercado de trabajo a cambio de un salario determinado, sino que será remunerada durante un período mediante una serie de salarios que comenzarán por ser relativamente bajos cuando empiece a utilizarse, luego aumentarán y terminarán por bajar con la obsolescencia o envejecimiento) de manera que es el propio trabajador quien aparece como si fuera una especie de empresa para sí mismo –pues es así su propio capital, su propio productor–. Por tanto, desde esa mirada, este capital humano está compuesto de algunos elementos innatos (hereditarios y congénitos, a partir de los cuales la genética permite conocer riesgos y potencialidades) y otros adquiridos (donde entran las "inversiones educativas", los cuidados parentales y estímulos culturales, atenciones a la salud, entre otros). Lo que está en juego es el problema de la inversión de las relaciones de lo social a lo económico, en palabras de Foucault:

> generalizar efectivamente la forma "empresa" dentro del cuerpo o el tejido social; quiere decir retomar ese tejido social y procurar que pueda repartirse, dividirse, multiplicarse no según la textura de los individuos sino según la textura de la empresa. Es preciso que la vida del individuo [...] pueda inscribirse en el marco de una multiplicidad de empresas diversas encajadas unas en otras y entrelazadas. [...] Y, por último, es necesario que la vida misma del individuo [...] lo convierta en una suerte de empresa permanente y múltiple. (2007, p. 277)

De este modo, con Foucault advertimos cómo "la generalización de la forma económica del mercado" puede funcionar pedagógicamente como "principio de inteligibilidad, principio de desciframiento de las relaciones sociales y los comportamientos individuales" (2007, p. 280) considerando que, sobre todo, en la educación

> Por un lado se trata, desde luego, de multiplicar el modelo económico, el modelo de la oferta y la demanda, el

modelo de la inversión, el costo y el beneficio, para hacer de él un modelo de las relaciones sociales, un modelo de la existencia misma, una forma de relación del individuo consigo mismo, con el tiempo, con su entorno, el futuro, el grupo, la familia. (2007, p. 278)

De pastores, pasturas y rebaños

Omnes et singulatim, podría traducirse del latín como "todos y cada uno". Así comienza el título de uno de los célebres textos de Foucault (1990) al que le sigue un interesante subtítulo que ora "Hacia una crítica de la razón política". Allí realiza un "desarrollo de las técnicas de poder orientadas hacia los individuos y destinadas a gobernarlos de manera continua y permanente" (p. 98). Esto resulta interesante para nuestro análisis puesto que, si bien allí reconoce en el Estado la forma política de un poder centralizado y centralizador, llamará *pastorado* al poder individualizador en el que un pastor (el pedagogo por ejemplo, diría Platón) ejerce el poder sobre un rebaño: lo agrupa, guía y conduce, asegura su salvación, dispone una meta, se ve llevado a conocerlo en su conjunto y en detalle –supone una atención individual a cada miembro–; en relación con su responsabilidad, asume dar cuenta, no sólo de cada uno, sino de todas sus acciones, de todo el bien o el mal que sean capaces de hacer, de todo lo que les ocurre como si lo hiciera o le ocurriera a sí mismo; en relación con el problema de la obediencia, las tradiciones van desde la típica relación de dependencia individual y completa hasta la obediencia a una ley (o voluntad mayoritaria), o la persuasión racional de un particular por un objetivo estrictamente determinado (como, por ejemplo, la adquisición de una destreza); entra en juego también el *examen de conciencia* como

> una forma de contabilizar cada día el mal y el bien realizados respecto a los deberes de cada uno. Así, cada cual podría medir su progreso en la vía de la perfección, por

ejemplo, el dominio de uno mismo y el imperio ejercido sobre las propias pasiones. (Foucault, 1990, p. 115)

Con todo, se busca conseguir que los individuos lleven a cabo su propia «mortificación» en este mundo, que no es la muerte literal, pero es una renuncia al mundo y a uno mismo: una especie de muerte (pedagógica) diaria que, en teoría, proporciona la vida en otro mundo (podría pensarse, entre otros, el del mercado). Los hechos y/o personajes de este planteo son reales, cualquier parecido o similitud con la ficción de la evaluación —y su racionalidad— no es pura coincidencia: evaluar la realidad, el otro, lo otro, la enseñanza, el aprendizaje, los resultados, las condiciones, informaciones, procesos, desempeños, así hasta lo impensado, de tal modo que el hartazgo o el tedio pervive en las arduas perturbaciones que ello genera y un cinismo naturalizado caracteriza todo lo relacionado con esta razón (evaluadora) de ser y hacer.

> Da la sensación que, así, enseñar se ha vuelto evaluar. Que educar es evaluar. Que deberíamos ser evaluadores, no educadores, no maestros, no enseñantes: evaluantes. Que, en vez de querer transmitir, habría que evaluar. Y un día nos daremos cuenta que estamos evaluando antes que cualquier cosa. O que poca o que ninguna enseñanza es necesaria ya para comenzar a evaluar. Demandar lo aprendido, volver mezquina la enseñanza, hacer eterno deudor al aprendiz. (Skliar, 2011, p. 153)

Es cierto, como podría observarse, que el poder pastoral ha tomado nuevas formas en el marco del capitalismo contemporáneo. Lo vemos puntualmente en la educación cuando el deseo de enseñar o el arte de la transmisión se convierten en un mero requerir pruebas sobre lo enseñado o, incluso, en exigir un aprendizaje (siempre quimérico, por su propio enigma constitutivo). Así se instala la mezquindad y el mercadeo, se siembra una paranoia por el afán persecutorio del raciocinio evaluador que siempre corre en busca del error prohibido, se trazan objetivos predeterminados cual normas de ser que se camuflan con nombres de ocasión (competencias, metas, habilidades para la vida, desarrollo de capacidades) y que generan relaciones de dependencia, obediencia y sometimiento al pedagogo-evaluador como juez capaz de salvar o condenar. El artilugio moral del *examen de conciencia*, mutó en la configuración del examen como dispositivo disciplinario para que, más tarde, su lógica moral perviva hoy en la evaluación y su racionalidad de control. Pues, de este modo, se sigue contabilizando el mal o el bien realizado en función de los deberes establecidos y desde allí se mide el progreso del sujeto. Y así "hacer los deberes", se traduce en pagar las deudas.

Habitamos una educación cada vez con más deberes, tareas, requerimientos, y menos tiempo libre. La racionalidad evaluadora nos hace deudores para gobernarnos y, en ella, el poder pastoral pervive en la forma de una orientación constante hacia la auto-vigilancia como exigencia de auto-gobierno en la que el sujeto está obligado a decir la verdad sobre sí mismo y su proceso. En este punto, la lógica de la confesión puede notarse presente en los dispositivos de examen y evaluación, lo cual quizá evidencia cierta genealogía presente en la razón evaluadora: lo que antaño se dirimía en el marco de una relación con el juicio, con juzgar-se en el marco del dispositivo confesional, donde quedaba establecida una relación entre la subjetividad y la ley, luego integra la producción del saber y la ceremonia del poder disciplinario en el examen (en el marco de la relación entre norma e identidad) y esto se reifica en la evaluación cuando la identificación y el reconocimiento se tornan constantes en pos de medir, comparar y calificar la producción del sujeto como cifra inteligible para el sistema. Quizá entonces la edad del juicio y la confesión fue continuada por el cada vez más temprano sometimiento al examen y esta herencia hoy es recogida por la temporalidad constante y obstinada de la evaluación y su racionalidad. Por lo tanto, la vigencia del poder pastoral se evidencia en su capacidad de generar nuevos modos de pastores y rebaños, nuevas formas de subjetivación juzgables, esto es, sujetos confesantes pasibles de ser examinados y evaluados. De este modo podríamos notar cómo la razón de la evaluación se vale de relaciones históricas como las de la ley y el juicio, la norma y el examen, la identidad y el control. El fantasma del confesor retorna en el del examinador y ahora evaluante, así como también el de confesante en el de examinado y ahora evaluado. Por tanto, la resistencia se dará en la lucha con-vivencial y educativa por la re-existencia de enseñantes y estudiantes.

El árbol "común" de la evaluación: contornos de un problema ético-político

A lo largo de estas páginas hemos intentado arrimar algunas respuestas a nuestro interrogante de partida y, desde la noción inicialmente propuesta, realizar un movimiento de búsqueda que convidó a cierta ampliación conceptual. De este modo, la escucha y relectura de algunos textos foucaultianos no indicó más el carácter fecundo del problema que sus claros síntomas de no poder ser circunscripto a una "tradición de pensamiento", aunque sí a determinadas posiciones ético-políticas de lucha, resistencia y re-existencia (en todo caso, las citas andan aquí cual invitación al encuentro como potencia de fagocitación). En este sentido, interesa realizar algunas puntualizaciones que de forma in-conclusiva dibuje el movimiento de profundización conceptual realizado:

- Luego de la travesía propuesta, no solo hemos visto que abunda una obstinada razón de evaluar, sino que esta, además, se ha configurado históricamente como tipo de racionalidad que atraviesa (y fundamenta) prácticas, tecnologías y dispositivos. En su afán de impeler a medir, comparar, normalizar a sujetos tan singulares como diferentes opera en la acción un principio de clasificación que marca distancias o cercanías respecto de un ideal de sujeto que funciona como representación educativa o norma indicando grados de aprobación y reprobación en cierta escala construida en base a parámetros de normalización y, por tanto, de anormalidad. Así, esta racionalidad coadyuva a que de la educación se haga un mero espacio-tiempo destinado a la connivencia del control y la disciplina con sus respectivas modulaciones, moldes y módulos desigualitarios favorables a la lógica de las jerarquías.

- Con vigilancias cada vez más sutiles y sanciones cada vez más justificadas en su afán "pedagógico", esta racionalidad se erige entre el monitoreo y el cálculo que reducen toda potencia de alteridad a una mensuración, a una cifra auditable o inscribible en el *management* del comportamiento educativo y sus reglas. Su sentido instrumental, relativo siempre a cierta estrategia, designa medios prácticos y técnicos a emplear para alcanzar cierto objetivo. Aquí entran en juego las mencionadas *tecnologías de gobierno*, mayormente favorables a los *estados de dominación* pero que también deben lidiar con los *juegos estratégicos entre libertades*. De este modo, entre procedimientos tácticos y sistemas de reglas, estas tecnologías actúan como mecanismos sugestivos y puntualizados, juiciosos e individualizados, locales y globales, insignificantes en apariencia, naturalizados por su aplicación habitual, eficaces y con pretensiones de objetividad y veracidad. Estos elementos constantes de previsión y dirección constituyen, en el marco de esta racionalidad, una situación de gobierno caracterizada por reforzamientos, superposiciones, entrecruzamientos y limitaciones.

- Dicha racionalidad, como elemento y función de gubernamentalidad, impone relaciones de elaboración, transformación o manipulación de objetos, que objetivan y objetualizan al sujeto para obtener una transformación que permita alcanzar cierto estado de saber-poder asociado a una promesa de felicidad por los (c)réditos que dicho estado trae o traerá.

- La dimensión racista de la razón evaluadora, como biopolítica que manifiesta el racismo del biopoder, integra las tecnologías disciplinarias modificándolas parcialmente y orientándolas hacia la masificación. Así, las estimaciones estadísticas, las mediciones globales, las normas de disciplinamiento y regulación, se constituyen en la matriz práctica de una sociedad de normalización en la que la mortificación simbólica o el "dar muerte" toma las formas de un asesinato indirecto como multiplicación o exposición a una muerte política que a veces se traduce en expulsión, rechazo, reducción, exclusión, a-plazo (como negación del tiempo singular), descalificación de lo inferior a la normalidad (la cual es establecida por la misma lógica de la colonialidad), reificación de la diferencia.

- Hemos visto también la versatilidad de la racionalidad del evaluar para moverse entre la *normalización* (donde la norma se deduce de curvas de normalidad y es más propia de los dispositivos de seguridad) y la *normación* (donde la norma es punto de partida en el marco de un modelo más prescriptivo y resultadista). Asimismo, la relación de esta racionalidad con los dispositivos de seguridad enseña su tendencia constante a la ampliación y a integrar sin cesar nuevos elementos al mismo tiempo que ofrece distintos grados de permisividad. Por eso cada vez hay más tipos de evaluación y hasta algunos plantean "evaluar con el corazón" (véase, por ejemplo, lo analizado en Giuliano, 2020d).

- Coadyuva a multiplicar el modelo de mercado fijando procedimientos que ponen al sujeto como una máquina productora (de resultados, de valoraciones, de promedios, de reconocimientos) que hacen del mismo un empresario de sí en plena competición por obtener la máxima rentabilidad de su esfuerzo e inversión como capital humano. Aquí el poder pastoral actúa con su mortificación singular que implica la renuncia al mundo (en pos del mercado) y a uno mismo (en pos del progreso en el rendimiento de la empresa y la obediencia a los parámetros —leyes, deberes, objetivos— impuestos por la lógica de competencia).

De este modo, vemos a la racionalidad de la evaluación constituirse en un problema ético-político clave de nuestros tiempos. Ético porque demanda una respuesta crítica que cambie los términos de la conversación y no solo sus contenidos (como ha venido pasando de hace cinco siglos a esta parte en el campo pedagógico), y político porque hay un conflicto que traza un antagonismo entre quienes defenderán o alimentarán la hegemonía de este tipo de racionalidad y entre quienes intentamos pensar las formas de su constitución y elucidación de sus mecanismos por dar lugar a posibles bloqueos, desenganches y desaprendizajes que interrumpan la sinonimia instalada en la formación contemporánea.

Por tanto, al enseñar la complejidad del problema éticopolítico aquí abordado, ya no alcanza con la imagen pedagógica clásica en la que un docente les dice a sus estudiantes (representados con las figuras animales de un pájaro, un mono, un pingüino, un elefante, un pez en una pecera, una foca, un perro o, en otras versiones, un gato y, además, un caracol y un sapo): *para que la evaluación sea justa, todos realizarán la misma prueba: subirán a ese árbol.* Si bien brinda una idea de lo que supone, como hemos visto, la *normación* y cierta idea de disciplina, también permite visualizar la advertencia que leímos anteriormente sobre la expansión del evolucionismo en un sentido amplio que involucra la puesta en juego de sus nociones en tanto reconfiguración del espacio social y educativo a partir de lo que podría ser la jerarquía de las especies en relación con el "árbol común de la evolución", la lucha por la supervivencia entre las diferentes especies en el marco de la selección que elige/aprueba a los más aptos y elimina/desaprueba a las menos adaptadas a la gramática impuesta. En este sentido, ese "árbol común", que también podría leerse como *árbol común de la evaluación,* promueve (cual árbol del conocimiento o de la vida) escalar posiciones para acceder a sus prometedores frutos. Esto plantea toda una manera de pensar las relaciones de colonialidad en sus diferentes aspectos, así como la patologización de todo aquello que no logre responder como se espera que lo haga. Pero es en este punto donde la imagen no alcanza y la cuestión se complejiza ya que, en tiempos de falsa valorización de la diferencia (es decir, de diferencias aceptadas, toleradas y reificadas por el mercado) y expansión de los múltiples modos y dispositivos que involucran la razón del evaluar, la educación contemporánea cada vez más convertida en mera evaluación, en su afán de incluir a lo Mismo, perfecciona sus instrumentos en pos de ofrecer a cada singularidad una forma de ser evaluada (en caso de que la *normación* falle, por supuesto, entra en juego la *normalización*).

El análisis anterior nos alerta sobre las implicancias en la búsqueda de una educación radicalmente emancipatoria y liberadora, puesto que el mismo argumento de la educación como generadora de nuevos modos de vida tambalea si esos modos se reducen a subir un árbol prediseñado para cada singularidad transformada en caso o en empresaria de sí. Este parece ser el derrotero de las nuevas tecnologías y la innovación educativa, tan caro a nuestros tiempos. De modo que la *casificación*, la patologización, la tecnologización y el destino reducido a una educación al servicio de la racionalidad evaluadora promete elevar al "árbol común" no solo a aquellos que por sus propios medios podrían, sino también a aquellos cuyas diferencias se lo imposibilitarían. No se trata de un hacer lo imposible (como un gesto subversivamente educativo provocaría), sino de una posibilidad teñida de oportunidad para que el pez en su pecera tenga el propio árbol al cual subir (y así para cada caso en el tiempo evaluador impuesto). Subir allí sería el "aprendizaje", la adaptación a lo normal y el requisito de aprobación para poder continuar en los procesos de selección en las carreras del mérito y la certificación. (En la imagen mencionada tampoco resulta menor aclarar que el único "humano" representado es el docente y que, entre las especies animales representadas, no figura la clásica animalidad estigmatizada y estigmatizante en educación como puede ser el burro o el asno, pero esta sería otra discusión, aunque al interior de nuestro planteo).

En efecto, podríamos decir que rebelarse, es decir, agarrárselas con una imposición del mundo que no admite paciencia alguna, u oponer resistencia (como forma de desobediencia o rebelión éticamente necesaria) contra una forma de poder como la que aquí se evidencia, no consiste meramente en el hecho de denunciar su violencia o criticar la institución que lo encarne. Hace falta poner "contra las cuerdas" la razón de evaluar como tipo de racionalidad relativa a un experimento que nos demanda prestar atención a sus formas de poder condensadas en prácticas, técnicas, mecanismos y dispositivos que llevan la marca de su surgimiento ineludiblemente totalitario. Así es que, tal vez, la liberación no puede venir más que del ataque a las raíces mismas de los enredos y las artimañas condensadas en esta razón de ser y de hacer. La cuestión es: ¿cómo se neutraliza una racionalidad que contiene semejantes relaciones de poder? Quizá una pista la den aquellas luchas inacabadas, iterativas y entrecortadas, que han enseñado a modificar los efectos de poder allí donde ellos, en sus formas pedagógicas mínimas, dan forma a la vida.

(búsqueda implacable)

Hacer de un hueco una sortija,
un vacío en nuestro centro,
una búsqueda implacable
como infancia en calesita:
dando vueltas en el lugar
intentando armas tomar
lo imposible, un objeto
lo que siempre se nos escapa
aunque podamos rozar el instante
con la ilusión de otro giro amante.

Si bien no hay
garantía de ello,
dar alguito más
que no tenemos
es el intento
a repetir
rebuscado
rebuscando
así andamos
de Otra a otra.

APROBAR/DESAPROBAR (DOS CARAS, UNA MISMA RAZÓN) VS. ARTES DE RESISTIR Y DE RE-EXISTIR

> Ahora cae el agua llamada lluvia
> dibuja una circular irrisión convencida de sí misma
> una venta se abre sola
> imprudente
> asistimos a una reunión
> cuatro sabios se exteriorizan
> condenan a otros cuatro de carácter más tierno
> después dos a dos y luego uno
> cierra la ventana.
>
> Noé Jitrik, *Díscola Cruz del Sur ¡Guíame!*

Subjetividades y objetividades de (des)aprobación

El matemático Giuseppe Peano, tal como lo relata Piergiorgio Odifreddi (2018) en su *Diccionario de la estupidez*, decía que todo el mundo debía ser aprobado en los exámenes porque la vida ya se encargaría de suspender (aplazar, desaprobar o sancionar) a los "ignorantes". Por su parte, el filósofo Alfred North Whitehead daba siempre las máximas notas y matrículas de honor hasta que un estudiante lo puso a prueba escribiendo tonterías en un examen, lo que le valió la nota máxima, pero sin la "matrícula de honor". Más allá de estos dos ejemplos que exploran simpáticas formas de negarse a la evaluación, ¿de dónde viene esta suerte de compulsión a evaluar que insiste cada día más y hace síntoma en los espacios educativos? Más aun, ¿por qué las relaciones pedagógicas se asientan tantas veces en la lógica cruel aprobatoria/desaprobatoria que nos hace devenir, tanto a docentes como a estudiantes, en neuróticos obsesivos o falsos complacientes?

Daniel Berisso (2015), en su libro ¿Qué clase de dar es el dar clase?, señala la inherencia del acto de aprobación al deseo como algo propiamente humano. Desde este planteo, aprobar algo o alguien no solo está relacionado con el reconocimiento[26], sino también a que dicho acto rebasa la representación de la cosa "en sí". Por tanto, en la aprobación como en el aplazo o sanción se juega un "inconfundible sello personal" (Berisso, 2015, p. 21). A partir de este razonamiento, Berisso realiza una distinción entre un *sujeto de aprobación* (aquel que realza para sí mismo el sentido de algo) y un *objeto de aprobación* (aquel que es aprobado por otro o se comporta cual dócil "portavoz" de una causa promovida activamente por un tercero). Mientras que este último estaría más cerca de ser oveja del rebaño, para nuestro colega la cooperación entre *sujetos de aprobación* da como fruto un "verdadero aprendizaje", a pesar incluso de que lo cooperativo devenga tantas veces en corporativo. Resulta incluso simpática la idea de que una "subjetividad de aprobación" advenga solo *en la medida* que entre educador y educando se establezca una con-genialidad crítica proveniente del estímulo de la "beligerancia argumentada", el "desenfado creativo" acerca de tópicos o saberes instituidos,

> no para descalificar o humillar "lo dado", sino, muy por el contrario, para expresar el sentido constructivo del "aporte", de la apropiación personal, de la diferencia que eleva un puente entre un mundo hecho libro y la pujante curiosidad de quien lo aprende. (Berisso, 2015, p. 23).

---

26. A propósito de este planteo, y profundizando la referencia en la que se apoya Berisso, cabe aclarar que en Ricoeur (2006, 2008) se abren al menos dos vías de análisis posible: la primera, referida al estudio específicamente del reconocimiento como identificación y posibilidad "recíproca"; la segunda, referida al reconocimiento como ejercicio de aprobación o sospecha con relación a otro. Ambas serán motivo de un abordaje más detenido en un artículo dedicado a la razón evaluadora en Paul Ricoeur (Giuliano, 2020h).

Antes de tocar algunos aspectos a problematizar, es interesante atender dos puntos más del planteo: a) la relativa facilidad, indicada por Berisso, en el paso de un *objeto de aprobación* a un "*sujeto clientelar de aprobación*" (2015, p. 24) figurado en el trayecto que va de la clase al quiosco, pero más claramente advertible en el combate objetividad-subjetividad que el tiempo evaluador aloja con sus procesos de calificación y puntaje que luego posibilitan (o no) accesos a puestos de trabajo, a bienes simbólicos o lugares en el mercado de consumo/producción; b) la noción de "*aprobación subjetiva*" referida a la actividad subjetiva sinónima de un "adueñamiento no monopólico", de una actitud que en un mismo gesto "aprende y desprende, recoge y comparte, interioriza y derrama" (2015, p. 25). No obstante, sobre esta última, consideramos que resulta al menos éticamente problemático relacionar tan potente gestualidad al significante (moral) "aprobación", tan afín al campo semántico de las retóricas evaluadoras y el tipo de racionalidad específica que ellas configuran, lo cual instalaría la cuestión en sintonía con discursos pedagógicos meritocráticos al tiempo que surgen preguntas por sus variables contracaras, por ejemplo, ¿qué implicaría la configuración de una *desaprobación subjetiva* (y de una objetiva) así como lo que se instalaría como *aprobación "objetiva"*?

Ahora bien, el esbozo anterior invita a ahondar con mayor detención tres nudos problemáticos o tensiones ético-políticas que no pasan desapercibidas fácilmente: el primero de ellos se refiere al problema del reconocimiento, el segundo al trasfondo que permanece incuestionado en la naturalización del hecho de que en educación existan *sujetos* y *objetos de aprobación*, y el tercero, pero íntimamente relacionado con este último, la preguntante faltante acerca del lado B de la distinción propuesta, es decir, la pregunta por los *sujetos* y *objetos de desaprobación* (de *aplazo* o *sanción*).

Así, cabe preguntar si las posturas que estimulan una "beligerancia argumentada" o "creatividad desenfadada" para con los tópicos o saberes instituidos, posturas que no buscan "descalificar" o "humillar" *lo dado* que, por otra parte, tantas veces ha descalificado y humillado históricamente a la alteridad –y lo sigue haciendo-, ¿no ocultan acaso en su interior cierta indulgencia acomodaticia o tibieza redentora que juegan en connivencia con aquella razón predominantemente evaluadora tan sinonímicamente afín a la educación moderna/colonial? Luego, el señalado sentido *constructivo* del "aporte" o de la apropiación personal como diferencia elevadora de puentes entre mundos librescos y curiosidades que presupondrían su aprendizaje ¿acaso está libre del conflicto fundante de la interpretación y de la prerrogativa necesaria de cierta "traición al texto" o el "ir más allá de él" como condición emancipatoria del sujeto? ¿qué formas de construcción suelen aceptarse como constitución de un "aporte" y qué otras suelen desestimarse quizá por destituir, problematizar o tornar inoperosas las dinámicas de la contribución esperada al tiempo que dan lugar a otra significación no estrictamente "edificante" o modélica sino quizá subterráneamente (des)estructurante? ¿Y si la diferencia estuviera radicada en un descenso y aterrizaje de la curiosidad a cualquier mundo libresco que no presupone aprendizajes como efectos esperados ni puentes elevados por sobre las dificultades que todo suelotexto del mundo aloja? Tal vez estas preguntas se diriman en la frontera cada vez más borrosa entre la fidelidad a un mundo que recibe nuevas lecturas de sí en la intimidad de su suelo y la infidelidad necesaria que este se plantea por dislocarse e ir más allá de él en una travesía exterior pero no carente de gravidez y necesariamente subversiva para con *lo dado*.

Pues *lo dado* establece su propio marco interpretativo-referencial que opera reconociendo a aquellos sujetos que "cumplen" con sus requisitos de inteligibilidad en detrimento de quienes no lo hacen y de aquí la pregunta por los *sujetos-objetos de desaprobación* (aplazo, suspenso o sanción), cuya potencia y alteridad se encuentra so-juzgada desde la mencionada razón de la evaluación que comanda los dispositivos, mecanismos, tecnologías y prácticas pedagógicas productoras de desigualdad. Tampoco puede dejarse incuestionado el trasfondo que naturaliza como inherente al acto educativo el hecho de que haya *sujetos y objetos de aprobación* porque ese posicionamiento sigue alimentando la sinonimia moderna/colonial entre educación y juicio (o examen y evaluación, según corresponda), que no deja espacio pensable de procesos educativos o formativos desenganchados de la razón de evaluar. Esto nos lleva directamente al problema del reconocimiento, ya que dicha racionalidad y *lo dado* se complotan en el marco donde operan sus acciones que impelen a medir, comparar, clasificar y normalizar sujetos en función de un ideal de sujeto-objeto que se torna trascendental para alcanzar el grado de aprobación e inclusión en la mismidad reconocida. Quienes se alejen de ese ideal de sujeto-objeto que funciona como parámetro de normalidad pasan formar parte de la ontología reconocida como desaprobada, anormalizada, en una suerte de fenómeno incluyente/excluyente.

Una discusión más específica ameritaría la configuración ontológica de lo aprobable y lo des/re/probable con sus respectivas consecuencias en los sujetos de la educación, pero esto no sucede sin reconocimiento y toda la maquinaria que este involucra, razón evaluadora mediante: dispositivos, mecanismos, tecnologías y artificios gestuales son empleados diariamente en los espacios educativos para ejecutar una búsqueda incansable que intenta llegar a lugares recónditos de la subjetividad singular de cada quien.

Generalmente lo que se aprueba o desaprueba suele ser una actuación relacionada con el "aprendizaje" (esperada consecuencia de alguna enseñanza) del sujeto-objeto, lo cual confirma que la capacidad epistémica involucrada en el acto de aprender es parcialmente dependiente de unas normas que intentan definir (explícita o implícitamente) lo que *es* el aprendizaje, como si fuera una cuestión claramente ontológica y, de esta manera, se pone en juego un dilema entre la producción normativa de una ontología y el problema ético-político del reconocimiento. Así entran en juego los marcos evaluativos-normativos que operan para diferenciar entre *sujetos y objetos de aprobación* o *desaprobación*, generando ontologías específicas de sujeto que fácilmente devienen objetos de comparación y clasificación. De este modo, el reconocimiento induce a valorar un sujeto (pre) determinado en detrimento de otros que devienen meros objetos devaluados-desaprobados que no han pasado el "control de calidad" (ya sea que este involucre capacidades más o menos críticas, creativas o políticamente correctas, de todo tipo). Ante esto, un modo de re-existencia ética y pedagógica buscaría rechazar, fisurar y quebrar los marcos mediante los cuales el raciocinio evaluador nos convierte en meros *sujetos y objetos de aprobación/desaprobación*. Porque educar no es evaluar, aunque desde hace siglos se sostenga exactamente lo contrario pese a las secuelas "objetivas" y subjetivas que a diario se verifican en las ruinas caminantes de los mundos pedagógicos.

Dos pulsiones vitales ante el espíritu inquisidor

Si hubiera que caracterizar el espíritu de la mencionada racionalidad evaluadora, diríamos que arrastra en sí la vieja, pero no menos contemporánea, herencia de la inquisición con su afán anti-(her)ético. Berisso señala el siempre vigente "*espíritu inquisidor*" que va tras la confesión y arrepentimiento de los disidentes, en base a torturas y amedrentamientos de todo tipo, atravesando a las épocas con su pedagogía policíaca que, en su versión religiosa o secular, busca colonizar toda voz y palabra:

> en la secuencia que va de la ciudad colonial a la ciudad moderna hay un hilo conductor que es la escritura, como elemento de control y segregación, contra la palabra hablada reducida al reino de "lo inseguro y lo precario". Para [Ángel] Rama los letrados laicos se han instalado como "sacerdotes alternativos" que "ofician" en las ceremonias públicas y tienen a su cargo la "comunión" de los elegidos y la "excomunión" de los réprobos. De este modo la "ciudad escrituraria" se mantuvo a distancia y ejerciendo el control sobre el mundo de la "fluida palabra hablada". (2015, p. 121)

Ante este panorama, Berisso considera que, en educación, la pulsión alteritaria o el deseo de alteridad, debido a su constitutiva y particular heteronomía, va siempre enlazada a la pulsión herética, es decir, al "deseo de un inagotable potencial de heterodoxia" (2015, p. 123). Estamos de acuerdo con esta percepción nocional y también con resistir a la interpelación de cualquier *inquisidor*:

> ¿La educación, consiste en generar preguntas *en* y *con* el *otro*, o en investigar al *otro* para que éste declare lo que "sabe" (confiese) acerca de respuestas ya dadas, so pena de recibir la nota-castigo? Las prácticas otricidas y anti heréticas, de cruzados religiosos y laicos tecnócratas, han convertido la pregunta educativa en indagatoria cuasi procesal y penal. (Berisso, 2015, p. 126)

¿No delinea ya esta pregunta y posición filosófica una forma de *contraviolencia* que subvierte los principios estructurantes de posibilidades del propio campo educativo? Claro que para el *statu quo* de hecho lo es y cobra mayor sentido aún la *pulsión alteritaria* (propia del deseo de alteridad) enlazada a la *pulsión herética* (siempre contraria a los dogmas establecidos) que potencia la disconformidad con los principios opresivos de las normas y de las prácticas más aceptadas, legitimadas o naturalizadas por alguna mayoría "democrática". La pregunta, la interpelación puesta en medio de un juego de libertades, ya se torna una respuesta a problematizar:

> Si "responsabilidad" alude a "responder" ante la mirada demandante de un prójimo que exige cuidado, toda pregunta de un maestro es siempre un modo de "respuesta"; pero si en la contestación de quien aprende habita la sabia indocilidad de toda herejía, la respuesta atesorará siempre la seducción de una renovada pregunta. De ahí que el juego de preguntas y respuestas educativas habite en el costado opuesto del interrogatorio penalista que vigila y castiga. (Berisso, 2015, p. 127)

Ahora bien, ¿qué sucede cuando la interpelación se sitúa al nivel de la exigencia? La relación entre exigencia y educación es de larga data en la historia de las relaciones pedagógicas, pero esta condición pocas veces recíproca no disimula la asimetría que dota de poder al/la enseñante para exhortar más que interpelar a sus estudiantes. Puede resultar sugestiva, pues, la vuelta levinasiana que Berisso le da a este asunto pensándolo desde una dimensión ético-educativa según la cual "donación y exigencia se confunden en un compromiso unívoco" (2015, p. 91). Desde este planteamiento se identifican al menos dos tipos de exigencias: la *exigencia sistémica* (ligada a las prácticas escolares normalizadoras), y la *exigencia ético-educativa* (donde se destaca el juego complementario de donación y exigencia) en el marco de la práctica docente donde el docente se considera en el nivel más básico *"el otro que el sistema"* (2015, p. 92). Esta afirmación se sostiene en la convicción contrafilosófica-levinasiana de que solo lo absolutamente extraño nos puede educar, es decir, solo aquello que sea refractario a toda tipología y género, a toda caracterología y clasificación podrá enseñarnos en alteridad. De lo contrario, se privilegiaría la *exigencia sistémica* que gira en torno de la adaptación del sujeto, la sinonimia entre excelencia y competitividad, el afán instrumental con pretensiones de neutralidad ético-política, el sometimiento de "palabras y cuerpos a la escucha evaluadora y la mirada vigilante" (Berisso, 2015, p. 93).

La *exigencia ético-educativa* estaría más cerca del "mandar obedeciendo" de los zapatistas, de un liderazgo "para el otro" y que es exigencia solo en tanto *da* absteniéndose de "cosechar" o reabsorber para sí. Su importancia ética también radica en valerse de contenidos enseñados, pero no centrados exclusivamente en el conocimiento ya que el acto de conocer no saldría de *sí* y "amenaza reducir el mundo al *yo* con la violencia característica de toda captura" (Berisso, 2015, p. 94). Esta posición se considera vulnerable en tanto sensibilidad abierta a la interpelación de la alteridad, al contrario del Saber que la suspende y reduce lo educativo a la mera gestión de conocimientos, competencias o habilidades, que extorsionan, encierran, rutinizan y permanentemente amedrentan con un lenguaje del castigo o del éxito/fracaso. Quizá por eso la ética también tiene que ver con la impotencia, con lo que podemos no-hacer, con un no-saber o un hacer no-sabiendo: con salir de sí y extraviarse, no en repeticiones sin diferencia sino en recreaciones que den, donen, enseñen y habiliten la apertura a una pluralidad de mundos que convocan nuestra atención en rebelión.

Cuidados con la palabra *exigencia* y un neceser de la ociosidad

El movimiento de confundir la palabra *exigencia* a partir de una dimensión ético-educativa, como tal vez pueda haberse notado en pasaje anterior, entraña algún peligro. Sobre todo, olvidar que dicha palabra en sí se inscribe en una trama histórica que confirma su parentesco de sangre con otra que es su sinónima y posee un peso específico en el funcionamiento de la colonialidad: requerimiento (de 1512 a la actualidad).[27] A lo mejor se pueda hacer hincapié en la dimensión ético-educativa sin poner el accionar que esta dimensión supone a la altura de la exigencia, emparentada también con la exacción (que supone cobros y deuda), con la imposición y la obligación. Además, la exigencia (pre)supone la potencia de la acción, en este caso donativo sin condición (ni espera de algo a cambio), que mantiene velado su costado de impotencia. Pues, si de una exigencia se trata, ¿qué garantiza que no pueda imponerse sistémicamente como elemento normalizador de competencia o excelencia a partir del cual adaptar a los sujetos de la educación? Posiblemente una respuesta pueda encontrarse en su posición de vul-

---

27. Se trata del documento colonial conocido como *El requerimiento*, esa explicación sumaria de la doctrina cristiana y su justificación jurídica de sujetar a pueblos originarios a su poder, estableciendo una matriz de desigualdad como ley y que tiende a repetirse sintomáticamente en la educación cada vez que se instala un requerimiento que manda y ordena a unos *sobre* otros (Giuliano, 2017b).

nerabilidad que se contrapone a las competencias y al lenguaje punitivo del éxito/fracaso. Sin embargo, tal vez se necesite un guiño más enfático sobre esa dimensión de impotencia, sobre lo que podemos no-hacer, no-saber o hacer no-sabiendo.

Hacia mediados del siglo xx, Macedonio Fernández solía decir que el No-Hacer es la única arma para vencer al monstruo de la Praxis, veía en el No-Hacer un género en el que *no se hicieron* todos los progresos y quizá precisamente en ello radicaría su importancia. Siguiendo esta idea, Macedonio narra la historia de la llegada de un desconocido a una estancia cuyos habitantes sentían de a ratos la incomodidad de dudar de si no faltaría todavía algo que dejar de hacer. Ese desconocido calmoso, de tranquilo andar, por su desgarbo y modo reposado, despreocupado, les pareció que tenía aire de ser un experto en el no-hacer y que podría ampliarles el catálogo. De este modo, y curiosidad manifiesta mediante, les reveló que había algo que añadir al puro no-hacer y que él descubrió en cierto burocratismo estatal, una forma de que el no-hacer se vea: "confeccionar toda clase de *memorias e informes*" (Fernández, 2004, p. 126). Así empezaron en la estancia las memorias e informes de cada no-hacer posible, una manera de "autenticar" el no-hacer y que no habían considerado o bien habían omitido. En esta suerte de "exigencia de autenticación", ¿no se *da* ciertamente la colonización del no-hacer por la razón evaluadora? Como si Macedonio ya hubiera advertido en su época, que hasta el no-hacer podía entrar en la atmósfera administrativa de la racionalidad evaluadora y su densidad burocrática. Por eso tal vez se vio en la necesidad de pensar en un "neceser de la ociosidad" compuesto, entre otras cuestiones, por promesas que solo cumple al volver a prometerlas (ya que no las cumple de otro modo) o en las que "no fallará su incumplimiento" (Fernández, 2004, p. 128).

También pueden venir a cuento algunas aguafuertes de Roberto Arlt dedicadas a la fiaca, al *esfungiarse*, al *squenun* y al *tirarse a muerto*. Formas del no-hacer que guardan cuidadosamente en reserva algún aspecto pedagógico liberador, más en una época donde la productividad y la hiperactividad azotan la vida cotidiana de tanta gente entre escuelas y universidades. Un tiempo demasiado cronológico, en el que hasta la siesta está estrictamente medida, no se lleva bien con el desgano, el deseo de no hacer nada, la languidez, el sopor que suelen condensarse en la palabra *fiaca*. En este sentido, la negación a trabajar o a no-hacer no es premeditada (como en quien se *tira a muerto*), sino instintiva. Quien se tira a muerto hace como que trabaja, es decir, finge que trabaja cuando puede ser visto por alguna autoridad, pero en realidad vive al ritmo del *dolce far niente*: en la escuela, Arlt lo ejemplifica con quien levanta la mano al último para dar la lección o, si conoce las mañas del docente, levanta el brazo siempre que no vaya a llamarlo —haciendo creer que sabe la lección— y así gana tiempo liberado u ocio (lo que también, por realidad amorosa de traducciones, sería ganar escuela).

Diferentes son las figuras del *squenun* y del *esfungiarse*. La primera viene del italiano (*squena dritta*) y se asocia a la gente de espalda derecha que carece de agobio por una laudable y persistente voluntad de no hacer nada, de no afligirse por nada y tomar la vida con una serenidad tal que una de sus pocas pretensiones es que no le molesten. Figura del cinismo de la holgazanería, no se preocupa en ocultar su tendencia a la vagancia. Por otra parte, la figura condensada de la fiaca puede encontrarse en quien se *esfungia*, quienes *no hacen* ni bien ni mal, no roban ni estafan, no juegan ni apuestan, no pasean ni se divierten. Dice Arlt que la fiaca "les ha roído hasta el tuétano" y tan aburridos están "que, para hablar, se toman vacaciones de minutos y licencias de cuarto de hora", pero son los únicos que "conocen los misterios y las delicias de la vida contemplativa" (1994, p. 154). La figura antagonista a esta última, para Arlt es la del almacenero, es decir, la del comerciante que odia a quienes se tiran a muerto, a quienes se esfungian, a quienes no trabajan, porque quisiera "ver la tierra convertida la mitad en un almacén y la otra mitad en dependientes de ella" (1994, p. 153), y porque su mayor regocijo es inclinarse ante el Haber y el no haber bajado nunca de ese tren de laburo que comienza a las cinco de la mañana y termina a las doce de la noche.

Si esta dimensión ético-educativa verdaderamente se apoya en un *dar* desinteresado, que no espera cosecha ni rédito posterior, ¿podrá esa "exigencia" *dar* también lugar y tiempo para la fiaca en alguna de sus variantes como principal modo, quizá, de que el enseñar y el estudiar no se apresen en la perspectiva almacenera del mundo? El ruido del tren puede ser cada vez más silencioso, pero eso no quita las historias de explotación que guardan las vías sobre las que todavía circula...

Inteligencia y extractivismo: bretes del maestro ignorante ante el arte (d)evaluador

Hay quienes piensan a docentes y estudiantes, dentro de un modelo extractivista, como vacas lecheras a las cuales debe ordeñárselas hasta el agotamiento. En este sentido, puede echarse mano de Carlos Astrada cuando decía "a la inteligencia no se la ordeña, aunque la vaca puede simbolizar perfectamente [...] una mentalidad, la de los vacunócratas" (2006, p. 138). Además de tratarse de una mentalidad probablemente oligárquica, otro sentido aloja la expresión: quizá más de una vez cualquiera habrá escuchado la frase "me vacunaron en el examen", lo cual remite no precisamente a una acción inscripta en la salud pública, sino a un procedimiento vinculado al dolor, más precisamente al que se produce cuando mediante la aguja de una jeringa se penetran los tejidos dérmicos y musculares para inocular un "*anti*cuerpo". Es cierto que también es una manera de administrar la muerte vía inyección letal y el procedimiento es el mismo, pero con algún médico-verdugo presente y una audiencia morbosa que suele atestiguar el espectáculo eficaz de cómo al ingresar un extraño líquido al cuerpo se puede ir apagando una vida humana, una historia singular y una voz que difícilmente mucha gente vaya a recordar. No obstante, adquieren gran fama las enfermeras y las farmacéuticas que vacunan con tal delicadeza que ni se siente la aguja entrar, un procedimiento sutil tan refinado que apenas puede detectarse un rato después de concretado, cuando el cuerpo reacciona de alguna manera frente a la detección de que algo raro ha entrado en él por algún lugar. Podríamos decir así, no que estamos en contra de las vacunas per sé, pero sí de los vacunócratas que intentan ordeñar (y embrutecer) la inteligencia para seguir alimentando su modelo extractivista, devotos de la razón evaluadora que tanto gusta de vacunar (con bruta pasión o refinada sutileza) y administrar la muerte vía exámenes letales o vía evaluaciones dosificadas que siempre anteponen el *anti* al cuerpo.

A esta altura del partido, no será noticia que la cara oculta de la llamada "excelencia académica" es una lógica desigualitaria de sometimiento que tiende a jerarquizar a unos e inferiorizar a otros y otras. Sus procedimientos suponen que la memoria (voluntaria y dominable)[28] es la inteligencia, que repetir es saber y que la comparación dota de certeza. A lo sumo, tal como afirma Jacques Rancière, "la desigualdad existe en el orden de las *manifestaciones* de la inteligencia, según la mayor o menor energía que *la voluntad* le comunique a la inteligencia para descubrir y combinar nuevas relaciones" (2007, p. 44; énfasis nuestro), lo que pareciera situar el asunto al nivel de un sujeto plenamente consciente (o transparente) y soberano de sí mismo que podría manejar su inteligencia a gusto y piacere. Aunque Rancière utiliza el término *voluntad* como "el poder de moverse, de actuar según el movimiento *propio*, antes que ser una instancia de elección" (2007, p. 75), Gilles Deleuze enseña que

---

28. Todo afán cognitivo que considere a la memoria como mero conglomerado de datos evocables por medio de una voluntad soberana, descuida de manera burda que la repercusión de una toma de consciencia o de grabarse algo en la mente no se traduce en una correlación directa entre recuerdo y deseo (tan escurridizo como heterónomo). Si recordar es volver a pasar por el corazón, no siempre que se quiera puede realizarse ese trayecto. Herta Müller (2015) subrayaba la independencia de la memoria en nuestra cabeza y su no terminar de cumplir nunca porque, al tiempo que se adentra por caminos imprevisibles, no llega adonde se encuentran los hechos sino a sus atmósferas, allí donde pueblan el aire. Por eso se dice que la memoria siempre nos supera y se mueve como si nos conociera mejor de lo que alcanzaremos a conocernos jamás.

> La aventura de lo involuntario se encuentra a nivel de
> cada facultad [...], los signos sensibles nos fuerzan a bus-
> car [...], pero con ello movilizan una memoria involunta-
> ria (o una imaginación involuntaria nacida del *deseo*). [...]
> Desencadenan en el pensamiento lo que menos depende
> de su buena voluntad: el propio acto de pensar. (1995,
> pp. 181-182)

De ahí que el *deseo* no sólo se aleja de los ecos voluntaristas y pone en juego dimensiones corporales que se escapan a la mera conciencia del sujeto, sino que permite pensar facultades como la inteligencia, la memoria o la imaginación, en sus formas involuntarias que facilitan manifestar y alcanzar su propio límite a partir de lo que solo ellas pueden interpretar. Así también, casi sintomáticamente, luego Rancière aclara que concibe la voluntad como "ese *deseo* de comprender y hacerse comprender" sin el cual nadie "podría jamás dar sentido a las materialidades del lenguaje [...], no se trata del irrisorio poder de levantar el velo de las cosas, sino de la potencia de traducción que confronta a un orador con otro" (2007, p. 87). Entonces, en primera y última instancia, es el deseo el que le transmite energías a la inteligencia y le otorga posibilidades (e imposibilidades) de explorar, combinar, improvisar, narrar y traducir relaciones.

Por tanto, no se puede medir la inteligencia: apenas podemos visualizar algunos de sus efectos. Quizá por ello Rancière diga que "es necesario *ser sabio* para juzgar los resultados del trabajo, para verificar la ciencia del alumno" (2007, p. 48; énfasis nuestro), al contrario de un maestro ignorante que haría menos y más a la vez: "no verificará aquello que el alumno ha encontrado, sino que haya buscado. Juzgará si ha prestado atención" (2007, p. 49). Frente a esta orientación habría que realizar algunas observaciones. Juzgar a alguien por su atención en tal o cual o proceso de búsqueda es, cuando menos, complejo, más cuando sabemos que en educación el juicio está directamente relacionado con la razón de la evaluación que involucra procesos de valoración-normalización-clasificación y dispositivos examinadores. Pero Rancière quisiera ir por más sugiriendo que existe un *arte del examinador ignorante* que consiste en "conducir al examinado a objetos materiales, a frases, a palabras escritas en un libro, a una *cosa* que él puede verificar con sus propios sentidos" (2007, p. 50). Podríamos comenzar, entonces, por no naturalizar lo verificable por los propios sentidos (pensemos en la experiencia de la lectura, siempre singular, por ejemplo) y del mismo modo la relación examinador-examinado. Por ende, aquí radica un aprieto que viene bien poner de manifiesto ya que hasta el propio Rancière en nuestra conversación (Giuliano, 2017) ubica al examen como un aspecto propio de la lógica desigualitaria y que no tiene la vocación de emancipar, sino el poder ineludible de la desigualdad de las inteligencias.

Entonces, frente al panorama del arte examinador que inscribe al maestro ignorante en la racionalidad de la evaluación, ¿en qué lugar queda la emancipación y en qué lugar queda la lógica examinadora-desigualitaria en el maestro ignorante cuando dice que la instrucción que convida está fundamentada en la verificación de la búsqueda continua? ¿Se trata de una examinación (o evaluación) continua? Tal vez, un aspecto emancipatorio pueda hallarse en la idea de que "quien busca siempre encuentra. No necesariamente encuentra lo que busca, mucho menos lo que *se debe* encontrar" (Rancière, 2007, p. 51), pero encuentra algo nuevo por relacionar con lo que ya conoce. En este sentido, aventurarse en la búsqueda —siempre singular— puede ser un desvío o un desviarse del camino (pre)establecido hacia el punto de llegada de una determinada lección o de un exigido "aprendizaje". Una aventura intelectual que implica la cuestión de revelar (y rebelar) una inteligencia a sí misma: siempre hay algo por relacionar, algo por buscar o encontrar, algo acerca de lo cual puede preguntar(se) e invitar a viajar por el enigmático multiterritorio de los signos.

Según Rancière, en la inteligencia reside el poder de la igualdad que es condición posibilitadora de lo común. En este sentido, lo común se sitúa *entre* inteligencias como un puente que las comunica. Una pregunta sobre el pensamiento, un pensamiento sobre la pregunta: enseñanza sin tratados, inteligencia que mira al azar. Pero el evaluar y la racionalidad que supone, desprecia la enseñanza improvisada, tanto como el azar o la adivinanza... La ficción evaluadora prefiere escuchar a cualquiera decir "no puedo" (aunque en la mente no ocurra nada que se corresponda con esa aseveración) o que nada diga, que no *desee* decir, que se retire o se olvide de sí antes de errar, o tropezar, aunque adoptar esa misma posición lo signifique de manera trágica. De aquí la relación —entre unos y otras, unas y otros, unos y unas, otros y otras, otras y unas, unos y otros— a partir de la comparación: embrutecimiento que los explicadores solidifican en el control infinito de sus explicaciones.

Siguiendo esa huella, no sería la inteligencia la que obra en la *obediencia debida* que un cadí impone sobre sus esclavos o un blanco sobre un negro, sino las circunstancias y las convenciones que separan y jerarquizan, crean mandamientos y requerimientos que fuerzan al acatamiento, porque ninguno de ellos es superior ni inferior en inteligencia. Ahora bien, si Fanon toma el guante, la inteligencia no queda impune y tampoco inmune:

> Cuando otro se empeña en probarme que los negros son tan inteligentes como los blancos me digo: la inteligencia tampoco ha salvado nunca a nadie, y esto es cierto porque, aunque en nombre de la inteligencia y de la filosofía se proclame la igualdad entre [...], también en su nombre se decide su exterminación. (2009, p. 56)

Si el poder de las circunstancias dota, imanta y alimenta toda creencia en y toda pasión por la desigualdad, ¿bastará con figurar en el estómago (interesante por su imposible conformidad definitiva) un signo material de igualdad —e inteligencia—, tejedor del arte de la repetición, la descomposición y la recomposición que puede saborearse estudiando? A su vez, desviarnos de la racionalidad del evaluar invita a preferir tropezar ante la mirada (no-evaluadora) de los demás, antes que la desgracia devenida de la parálisis nerviosa para caminar o el temor orgulloso que calla voces y disfraza silencios de (falsa) humildad.

Ribete: cuando el sujeto desea la *obediencia debida* a ese poder supuesto saber

¿Qué sucede cuando el sujeto demanda o desea *ser* evaluado? No resulta extraño en una época en que la razón de evaluar se ha ubicado en el corazón de las actividades como el elemento central que determina todo lo demás. Bénédict Vidaillet (2012) plantea que hay quienes quieren o desean ser evaluados porque habría una demanda oculta o latente que cumple ciertas funciones psíquicas, e indaga por qué el sujeto solicita su implementación aun corriendo el riesgo de que desaparezca lo que de sí es más singular. Así aparece el Otro como parte de una comparación abierta a partir de resultados visibilizados en nombre de la "transparencia" y que serán vistos no solo como modelo o contra-modelo, sino sobre todo como parámetro de competición, es decir, como soporte de la comparación a partir de criterios y objetivos a alcanzar. Entonces, para la psicoanalista francesa, la demanda de evaluación es una demanda de definición de identidad a partir de una comparación en función del Otro y va acompañada de una angustia omnipresente porque nunca se sabe realmente qué espera el Otro de uno... ¿qué pretende? ¿qué (me) quiere? (*che vuoi?*).

El núcleo de esa angustia es una incertidumbre absoluta, tan difícil de soportar que se intenta disolver los puntos ciegos o incorporar la mirada vigilante como autoevaluación que apoyaría una ilusión de seguridad y, por tanto, de completud. Una mirada (evaluadora) constante que se supone da un sentido de consistencia e identidad y posibilitaría deshacerse de toda incertidumbre y cuestionamiento. Como un círculo vicioso que hace un collage total entre adentro y afuera, se prescinde de las preguntas, se sabe lo que es bueno en tanto útil, lo que hay que hacer para *pasar*, para cambiar de categoría, de lugar simbólico, de lugar de reconocimiento, aunque luego estos lugares se con-fundan como los de evaluador y evaluado —en los que todo evaluado es un evaluador en potencia (en primer lugar, de su propio evaluador; lo que podría sugerir en la evaluación un movimiento de 360° cual cámara moderna de seguridad que posibilita captar un amplio rango, pero no se mueve del *mismo* lugar)–.

Yves Charles Zarka (2009) mira la evaluación como un "poder supuesto saber", jugando con la idea lacaniana de sujeto supuesto saber, y se pregunta por qué movilizarse contra él/ella si acaso sería el medio para descubrir los posibles defectos de un sistema, una institución o una práctica. Lo que le lleva a pensar que rechazar la evaluación marcaría un paso conservador si por ella se entiende el medio para adaptarse a los progresos o acelerados cambios del mundo actual. Entre sus términos principales se encuentra una coordinación que hace de la eficiencia, la economía, la adaptación y la innovación los hilos que se enhebran para el logro de objetivos en la forma más rápida, directa y efectiva posible. El filósofo oriundo de Túnez halla en esto un bucle ideológico en tanto se ofrece una imagen invertida de la realidad que sería la parálisis, la perturbación y la arbitrariedad que implica la evaluación. Se oculta así el resorte interno más profundo que sería un poder que se supone saber, pero también creador de valores como enunciación de una norma de la verdad, con pretensiones científicas sustentadas en instrumentalizaciones para garantizar su hegemonía y cubrir sus arbitrariedades. Por eso coincidimos con Zarka (2009) en que hay que responder ¡falso! a quienes dicen que rechazando la evaluación no hay manera de considerar una acción, una enseñanza, una práctica, una búsqueda, ya que incluso supone tres operaciones complicadas (por su atropello) en sí mismas:

I. *Establecer valores*: se establecen ante el juicio, ya que lo preceden porque se basan en una apreciación previa de lo que vale y lo que no, y fueron objeto de una elección particular que plantea, impone, jerarquiza y privilegia determinados contenidos en detrimento de otros.

II. *Ocultar la naturaleza subjetiva y relativa de los valores*: transforma cualquier determinación cualitativa en una determinación cuantitativa, mediante la generalización del cifrado y una escolástica numérica, para justificar un ranking, una jerarquía, una estandarización.

III. *Jugar con la transparencia y la sombra*: se cubre la razón de los valores impuestos como si fueran evidentes, mientras se establecen contra otros, se oculta la arbitrariedad de los evaluadores en nombre de la protección de la objetividad; de aquí que el lenguaje de la racionalidad evaluadora opere en el modo de la "doble verdad": la que se hace pública y la que debe permanecer oculta.

Todo intenta justificarse entonces desde la supuesta neutralidad al mismo tiempo que se impone producto de una voluntad particular que se manifiesta mediante juicios que enmascaran la subjetividad y la relatividad, pero más aún, la arbitrariedad. Cuanto más transparentes se declaman las pericias (como en las normas de acreditación que, cual regímenes de verdad, buscan dotar de legitimidad los procesos), más intenta velarse su potencia de dar muerte (simbólica). Aquí es donde entra lo grotesco que Zarka identifica en los expertos que poseen, en virtud del poder, un conocimiento (y una capacidad) que se supone mayor, más relevante y más válido, que el de a quienes juzga. Por eso pueden comportarse como "adivinos que leen" y son capaces de juzgar lo venidero de, por ejemplo, investigaciones futuras –en función de "temas prometedores"–. Así, lejos de evitar que se abuse del poder que se les atribuye en un momento dado, el raciocinio evaluador conduce a ello. Esto último puede verse en los efectos que Zarka (2009) denomina *mímesis* y refiere a esa dinámica que consiste en el esfuerzo por cumplir con los requerimientos de la evaluación y la satisfacción de los evaluadores a como dé lugar.

A su vez, en el marco de la particular estandarización generalizada que promueve el raciocinio evaluador, podemos coincidir con el filósofo tunecino en que esta crea adversarios, incluso enemigos, a erradicar, a reducir o confrontar, que son determinados por su resistencia, rechazo, disputa y su rebelarse contra ella. Asimismo, todo acontecimiento, todo lo que puede aparecer en un momento específico como inclasificable, extraño o inesperado, es pasible de ser visualizado como antagonista. Se trata de la exclusión que convive al interior de una racionalidad siempre inclusiva en primera instancia, por lo que Zarka (2009) afina su puntería cuando caracteriza a la evaluación no solo como un poder disciplinario y sancionador, sino también como un poder que tiene "buena conciencia". La relación íntima entre infamia y buena conciencia es explorada por Joan-Carles Mèlich que define esta última en función de aquella como "la satisfacción por el servicio prestado y el deber cumplido. Es el orgullo que uno siente al ser fiel a la ley" (2014, p. 239), exactamente lo que sentían aquellos militares argentinos que solo "cumplían órdenes" mientras torturaban, desaparecían militantes, se apropiaban de infancias, y luego se amparaban bajo el patético artificio jurídico de la "*obediencia debida*".

¿Será que, en educación, el "poder supuesto saber" de la razón evaluadora con su buena conciencia presentifica la obediencia debida al reactualizar los términos que le permiten ejercer cierta tortura, intentar desaparecer cualquier militancia en su contra y apropiarse de las infancias? Tal vez el núcleo duro de la angustia citada pueda ser una respuesta, pero también la desobediencia enseñante de cada día.

Estudiar: ¿arte de lucha o artificio de supervivencia?

Una madre ahorra vueltos con los que luego intentará procurar todo lo necesario para enviar a su hijito a la escuela. Todo a escondidas, claro, porque el padre es bastante terco y no entiende *para qué* el niño iría a la escuela cuando puede vender diarios o hacer algunos trabajitos que colaboren con los ingresos de la economía familiar. No importa, la madre se las ingenia y el niño asiste al turno de noche escapándose bien vestido por el zaguán. Esto podría evocar la idea de *ganar la noche* que los obreros practicaban cuando se juntaban a leer y se formaban al calor de las velas y los libros que oficiaban de interruptores del ciclo embrutecedor que los llevaba del trabajo a la casa y de la casa al trabajo cual rehenes del tiempo devorador que solo empuja a comer, descansar y repetir la rutina cada día sin horizontes de liberación. Por eso fue necesario interrumpir el ciclo, arrebatarle tiempo a la rutina mortificante y llevarlo a un horizonte vital de formación que pudiera perfilar las luchas necesarias por otros modos de vida alejados lo más que se pueda de las dinámicas de explotación.

La narración ampliada de la pequeña historia que abre este pasaje puede encontrarse en una impresionante novela argentina de finales del siglo xix, escrita por Eugenio Cambaceres. Su título, *En la sangre*, emparentado con cierto argumento naturalista, lejos está de las insinuaciones éticas y políticas que aloja, las disrupciones de lenguaje que provoca y la generosidad de su imaginación crítica, que la convierte en una obra fundamental de la relación amorosa (y quizá por eso filosófica) entre literatura y educación. De aquí que no sea un dato menor el hecho de que la primera situación de examen que se narra en la novela involucre a un cadáver que es visto desde lejos y solo un instante baste para que el muerto examinado se transforme en un informe.

En esta suerte de cadena significante, el siguiente eslabón se encuentra en la duda sobre la veracidad del catecismo que señala el día del juicio como momento de resurrección y algunas páginas más tarde encontraremos a un profesor comentando la habitualidad de que un/a joven, antes que sea admitido en un colegio, sufra un examen de gramática que determina la posibilidad o no de matriculación. Como si el juicio traducido en examen permitiera otra forma de resurrección: la curiosidad inconsciente de la infancia *debe*, si quiere obtener su existencia "estudiantil", *rendir* cuentas y alegar en función del requerimiento de turno. De lo contrario, se perfilaba una nota de infamia que amarga el corazón, lo llena de despecho y oscurece el porvenir con su cuota de humillación y vergüenza en un presente que amenaza con hacerse continuo.

Es interesante que, renglón seguido, Cambaceres marque el inicio de una vida de lucha cuando el personaje de su narración se consagra de lleno al estudio, con pasión y un anhelo constante de saber, un afán que le hacía redoblar su dedicación y ahínco. La relación vida de lucha-estudio rápidamente se traduce en la de sacrificio-valor, pues aparece la pregunta por el premio, la recompensa, la ganancia y la identidad directamente vinculada a su sacrificio, a su *matarse* estudiando, a su devanarse los sesos. Nada de lo cual pareciera bastar para quitarse de encima pesados adjetivos que describen su espíritu como *vulgar*, su condición de estudiante como *ramplón* y *adocenado*, o peor: "esos que bajo la capa artificiosa del estudio, disimulan su indigencia intelectual; plantas que se arrastran por el suelo sin lograr clavar sus raíces, vegetan y se secan sin dar fruto", que es una condena al doloroso viacrucis en el que se hace todo para merecer "la deprimente limosna de un título usurpado de suficiencia" (Cambaceres, 1982, p. 75). El estudio como artificio y recurso de disimulación, la vida estudiantil rebajada al estado vegetativo que no prende en el suelo y se va secando mientras la condena lleva al examen que obliga a confesar la impotencia o a asumir el sordo malestar con tal de intentar esquivar un desempeño vergonzante y *llegar*...

Llegar a calificar bien o, lo que es lo mismo, a desarrollar el talento de engañar a los otros haciéndoles creer que se sabe lo que se espera que se sepa para tal o cual instancia. Talento para la apariencia, talento para el disimulo, talante para el engaño. Este artificio del estudio, tan alejado del arte de estudiar, se impone como la insalvable valla de lo imposible que impone el uso de máscaras y no para jugar con la seducción del secreto, sino para eludir la angustia de quien se ve rodar al fondo de un abismo. Es que en estas partidas se juega el todo por el todo, las cuestiones parecen de vida o muerte y un resultado adverso, un fracaso posible, puede significar el desvanecimiento de una esperanza para siempre. Esto más allá y más acá del rechazo o la reprobación desdorosa que pueden coartar una lucha. Así, las dificultades de comprensión, o la propia ofuscación, pueden producir un interminable laberinto en la cabeza en el que terminamos perdidos y sin salida. Sin descuidar el aguijón del miedo que comienza a hostigar, mientras se intuye un mal que podría resultar o un daño por elaborar, cuando el aparato de suplicio se acerca y el lugar de examinado se torna real: banquillo acusatorio a mano, culpable hasta que demuestre lo contrario.

Y, si de demostrar se trata, ¿qué sucede si se toma un atajo por evitar también esa muerte simbólica más cruel y mil veces más infamante que otras? Esta pregunta ética se insinúa entre las líneas de Cambaceres cuando su personaje desliza la chance de asegurarse un resultado «exitoso», un sobresaliente conquistado o una mención honrosa en la mesa que garantice una victoria en la contienda a base de una travesura, una cábula de estudiante con el fin de sacarse la soga del cuello y pasar el mal trago. Pero el interrogante moral se explicita sobre la especulación de ese primer paso que podría ser el comienzo de una escalada de abyección conducida por la pendiente resbaladiza de la culpa y un problema ético-político se perfila en el planteo de Cambaceres que sumerge a su personaje "en tiempos en que el éxito primaba sobre todo, en que todo lo legalizaba el resultado" (1982, p. 83).

De cualquier modo, todo se reduce a un manejo ineludiblemente impostado: guardar las formas, cubrirse, tener garantía y vender el oropel del saber con destreza teatral a fin de conseguir alguna apoteosis, independientemente de qué tan artificial se torne el vivir. Solo importa sacar el clavo, esquivar la nube negra y luego, una vez realizado, ir por más como si otro mundo color de rosa empezara; pero la gente empeñada en sus rendimientos difícilmente pueda ver algún color porque nada miran en la indolente realidad de su progresión. Amanuenses, lejos están de los trazos de hacha y tiza que no tienen fecha de vencimiento, las reminiscencias del examen retornan en pesadillas e instancias de vida: escuchan el ruido de la comisión evaluadora, ven en todas partes los formulismos secretos del tribunal.

Simuladores de talentos, Cambaceres nos enseña desde el siglo XIX que el gran pasador de exámenes (más allá de los medios que emplee para ello) se emparenta con el impostor que conquista mostrándose fino y elegante, amable y envolvente, engatusador e hipócrita, hasta que alguien aprende de sus embustes y artificios. Es entonces cuando ese tipo de racionalidad intenta mejorarse a sí misma, en su *performance* nutrida de farsas y cinismos, o un jaque mate la arrincona frente a una espada-pregunta de imposible solución...

¿Será por avistar rayana esa espada y andar cerca de la pared que suele aplazarse la relación amorosa –y quizá por ello filosófica– entre educación y literatura? ¿O es que se teme a lo *inevaluable*[29] de una enseñanza literaria que no se deja medir, no se deja atrapar en la tasación y se escapa de cualquier impostación?

Tocata y fuga suena en el saber que no se sabe, mientras la verdad –siempre a medio decir– siembra el enigma fundamental que queda picando en la relación amorosa y mantiene con vida la incógnita del día.

Al frente: otro arte y otra política del educar

Jean Meckert va al frente, pero no a ese lugar del aula que suele ser ocupado por docentes o por estudiantes que tienen alguna cita con la timidez y el coraje de exponer(se), sino al mismísimo campo de batalla durante la Segunda Guerra Mundial. No sabemos si se va allí con un puñado de ideas entre manos y vuelve con otra historia que narrar, o si es la imaginación a la que se aferra un joven que vive de sus 29 a 35 años sumido en una de las tragedias más grandes de la humanidad. Lo cierto es que a su regreso del frente publica *Los golpes*, una novela cuya primera versión fue escrita a sus 26 años, cuando ya sentía que no era un joven y que "hacía mucho tiempo que era un aprendiz de anciano" (Meckert, 2017, p. 11).

¿Qué sensibilidad adquiere el pulso en su acto amoroso de abrazar la pluma luego de pasar por el frente? ¿Qué tan distante

---

29.   Lo *in-evaluable* se caracteriza por lo imposible, que no quiere decir irrealizable, aunque involucre cierta insuficiencia en el resultado, e implica al deseo y la palabra como singularidades irreductibles que constituyen una curvatura que se resiste a cualquier procedimiento de enderezamiento (Giuliano, 2020f).

es el frente de batalla y el frente del aula cuando la vida se encuentra desnuda y expuesta ante las pocas palabras que somos capaces de pronunciar? ¿Será el mismo temblor el que recorre la mano cuando se toma el arma y se dibuja en el aire la maniobra contra el enemigo que el que aparece cuando se toma la tiza y se escribe en ese horizonte rectangular cuyo fondo puede ir del blanco al verde sin olvidarnos del negro? Las preguntas se asoman sin pretensiones de pronta respuesta.

Tal vez una diferencia se ubica en la lejanía que existe entre la lucha por que la educación implique una aventura para todo el mundo y la guerra que supone ganancia para unos pocos, pero siempre una desgracia para los pueblos. El arte de educar se hace de instantes que nunca son estáticos y siempre pueden reinterpretarse, revisitarse, resignificarse. Es el arte de componer, con mayor o menor dramatismo, un lugar –en apariencia– apartado del mundo que, en su atmósfera de enseñanza, convida un aire indispensablemente libre. Ambiente libre de juicio; puede decir un cartel: *prohibido juzgar*. Esto molesta un poco a las oligarquías de la técnica y a la nueva burguesía de la tecnología, pues en su selecto club se admiten a quienes saben mirar por encima del hombro y escupir sobre las anacrónicas ideas que todavía pueden decirnos algo fuera de los "ambientes de aprendizaje".

Es la educación pública la que late bajo estas pieles de reflexión, la que, aun con todas sus falencias e imposibilidades, necesitamos defender ante los ataques del mercado en sus variantes emocionales, cognitivas, tecno-evaluativas. Es la tierra donde los recursos son escasos, donde puede alimentarse la prosa singular del mundo que hace lugar a muchos mundos y que algún día alguien podrá degustar o darle vueltas con una cuchara sopera. Una chance de hacer la vida menos miserable en su existencia, de no reducirla al número que hace bulto en la estadística o al gesto inenarrable que no tiene gracia. Otra manera de evitar convertirnos en el pedestal pasivo sobre el que se asienta la gran civilización creyendo que nos fecunda con su pipí, y no solo pensar en *nuestro* pan, sino en la igualdad que alimenta las ganas de vivir, la paz popular que se nutre de los combates y la libertad comunal que esquiva la jerarquía militar.

No son meros tópicos de conversación, ni poses para llenar un vacío o matar el tiempo haciendo un monólogo singular que demuestre algo a alguien. Podríamos evocar a Meckert y decir que educar también se trata de hacer verdadera política: discutir conjeturas imposibles, indignarse ante las desigualdades, sin perder la alegría, nunca satisfechos, confundirse en el deseo, hallar en el bolsillo otra ignorancia y sentir una fragilidad tal que un sofisma en plena cara nos puede noquear. No es que se piense mediante consignas, sino que se habita una verdad que no deja firmeza en la opinión y pide escudos desde los cuales "plantarnos detrás de las piedras y las inmundicias, buscar la placa blindada, sólida y resonante, que vibra cuando recibe metralla" (Meckert, 2017, p. 134). Arriesgamos la vida en algunas querencias...

Se dice que quien "no tiene" palabras con las que defenderse recurre al ruido o a los golpes. Lo intraducible, que no es lo insignificante, tiene su fuerza y su comedia. La tragedia no llega a verse en la impuntualidad de la cita, a lo mejor puede escucharse en la ausencia de una voz cuyas cuerdas ya no vibran.

No se miden los golpes, no importa si son de efecto o de afecto, pero pesan como el ruido ínfimo en el silencio de una siesta. Así es que la irritabilidad masculla zonceras y se inflama ante el error inevitable. Con frecuencia se olvida lo errática que es la vida: un combate por sostener el bombeo político del deseo.

Poetas en la infancia del mundo llegan a glorificar una cáscara de nuez, luego de saborear su fruto celebrado y devorarse sus sesos, puede percibirse un resto a pensar. Y si las palabras se hacen artificio, otra lucha contra la impostura se dibuja.

Y no será en estricto círculo el dibujo porque de esos símbolos viciosos están hechas ciertas historias, a la manera vivencial de un joven que desea a una mujer violentada por su pareja y que después él mismo se transformará en otra pareja capaz de disfrazar una escena de violencia como una avería que justifique su llegada tarde al trabajo y haber perdido nada más que una hora.

Educación pública, enseñanza conversacional y literatura vital podrían ser tridente de liberación o al menos el *ménage-à-trois* que le dé otra entonación a la vida. Pero no habría que descuidar la '*y*' que articula. El amor no es el Uno que todo lo puede, menos el Dos que se acobija en su estufa dualista, tal vez tampoco el Tres que se dirime entre el secreto y la síntesis, ¿acaso será el arrebatado cuatro que junta las anterioridades comunales y las pone a bailar en múltiples complicidades?

(tercero en concordia)

Salirse de los libretos, dejarse llevar
por las crecidas corrientes del andar
lo tercero necesita al menos del par
en un tiempo inventado que palpitar.

No podemos hablar la lengua habitual:
necesitamos ir a otro territorio textual
de un lado no está ni del otro tampoco,
¿en qué parte del lenguaje está el foco?

Habitamos un intersticio indecible:
¿con qué tono endeble pronunciarnos
los años cuando dejen de acariciarnos?

La mirada nace inquieta
la voz tiembla pregunta
la ternura en tres veces:

anciana vagabunda en harapos tapada
antes de pedir limosna una cosa daba
papel desgarrado una lengua extraña.

niña jugando al presente y abriendo
la puerta para que otro entre tejiendo
juegos imposibles del estar haciendo.

la deriva nos llevó a cualquier arte,
lo único a mano son palabras nunca dichas:
un arsenal de postales que no llegaron antes.

Vernos en los enigmáticos ojos del otro
forma única de saber que estamos: vives,
aunque nadie sepa hasta qué parpadear.

¿REALIDAD DE LA FICCIÓN O FICCIÓN DE LA REALIDAD?

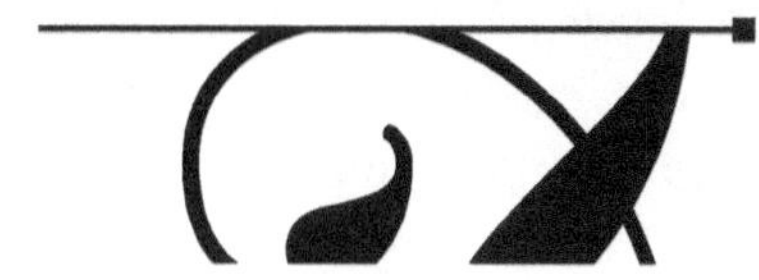

Advertencia. *El presente capítulo parte de una pregunta que transita la frontera entre la realidad y la ficción de la evaluación. Con esa idea, se toman como motivo de reflexión producciones cinematográficas y literarias que invitan a analizar críticamente algunas dimensiones de lo que entendemos por racionalidad evaluadora. De este modo, se convida un bosquejo del antagonismo irreductible que divide el acto de educar de la obsesión por evaluar y traza ciertas coordenadas de lucha en el campo filosófico-educativo, al tiempo que se abren diferentes sentidos del deseo de enseñar y el lenguaje educativo. Como una ida al cine o al teatro, este ensayo plantea diferentes momentos en el abordaje del problema: una entrada introductoria; diferentes actuaciones del problema cinematografiado; un intervalo sobre la certeza del evaluar y la extrañeza del educar y un telón como final abierto por una excusa literaria.*

Entrada: sobre minutos soberbios y una medida de la que nunca dispondremos (aunque la inventemos)

Friedrich Nietzsche, en su conocido texto *Sobre verdad y mentira en sentido extramoral*, describía el momento en que "animales astutos" inventaron el conocer como el minuto más soberbio y falaz de la historia. Allí señala que el intelecto como medio para la conservación desarrolla sus fuerzas primordiales en la ficción (que tiene como contracara de su arte al engaño y la mentira, la adulación y la murmuración, el fraude y la hipocresía, el vivir del brillo ajeno, el enmascaramiento o convencionalismo encubridor, el revoloteo incesante de la vanidad). Esto ha llegado al punto de generar un extraño y constante *deseo de verdad*: así, relata el autor de *La genealogía de la moral*, se han inventado unas *leyes de verdad* mediante el poder legislativo del lenguaje que designa los criterios uniformes de validez que marcarán el contraste entre lo verdadero y lo falso. Pero del deseo de verdad a los criterios de validez que marcan a lo verdadero como tal, el filósofo oriundo de Röcken afirma un tercer punto que pone de manifiesto el hecho de que solamente mediante el olvido puede alguien alguna vez llegar a imaginarse que está en posesión de una verdad. Porque ya cuesta trabajo reconocer ante sí que el insecto o el pájaro perciben otro mundo completamente diferente y que la cuestión de cuál de las percepciones del mundo es la correcta carece totalmente de sentido, puesto que para decidir sobre ello tendríamos que medir con la medida de la *percepción correcta*, esto es, con una *medida de la que no se dispone*.

Como puede observarse, hoy que pareciera ser la época de la obsesión por la medida como valor, o de la neurosis por evaluar "cada vez más y mejor", el mencionado texto nos brinda algunas coordenadas que nos adentra en el problema. Si el minuto más soberbio y falaz de la historia está dado por el momento en que animales astutos inventaron el conocer, ¿qué hay para decir de los minutos posteriores donde esos mismos animales se inventaron las ficciones subsiguientes? Podríamos decir que de la ficción del conocer devino la ficción de la evaluación del conocer, pues se establecieron los criterios que darían por válido un conocer veraz o un conocer falaz, asimismo se ha *olvidado* (no solo el sujeto de sí mismo) que no se dispone de una medida de la "percepción correcta", lo cual hace que —a partir de este olvido— pueda imaginarse que está en posesión de una verdad y vivir con cierta tranquilidad. Esto hasta que aparece la alteridad como relación de lo singular, lo no idéntico, lo que suele escaparse de toda clasificación, correrse de toda rígida (e incluso flexible) regularidad o de la lógica del rigor que hace de lo dicho, lo escrito y la ignorado un frío número a promediar entre otros.

No obstante, esta aparición también enseña que la dureza puede ser versátil y siempre útil en su designio, aunque este nada tenga que ver con la verdad. Y así, una vez encuadrada en este terreno ya no hay posibilidad de contar otro cuento que no sea el que cuenta con precisión los puntos flacos y hondos del errar como negatividad, para luego ajustar la singularidad a la corrección del orden establecido en la escala jerárquica con que le toca lidiar. Y así, todas las miradas se concentran en sospechar de los demás: para corregirlos, identificar las faltas, ser impiadosos con los desvíos, perseguir lo que no se amolde y, de esta manera, se fabrica lo insuficiente, lo deficiente, lo eficiente, como datos que confirman, de centro a periferia, la normalidad. De esta forma la norma se erige como centro de gravedad y medida desde el/la cual se autoriza todo tipo de sospecha, desprecio y humillación. Y así, quizá la clave de todo radique finalmente en neutralizar la "obligación" de juzgar.

Actuaciones cinematográficas del problema: distopías como presentes cercanos o la realidad también tiene estructura de ficción

> Si por un lado la imaginación no desecha nada del fondo precedente, ni las reglas, ni los excesos sentimentales ni la experimentación, por el otro está atenta a [...] la existencia de los "mecanismos", empezando por la tecnología, siguiendo por la dominación económica y política y terminando por lo incidental de quienes podrían reconocerse en la representación que el arte intenta hacer de ellos. No es por azar el virtuosismo de los "efectos especiales" ni tampoco la ventaja que sobre las otras artes tiene el cine y su primo hermano, la televisión.
>
> Noé Jitrik (2010)

Cuando un tropezón es caída

En el año 2016 la célebre serie *Black Mirror* estrenó el primer capítulo de la tercera temporada cuyo título fue traducido como "Caída en picada". Allí se presenta un futuro en el que las redes sociales han permeado todos los aspectos de la vida cotidiana. En esta representación del mundo cada persona es calificada por sus publicaciones y formas de interacción con la gente. El mundo se mira a través de una óptica evaluadora permanente que permite visualizar la cifra que promedia los puntajes obtenidos por cada persona, esto es, el ciframiento de cada singularidad. Cada paso y encuentro puede ser un tropezón que nos hace caer o un salto que nos eleva la puntuación haciéndonos subir o bajar respectivamente en la pirámide social. Por supuesto, tener un buen promedio de calificaciones nos convertirá en sujetos admirados y envidiables, así como una mala puntuación nos pondrá junto a los renegados y despreciados de la sociedad, es decir, sujetos de los que se desconfiará cual delincuentes condenados hasta que se compruebe lo contrario. La distancia de la brecha social se mide entre quienes están híper-valorados y quienes viven subvalorados o por debajo del promedio establecido como "normal" o aceptable en la media. En este contexto, el número no solo influye en la manera que otros nos perciben, sino que también determina los lugares donde se puede vivir, los trabajos a los que se puede aspirar, los lugares que se pueden visitar o el tipo de vehículo que se puede o no adquirir. Como la vida entera pende de una puntuación, las vidas giran en torno a velar excesivamente por las apariencias, a la obsesión neurótica por satisfacer al Otro al punto de llevar la corrección política a niveles extremos del comportamiento que van desde la exposición a incomodidades al autoflagelo con tal de mantener (o aumentar) el status y el número. De este modo, la irritación, el enojo, el desacuerdo, el desorden, la incorrección y toda pasión "negativa" que se manifieste puede ser motivo de una devaluación ontológica, con lo cual todas ellas tendrán que pasar necesariamente por el filtro superyoico de lo bello, ordenado y correcto, que determina la estética existencial dominante. Así, un dispositivo totalitario imposta el juicio como modo de vida que valora la impostada apariencia por sobre la verdadera opaca existencia del sujeto. La cohibición es regla en una sociedad obsesionada por la (buena) puntuación y el temor de dar una mala impresión. Como una evaluación final permanente, la seducción de lo simulado torna borrosos los límites entre lo verdadero y lo fingido.

Es conocido el refrán popular *"sudaba como testigo falso"*, así como también la transpiración no del pensamiento –como decía Roberto Juarroz–, sino de estudiantes durante los exámenes. Pues deben exponerse y seducir hasta convencer a quien juzga de que poseen aquello que se espera que posean (una verdad supuesta, un saber –siempre inaprensible como el deseo–, el dominio de un lenguaje que siempre se escapará) para no ser condenados y buscar la aprobación o eximición de la pena que toma forma de aplazo. En contextos de evaluación permanente, la sinceridad no es una buena aliada para escalar en la pirámide social del promedio. Un contexto de esta envergadura no parece tan distópico cuando observamos las instituciones educativas hacer referencia a su calidad por la evaluación permanente de su sistema, o como cuando aparecen aplicaciones que permiten evaluar el trabajo de profesionales que desean estar expuestos a recibir un *"feedback"* en forma de notas y comentarios que, al mismo tiempo, construye su "credibilidad profesional" (o grandes empresas que usan esta tecnología para "motivar" a sus empleados); o, incluso, aplicaciones que puntúan ex amantes, amistades, conocidos, jefes, vecinos y quien desee ser evaluado. Este es uno de los vectores de la racionalidad evaluadora que constantemente busca captar el consentimiento y el deseo de cualquiera a evaluar. Esta es la razón de la evaluación en una de sus máximas expresiones: un mundo de mismidades que no se tocan, donde la popularidad es influencia y esta se encuentra determinada por un número de aprobaciones o seguidores/ evaluadores. Como si a mayor exposición, mayor control sobre lo dicho, se pudiera *ser* un sujeto más valorado. Quizá Ser, sí, pero sin jamás meramente *estar*.

La patraña de una premisa (nunca) igualitaria

Hay una imagen pedagógica ya algo clásica en la que un docente les dice a sus estudiantes (representados/as en algunas versiones por un pájaro, un mono, un pingüino, un elefante, un pez en una pecera, una foca, un perro o, en otras, por un gato y también un caracol y un sapo): "*Para que la evaluación —o selección— sea justa, todos realizarán la misma prueba: subirán a ese árbol*". Algo similar parece querer decir el thriller británico de 2009 titulado *Exam*. El argumento se basa en la reunión de ocho candidatos rigurosamente testeados y seleccionados que, para trabajar en una de las compañías más grandes del mundo, deben pasar el examen final en un cuarto cerrado junto a un guardia armado, una hoja de papel en blanco para cada uno, una pregunta sin definir claramente —pero que deben buscar responder en un máximo de ochenta minutos— y unas normas, a saber: a) no estropear el papel, voluntaria o involuntariamente; b) no dirigirse al guardia ni al supervisor que los vigila desde fuera; c) no abandonar la habitación; d) responder a la pregunta no explicitada. Ciertamente, cada candidato/a representa algún estereotipo o "diferencia" reificada: entre quienes se someten al examen puede verse un morocho, un caucásico, un árabe, una asiática, una rubia, una morena, una castaña y un sujeto extrañamente indefinido al que deciden llamar "Sordo".

Desde el principio se observa quien lleva la voz cantante, quien no confía en nadie, quien calla porque supuestamente sabe algo que los demás no, quien intenta la colaboración mutua. De aquí la intriga que se instala por saber quién conseguirá pasar el examen y hasta donde estará dispuesto a llevar su perspicacia interpretativa acerca de lo no-dicho en las reglas planteadas inicialmente. Se trata, entonces, de hasta dónde llegan las acciones de cada cual en función de lo que las normas explicitadas no dicen y de encontrar la pregunta adecuada como respuesta fundamental que garantizaría el éxito. El tiempo del *Cronos* comienza su cuenta regresiva, la tensión se instala y el silencio es el primer invitado entre quienes habitan la sala.

Suena a cualquier escena familiar de evaluación o examinación que hemos vivenciado en nuestro paso por cualquiera de las instancias del sistema educativo: una consigna igual para todo el grupo, un mismo tiempo, una hoja en blanco y un dispositivo vigilante que hace aflorar todo tipo de manifestaciones individuales, competitivas, manipulativas, sexistas y/o racistas, en el marco de un proceso de selección de la mejor aptitud para un futuro reconocimiento. Dicho esquema opresivo parece ser la repetición de una escena sintomática en educación: todos se enfrentan a *lo mismo* durante el *mismo* tiempo, se instala una *tabula rasa* o "papel en blanco" que trae consigo cierta demanda que es "igual" para cada quien, generalmente no se permite dirigir preguntas o conversaciones a quienes son considerados "superiores" en dicho contexto. No hay singularidad que cuente, no hay pasado o memoria histórica, tan solo una demanda inserta en un tiempo cronológico y una promesa de reconocimiento elevada por un juicio determinante. Si se responde bien, acorde a lo esperado, el sujeto queda aprobado e incluido; si se responde mal, el sujeto comienza a ser asediado por la exclusión que puede acontecer en cualquier momento y, mientras tanto, llevar la marca de una cifra que lo infravalora en su rendimiento.

Por ello, si la educación se reduce a un mero proceso de selección que deriva en un (o varias instancias de) examen final cuya superación promete reconocimiento y cada quien es sometido a esto en nombre de la tan publicitada igualdad de oportunidades, como hemos visto con el *Maestro ignorante*, dicha situación no hace sino aplazar la igualdad al infinito. Pues la idea de igualdad de oportunidades, con la que se disfrazan los discursos conservadores y progresistas defensores de la razón evaluadora, no es más que "una regla institucional que separa los criterios discriminadores operantes en el encuentro de grupos o categorías tradicionalmente desfavorecidas" (Rancière en Giuliano, 2017, p. 213). En contraposición, la *igualdad de las inteligencias* es un axioma o una hipótesis práctica que se plantea y que "nos esforzamos en verificar. No dice: todos los estudiantes son iguales sean blancos o negros, masculinos o femeninos, etc., Solo demanda a quienes se dirigen a esos estudiantes hacerlo según la presuposición de que tienen la misma inteligencia que ellos" (Rancière en Giuliano, 2017, p. 214). Desde esta posición, el examen, tantas veces promovido como elemento igualador de oportunidades, es un aspecto más de la lógica desigualitaria constitutiva de la racionalidad evaluadora y no deja más remedio que luchar contra ella, tal vez sin olvidar las juventudes estudiosas que lo han impugnado tanto en América Latina desde 1918 como en otras latitudes desde 1968.

Esa peligrosa mujer llamada Divergencia (o de cómo no hay acontecimiento sin diferencia, insurgencia y lealtad)

Divergente, Insurgente y *Leal* es una trilogía de ciencia ficción escrita por Verónica Roth, que fue adaptada al cine y tuvo gran llegada. Esta distopía encarna una forma de lo que Deleuze anticipaba con el término *sociedades de control*, pues en una futurista ciudad se ha determinado organizar la sociedad en agrupamientos de personas según cinco facciones que tratan de erradicar los males que la llevaron a la guerra. Quienes culpaban a la agresividad, crearon la facción *Cordialidad*; quienes culpaban a la ignorancia, se agruparon en la facción *Erudición*; contra el engaño, surgió la facción *Verdad*; contra el egoísmo, *Abnegación*; y contra la cobardía, surgió la facción *Osadía*. Llegada cierta edad (16 años), cada sujeto debe tomar la decisión de permanecer en la facción de sus padres o cambiarse de ella. Si se optaba por esta última opción, el sujeto tendría que renunciar a volver a ver a su familia. Tras la "ceremonia de elección", cada aspirante debe pasar por un *proceso de iniciación* –o selección– en cada facción: quien no lo supere se quedaría sin facción, convirtiéndose en paria. La prueba (de aptitud) consiste en una simulación que se desarrolla a través de la inyección de un líquido alucinógeno que expone a los sujetos en su mente a situaciones límites donde tendrían que poner en juego destrezas propias de su facción. El sistema funciona con éxito hasta que una joven descubre que es capaz de manejar las simulaciones y tomar decisiones "prohibidas", lo cual hará que descubra que ella es una *Divergente* (alguien capaz de torcer aspectos de las simulaciones) y que tiene igual aptitud para facciones diferentes, pero no encaja de lleno en ninguna de ellas. El dato curioso es la oda a la competencia que se encuentra en el mandato de "ganarse el lugar" entre sus pares y lo que caracteriza al/la *Divergente*: un sujeto capaz de pensar en forma independiente y que, al no poder ser controlado, se considera una amenaza al orden social existente. Agregamos: un sujeto que ha superado el propósito clasificatorio del dispositivo evaluador que rige la sociedad.

El panorama se agrava aún más en la segunda parte de la saga, *Insurgente*, cuando los conflictos generadores se extienden por las facciones. La joven divergente se enfrenta ahora a los dilemas propios de conflictos semejantes: la pena y el perdón, la identidad y la lealtad, la política y el amor. Cada facción se enfrenta a otra y el conflicto ideológico se pone sobre el tapete, la política deviene guerra que se edifica sobre la diferencia convertida en antagonismo radical y el amor una praxis del cuidado del otro que versa entre la pena y la culpa. Lo indecidible aparece aquí como un elemento que permite a la protagonista abrazar su diferencia por poner en juego el coraje de su verdad y la lealtad al acontecimiento que significa su intervención existencial. Esta lealtad se manifiesta en la fidelidad a una causa que diverge de una sociedad en la que cada facción desempeña su rol censor en el mantenimiento del orden: así la diferencia es alteridad y la alteridad se torna un peligro para lo establecido y su *statu quo*.

Esta trilogía que comienza con el sometimiento de cada quien a una prueba, nos muestra que el problema de una sociedad basada en el control, que pone en escena lógicas que involucran a una racionalidad primordialmente evaluadora, no solo se trata de un dispositivo en el que habría que intentar neutralizar sus cuotas de nerviosismo o terror para sus participantes (como creerían algunos técnicos o especialistas del tema), sino que en su funcionamiento hay toda una gubernamentalidad que estructura la sociedad a partir de ello. Pues el principio de supervivencia social se establece como un reclamo que cualquiera tendría que realizar sobre el lugar que merece y el cual se establece mediante una prueba que dictaminará quién es cada cual realmente y qué merecerá. De este modo, se instala la noción de que el futuro pertenece solo a quienes saben a dónde pertenecen y pueden probarlo. Por esto es que un resultado no concluyente en la prueba, que no dé certeza sobre "el lugar merecido", un resultado que no haga del examen una medición determinante, que no haga de la singularidad un significante de letra o número determinante de sí, es una prueba fallida o un error excluyente. La cuestión estará en ajustar la diferencia, clasificar la singularidad, vigilar las desviaciones y marginar a lo que no encaja. Esto último ha tenido diversas figuras en la historia del castigo, que va desde exclusiones donde el cuerpo padecía externamente su flagelo hasta nuevos modos de introyección de la pena mediante formas de descalificación que marcan al sujeto desde dentro hacia fuera. Así es que lo alteritario estuvo destinado a esconderse, a resistir la vigilancia normalizadora para poder re-existir. La racionalidad evaluadora, que hace devenir a los sujetos en meras cosas a controlar su calidad en tal o cual desempeño, es la gubernamentalidad de las sociedades de control que necesitamos resistir. Como dice uno de los protagonistas de la saga: "*No quiero ser una cosa*". Y de que no seamos cosas depende nuestro mero estar (colectivo) como animales-humanos que se subjetivan en una insurgencia pedagógica reclamante siempre de una fidelidad ineludiblemente infiel.

Cada quien crea su propio mérito (o fracaso)

Someter las partes a un Todo puede sonar a principio comunitario gestáltico, pero el raciocinio evaluador cumple el mismo cometido en la educación moderna cuando cimienta, naturaliza o normaliza que no hay educación sin evaluación de las partes. Así, evaluar resulta el artificio mediante el cual un tipo de racionalidad instituye que educar va de la mano con la lógica de la valoración como cálculo, codificación y competencia cual posibilidad de inclusión-exclusión. No habría inconsistencias que escapen de esta máquina de impostura, el Todo estaría dado por un dispositivo que involucra dimensiones espacio-temporales claras y distintas. Ante esto, pensar la problemática junto a Ernesto Laclau nos invita a percibir que una radicalización de la educación aspiraría a preservar el carácter conflictivo de todos los procesos sociales que involucra si pretende evitar convertirse en un sistema totalitario. "Construir sobre inconsistencias", parafraseando al poeta alemán Paul Celán, puede ser el principal camino de resistencia de una educación radicalizada por los deseos de re-existencia.

Pensar al sujeto de la educación en clave moderna es pensar el sujeto de una potencial (d)evaluación, el Sujeto de una norma sin excepción. Butler ha enseñado que el sujeto se constituye de manera performativa, esto es, mediante una convocación reiterativa o "interpelación" que continuamente lo exhorta a que se adhiera a una norma, pero esto no ocurre sin desviaciones ya que no todos los esfuerzos y secuencias de interpelación tienen un éxito total. Si la diferenciación implica un antagonismo, y ninguna exclusión se basa en la "naturaleza de las cosas" o puede al fin de cuentas justificarse, ninguna política puede lograr una forma final y ninguna exclusión puede ser definitiva.

En el intercambio epistolar que mantienen Judith Butler y Ernesto Laclau en torno a *los usos de la igualdad*, Butler sostiene que el fracaso de cualquier formación de sujeto es un efecto de su iterabilidad, de tener que formarse en el tiempo una y otra vez, lo que supone cierta susceptibilidad de un cambio de rumbo o un lapso en virtud de dicha necesidad de repetirse y reinstalarse. De allí su pregunta por el fracaso como condición de la formación del sujeto y una ampliación de la indagación al respecto:

> En la medida en que, independientemente de nuestra
> "diferencia", siempre estamos constituidos solo *parcial-*
> *mente* como nosotros mismos (y esto, como resultado de
> que estamos constituidos dentro de un campo de dife-
> renciaciones), ¿en qué medida también estamos ligados
> por este "fracaso"? ¿Cómo se convierte, extrañamente,
> la limitación de la constitución del sujeto en una nueva
> fuente de comunidad o colectividad o una supuesta con-
> dición de universalidad? (Butler y Laclau, 1999, p. 127)

Una respuesta tal vez podemos hallarla en los momentos de
ruptura, rearticulación, convergencia y resistencia que no son
cooptados de inmediato por las formaciones sociales (que, por
otra parte, no pueden durar sin ser reinstaladas, aunque corran
el riesgo de deshacerse). A este respecto, un interesante ejemplo puede verse en la serie brasilera "*3%*", cuya distopía muestra con creces una profunda brecha social en la que de un lado
(llamado el Continente) se vive en una situación de pobreza
con la población dejada a su suerte y en el llamado Otro Lado
(aunque también Mar Alto, incluso se ha traducido en algunos
países como la Costa o el Extranjero) se pinta un paraíso sin
conflicto donde todo parece estar controlado y regulado con
una alta calidad de vida destinada para el 3% de quienes pasen
anualmente *El Proceso*. Nuevamente retorna el argumento de
la igualdad de oportunidades y la supervivencia del más apto:
llegada cierta edad, cada habitante del Continente tiene la posibilidad de participar del Proceso para pasar al Otro lado que
promete una vida mejor. Para ello, pasar el Proceso implica
atravesar un sistema de pruebas donde los aspirantes deberán
saber cuándo colaborar y cuándo competir entre sí.

Además de mostrar claramente la falacia del argumento liberal de la igualdad de oportunidades, el planteo lleva a la
pregunta límite de qué sería capaz de hacer cada quien con
tal de formar parte de una elite privilegiada. De este modo, el
antagonismo político se plantea entre quienes están a favor del
proceso y orientan su vida a ello, a modo de cierta servidumbre

voluntaria, y quienes buscan neutralizarlo en pos de una sociedad más igualitaria[30]. Ahora bien, en el caso de que tal o cual candidato/a supere las pruebas y pase al Otro Lado, se cancela todo vínculo con su familia y entorno previo al reclutamiento, lo cual incluso llega a ser usado como argumento en pruebas para garantizar de que el/la aspirante esté realmente convencido del cambio al que apunta. Una vez más los artilugios argumentativos de la razón de evaluar son puestos en escena: la auto-responsabilización (como auto-culpabilización en caso de fracaso) por el resultado obtenido, la obsesión por los mejores resultados y la estigmatización del error, la medición, comparación, clasificación, competencia y normalización de las singularidades.

Aunque tal vez lo más impresionante por su eficacia simbólica sea el lema promovido durante el Proceso: *cada uno crea su propio mérito* (y, por tanto, su propio fracaso). Nada más rotundamente fullero que este enunciado, y tal vez la serie sea la mejor muestra de ello, pero lo evidente es que, como la tan festejada y progresista *evaluación por proceso* que puede enarbolarse a partir del mismo lema, los términos del proceso ya están impuestos de antemano y la singularidad de cada quien deberá cifrarse y escalar partiendo del Uno: de un sí mismo que solo cuenta con la oportunidad de tornarse transparente al sistema (y responder obsesiva, incluso, creativamente a todos sus requerimientos) o que fiel a la unidad "pudre por dentro al número uno" (González, 2021 p. 37) hasta repelerlo en la trama colectivamente que multiplica su resistir por buscar nuevos modos de re-existencia que bloqueen el dispositivo. Esto, ciertamente, nos encuentra más cerca de la causa de quienes no

---

30. En el mencionado intercambio con Butler, Ernesto Laclau realiza un señalamiento importante respecto de la igualdad: pues decir que dos cosas son iguales —es decir, semejantes una con otra en algunos aspectos— presupone que son diferentes una de otra en otros aspectos, de lo contrario no habría igualdad sino mera identidad. Por ello, *políticamente* la igualdad es un tipo de discurso que intenta organizar las diferencias y, a partir de esto, es necesario subrayar "las situaciones en que se da una política anti-igualitaria mediante la imposición de un canon dominante y uniforme" (Butler y Laclau, 1999, p. 120).

estamos con el proceso evaluador que sustenta el orden "natural" de las cosas y que incansablemente busca consentimientos para sumar cómplices a su propia abyección[31].

Una apostilla podemos agregar en torno al marco cinematográfico general: tanto la primera distopía que presentamos como esta última han sido estrenadas, producidas y distribuidas por la plataforma Netflix, la misma cuyo CEO declaró en su momento que otras plataformas no eran su verdadera competencia, sino el sueño de la gente (ergo, que duerman menos y dediquen más tiempo a mirar sus producciones). Tal vez sea otra muestra de la gran capacidad expansiva del mercado que, plataformas mediante, disemina su contenido estandarizado con el adornamiento inclusivo de algunas "críticas" como cortafuego de ocasión o cultivo cínico de una imaginación de corto alcance y que no llega más que a mostrarnos escenas trágicas de la vida contemporánea. Por nuestra parte, no aconsejamos ni recomendamos ir a mirar estas excusas de análisis, ya que las tomamos como meras actuaciones cinematográficas de un problema que incluso abarca sus propios marcos de producción y reproducción. No es la mirada del crítico la que aquí nos interesa poner en juego, antes bien es la crítica de la mirada la que nos provoca el pensamiento. Porque si la imaginación distópica deriva en un presente demasiado cercano, tangible o incluso real, ¿cuáles serán nuestros próximos movimientos (singulares y colectivos) que convoquen a las fuerzas imaginativas del pueblo e interrumpan las plataformas por dar lugar y tiempo a una dietética ficcional primero emancipatoria y luego liberadora? Aquí tal vez se trame toda una descolonización de la sensibilidad y algunos nombres convidan pistas de por dónde caminar:

---

31. Esto puede observarse en uno de los episodios de la mencionada serie, donde uno de los protagonistas es convocado a inventar o formular una prueba para mejorar el proceso de selección, la cual, tiempo más tarde, sería utilizada sobre él mismo y lo dejaría eliminado del Proceso. Este cinismo propio del raciocinio evaluador es el mismo con que funciona su lógica cruel de reconocimiento: en otro episodio puede observarse el festejo de quienes han pasado las pruebas y al director del Proceso diciendo "ustedes son gente de verdad".

Diagnóstico esperanza, *Los rubios*, *Los traidores*, *La hora de los hornos*, *El ABC del amor* (1967), *Todo sol es amargo*, *La ciénaga*, *El niño pez*, *Margarita no es una flor* y así la aventura fundamental puede continuar...[32]

Intervalo: el lenguaje infectado del evaluar y lo inevaluable del educar (o de la profesión evaluadora *versus* la extrañeza educadora)

Carlos Skliar en su libro *Pedagogías de las diferencias* pone el cuerpo para mostrar, manifestar y convidar un cambio de voz en varios planos que denotan un antagonismo irreductible en medio de la lengua educativa: una lengua que comienza materna (por la infancia, el juego, el canto, la narración, las percepciones, la invención, el ritmo) y enseguida se convierte en una lengua paterna (por el patrón, las reglas, la gramática, la ley), una lengua que comienza abierta al tiempo libre o está liberada del utilitarismo y a la que se fuerza o tuerce a una lengua del trabajo, de la tarea, de la mercancía, del consumo; una lengua que "pronuncia la reconstrucción de su memoria educativa en términos de gestos, roces, voces, rostros, textos" y que luego se proyecta "impune, casi sin cuerpo, como expresión acabada de una autoridad inmune sumida en la planificación y la evaluación", esto es, "la mutación de un lenguaje desde un deseo de enseñar hacia un lenguaje infectado por la razón evaluadora"

---

32. Sería importante también recordar aquel grupo de jóvenes pioneros del cine en Córdoba que, a mediados de la década de 1960 y sin los recursos con los que contaban jóvenes cineastas de Buenos Aires, por ejemplo, realizaron dos producciones de vanguardia que fueron recientemente recuperadas (de su "extravío" en la última dictadura cívico-militar) por el Centro de Documentación Audiovisual (CDA) de la Universidad Nacional de Córdoba: *Laguna Blanca* y *Más de la mitad*. Este último fue un corto sobre el hambre en el mundo y fue premiado por Norman McLaren en el *I Festival de Cine Experimental y Documental* realizado en Córdoba, a su vez puede percibirse como un filoso adelanto de lo que luego serían realizaciones como *La hora de los hornos*. Algunos nombres involucrados en esa ocasión fueron: Oscar Moreschi, Walter Mignolo, Eduardo Bocio, Miguel Biasutto, Simón Banhos.

(2017, p. 14). Y este tipo de racionalidad, como ya hemos visto, opera midiendo, comparando, normalizando, adaptando, aunque sobre todo *re*negando de lo que se le presente como raro, extraño, inexplicable según sus parámetros (a veces predefinidos) que, de cualquier modo, buscarán algún tipo de reducción de todo aquello que altere el orden establecido.

Por tanto, somos testigos de dicha infección cuando vemos el ensañamiento con la fragilidad de cualquiera, una violencia arrojada contra la posición de indefensión, cuando advertimos ese doble juego inclemente de la impunidad –"para decir y hacer cualquier cosa en nombre de la 'normalidad', a favor de ella, de sus laberintos y tiranías" (Skliar, 2017, p. 26)– y de la inmunidad –en relación con una alteridad cuyos gestos parecen no afectar ni percibirse–, cuando el deseo de enseñar se transforma en profesión del evaluar y aprender se reduce a un mero superar ciertos rituales o gestualidades de la humillación –como el ser juzgado o despreciado– y de la indiferencia –como la simulación de la farsa o la disimulación del dolor del mundo–.

El lenguaje del deseo de enseñar, la dislocada lengua común de la educación, se constituye por lo extraño, lo raro (o *queer*)[33], lo inexplicable, lo inevaluable, lo excitable, mucho antes que por todo lo que supone y compone la racionalidad evaluadora. Aquí la rareza no se entiende como identidad sino más bien como una conjunción de pensamiento, lenguaje y acción que se mueve en direcciones contrarias a las explícitamente reconocidas; pues aun cuando parezca que el reconocimiento es la condición previa de toda vida vivible, sus propios elementos (como el examen público, la vigilancia y la normalización, de los cuales lo extraño –o *queer*– escapa) muestran los términos fuera de los cuales también se puede "llevar una vida vivible" (Butler, 2017, p. 67). Como cualquiera es portador de alguna "rareza", podemos decir que es lo que nos habilita a escapar del asecho

---

33.   El término *queer* "no alude a la identidad de una persona, sino a su alianza, y que, por su propia significación como algo anómalo, peculiar, es una palabra que podemos aplicar cuando establecemos alianzas incómodas o impredecibles en la lucha por la justicia social, política y económica" (Butler, 2017, p. 75).

de una norma. Quizá también es lo que da lugar a relaciones de alteridad con el mundo, aunque poco transparentes o carentes de nitidez por la opacidad radical que nos caracteriza. Tal vez es lo que nos permite descansar ante el cansino exceso de comprensión o de coherencia que se suele demandar a un sujeto que no le queda más que su andar en busca de un lenguaje común.

Por un amigo francófilo sabemos que en francés antiguo «erre» designa la manera de avanzar y, en el vocabulario marítimo, refiere a la velocidad adquirida por un barco sobre el que no actúa ningún propulsor. Así también las palabras área (aire), aire (air) y era (ère) se dejan oír en *erre*. Si, en un decir nietzscheano, la verdad no es nada más que una serie de errores conectados entre sí de alguna manera, la verdadera educación sería una que dé lugar, área, aire, tiempo, al error como principal manera de avanzar en algún sentido sin que ningún objetivo predefinido sea el propulsor. Como en una conversación al respecto dijo Judith Butler: "comete tu error y encuéntralo magnífico", se trata de vivir el error como una forma de aceptar nuestra perspectiva limitada (pues siempre estamos viendo parcialidades), "aceptándolo como parte de lo que implica estar vivo" (en Giuliano, 2017, p. 187), esto es, una manera afirmativa de vivir el error y no marcarlo como falta punible. Asumir pedagógicamente estar parcialmente en lo cierto y parcialmente equivocados, forma parte de nuestra rareza perceptiva que no debería ser motivo de una consideración negativa sino de una afirmación radical o de una negatividad afirmativa.

Da la sensación histórica que cualquier rareza y errancia ha tenido que ser sistemáticamente explicada, justificada, encerrada en alguna lógica que la asimile a un ordenamiento o clasificación que no nos inquiete. Esto ha producido normalidades, efectos de las normas y de sus curvas, que han hecho del sujeto, junto a las rarezas y las errancias, un mero objeto a evaluar. Como si todo ya estuviera dicho por la regla o la norma (y sus silencios) y nada por su excepción. Aunque la vida, como la educación, persiste y resiste con su carácter de ensayo, cuya invención e improvisación nos (ex)pone en los márgenes, no se trata de adquirir competencias o conocimientos más o menos escolarizados, sino de un movimiento que provoca el deseo de seguir pensando y sintiendo por hacerlo cada vez de una u otra manera. Como la instalación de una inquietud que invita a viajar por revisar eso que estamos siendo, diciendo, sintiendo, pensando y haciendo en el tiempo de un ejercicio sin demasiados asideros ni puntos fijos, que mueve palabras, nociones u objetos de su lugar acostumbrado.

Educar, entonces, es también hacer lugar a lo que no está programado ni previsto, a la palabra que no demanda la violencia de la comprensión sino el abandono de esta pretensión. Porque se trata de una relación de bienvenida, no recíproca ni contractual ni de equivalencias, no legible sino ambigua, no transparente sino ambivalente. Así, educar no es colonizar con ciertos saberes, sino conversar sin dictado ni dictaminación, incluso, sin pretensiones de comunicación. No hay plan, como en una loca historia de amor, el roce no es mera influencia. Entre la espera y lo que sucede se abre un abismo: en la ignorancia del dónde vamos a llegar se juega todo no-saber en reserva. Lo imprevisible, en afectos y efectos, se cristaliza en un vínculo entre singularidades de tiempos distintos que conviven en medio de un encuentro inédito. Por esto, la educación está fuera de toda medida: es lo que pulveriza todo cálculo y toda aritmética.

Las balas de una razón
(a propósito de Polytechnique, de Denis Villeneuve)

Un joven se encuentra arrinconado, con poco tiempo, a unos quince minutos de cometer una masacre inolvidable para su pueblo y quitarse la vida. Esos quince minutos los destina a escribir, una carta, un alegato, tal vez cierta confesión, aunque probablemente se trate más de un llamado de atención... Pues allí habla de las "razones políticas" y "no-económicas" que lo conducen: los últimos siete años de su vida no han reportado alegría alguna, han sido fundamentalmente anónimos; en más de una ocasión ha sido rechazado por antisocial y ello ha causado su deseo de elaborar un plan para poner fin a su padecimiento. Mientras tanto, ha proseguido sus estudios de manera aleatoria ya que, como conocía su destino de antemano, nunca le interesaron realmente. Eso no impidió que obtenga muy buenas notas a pesar de su política de no esmerarse y de la falta de estudio antes de los exámenes... De hecho, se considera una *persona racional* que ha sido "obligada" a tomar *medidas extremas*, más allá de que los medios luego lo llamarán "asesino demente". Él mismo se preguntaba: ¿por qué perseverar en existir solo para complacer al gobierno?

Pide perdón por la brevedad de su carta, seguro habría querido argumentar mucho más o justificar su excepcionalidad, pero el tiempo corre y solo queda un instante para dejarle una breve esquela a su madre, diciendo: "Mamá, lo siento, era inevitable". Esas fueron sus últimas palabras depositadas en una hoja de papel que tiempo después su madre encontraría en su nevado y frío buzón. El mismo buzón y la misma madre que nunca recibirían otra carta, que también les estaba destinada, y que una de las sobrevivientes ensayaría para desahogarse y decir algo sobre un estar íntimamente conectadas, aunque no se conocieran.

Sobre ella, la sobreviviente: escribe que tiene miedo, por más que todos le digan que es fuerte. A veces quisiera gritar por todos los cielos que ha sido herida no solo físicamente, quisiera hacerse una bola como un animal herido y esperar que pase. Todos los días piensa en su amiga que murió en sus brazos, piensa en todos los amigos que murieron y fueron heridos ese día, piensa en las mujeres de todas las edades que fueron heridas en su alma ese día. Mientras, sigue escribiendo y una esperanza crece...

Sobre él, el portador de las balas: la planificación responde quizá a una sobre-adaptación a un sistema que no da tiempo o lo cronometra distribuyéndose entre razones científico-técnicas o examinadoras-evaluadoras. Y tiene razón: no hace falta comprometerse con el estudio cuando de pasar exámenes se trata o a pasar pruebas se reduce un espacio educativo y, por *lo mismo*, se asiste a su desdibujamiento ético-político. El sujeto, en su afán racional, queda atrapado entre la nostalgia y cierta ciencia: una en la que el asesinato (de otros y de sí) está lógicamente justificado y planteado como inevitable. ¿Cuántas veces habrán matado a este joven para convencerlo de un destino asesino e "inevitable" de torcer o desviar? Tal vez tendríamos que pensar en los asesinatos más o menos sutiles que suceden diariamente en nombre de precisas razones... porque algo de asesino carga nuestra cultura y, por ende, nuestra formación. Quizá ya la pregunta sea: ¿cómo neutralizar al asesino que la sociedad ha formado y conformado en cada quien?

Una respuesta interpelante podemos encontrarla en la gestualidad ético-educativa contenida en la epístola de la sobreviviente: el miedo se *trans*forma en escritura, el cansancio en grito, la herida en el peso del mundo que demanda contestación, la desconfianza en un potencial acto de enseñanza. Una escritura que no se entrega (aunque se dé), un grito por las heridas del mundo y el tiempo que no las cura, una enseñanza sobre la amorosidad y el afecto del lugar. Tal vez en estos gestos radique, sin condición y sin coartada, la chance de torcer lo "inevitable" o, al menos, evitar una escena final en la que un joven jala el gatillo apuntando a una compañera y luego hacia sí mismo dejando dos cuerpos unidos por el mismo suelo en que yacen eternamente distanciados por la decisión y las circunstancias que llevaron a cada uno a ese lugar, aun cuando su sangre se junte ante el blanco y negro de las cámaras o el morbo del número de muertes. Aquí quizá la igualdad sea la del desamparo, ¿quién podría señalar con absoluta certeza quién es la víctima?

Telón: tirar la piedra y esconder la mano

Mucho se ha escrito en filosofía, incluso en educación, sobre la cuestión del don, del regalo, del dar sin espera... Pero hay, en esa cantera de sabiduría que suelen alojar los refranes populares, una dimensión afirmativa quizá olvidada o pasada por alto en relación con el dicho popular "tirar la piedra y esconder la mano". Si bien este suele usarse a modo juzgador o en tono de reproche, tal vez pueda pensarse que hay toda una gestualidad ético-política en ese movimiento. No solo se arrojan piedras en las manifestaciones y se esconde la mano para que la policía no nos identifique; también se arrojan libros como piedras (quizá filosofales) que nos golpean y nos dotan de *trans*formaciones que sin ellos no hubiésemos conocido: fundamentalmente en la educación, la mano de esas o esos docentes provocadores de lectura suele (incluso necesita muchas veces) esconderse por dar lugar a que cada quien se atreva a realizar su propia aventura. No se trata de adquirir un determinado aprendizaje, sino de comenzar cierta búsqueda. El golpe de un texto puede producir un desgarramiento, incluso una herida incurable, cierto dolor también, pero, cual piedra filosofal que nos toca y nos convida su toque (de inmortalidad, de contemporaneidad, de belleza), tal vez aporte algo más de reflejo a nuestra opacidad constitutiva e incorregible. Algo de esto puede percibirse en la novela *Stoner* de John Williams.[34]

Un profesor convida un soneto de Shakespeare a sus estudiantes y le pregunta a uno de ellos qué quiere decir. Repitió el fragmento de memoria ante el silencio pleno del aula y del estudiante inquirido en especial: "Esto percibes, lo que hace tu

---

34. Podría considerarse una elegante versión norteamericana de la obra *M'hijo el dotor* de Florencio Sánchez, pero al haber sido escrita a comienzos de 1960 está más a tono con la entrada segunda mitad del siglo XX. Las coincidencias no son pocas, más si se considera que la historia se monta sobre la clásica tensión familiar intergeneracional que desnuda la oposición campo vs. ciudad, tributaria en ocasiones de oposiciones más rudimentarias como praxis *vs.* teoría, y las rupturas que la universidad opera sobre el protagonista. Sin embargo, mientras que el drama de Sánchez se concentrará en los conflictos vinculares que asechan al protagonista a partir de su formación universitaria, en Williams el foco se ubica en cómo la formación genera una *trans*formación tan radical en el protagonista que no solo repercute en la ruptura con sus certidumbres de base, sino que el vuelco de su razón logra torcer el pragmatismo de un mandato (estudiar agronomía *para* contribuir a la economía familiar) hacia un deseo (estudiar literatura *por* atender una intuición) que altera una vida y desemboca en otras... En Skliar y Giuliano (2020) hemos advertido parte de esto en relación con la lectura y la amorosidad (o la amabilidad) en su enseñanza.

amor más fuerte, amar bien lo que debes abandonar pronto." La interpelación subsiguiente, da qué pensar: "Shakespeare le habla a través de trescientos años, señor... ¿le escucha?" (Williams, 2016 p. 17). Así comienza la historia de un hijo de granjeros pobres que va a la universidad a estudiar agronomía con la idea de contribuir al desarrollo de la economía familiar, y, por los avatares propios de las a-signaturas, termina por convertirse en profesor de literatura.

Cuando daba clases, a veces, se encontraba tan abstraído en su materia que se olvidaba de sus limitaciones, de sí mismo, hasta de sus estudiantes. El entusiasmo lo llevaba del tartamudeo a la gesticulación que le hacía ignorar los apuntes que guiaban sus discursos. El asomo de un amor vacilante a la literatura, al lenguaje, al misterio de la mente y el corazón que se manifiesta en la extraña combinación de letras y palabras, lo animaba a hacer aquello que nunca le habían mandado a hacer: devenir profesor, como alguien a quien el libro le dice una verdad y a quien se le concede una dignidad artística; un conocimiento que no podía expresar pero que lo había cambiado.

Como un enigma que no se deja narrar, enseñar podría ser aquí ese ejercicio literario que arroja un profundo velo insondable ante el cual solo podemos entusiasmarnos, sin poder evitarlo. Alzar ese velo por descubrir lo inefable o alcanzar lo inalcanzable no haría más que mostrar al más fuerte como un débil enclenque. Pero no tardaría en darse cuenta que la cara oculta del profesor tiene forma de examen como un experimento en el que no se puede evitar el dolor ya que se monta sobre normas inflexibles. Este docente prefería preguntar lo menos posible e incluso retrasarse a la hora de llegar a un comité evaluador o a una mesa examinadora para estar allí lo menos posible. La (trans)formación es cuestión de intensidad y turbulencia, la novela enseña que hay que afrontar los estudios como si fueran la vida misma y no un medio específico para un fin concreto.

En su tierna juventud, Stoner había pensado en el amor como en una manera de existir absoluta a la que podría acceder si era afortunado; en su madurez había decidido que era el cielo de una religión falsa hacia el que se debía mirar con sosegado descreimiento, benévolo y crónico desprecio o vergonzante nostalgia. A su mediana edad, se daba cuenta que ni se trataba de un estado de gracia ni de una ilusión: lo veía como un estado de conversión, una condición inventada y modificada, minuto a minuto y día a día, por la voluntad y la inteligencia del corazón (cualquiera puede sentir la tentación de reemplazar la palabra *amor* por la palabra *educación* y decir que se trata de una pequeña historia de ella).

Como encontrarse con un viejo amor en un libro, cuya dedicatoria entrama iniciales o inicios de algún afecto pensativo, nubla los ojos e inquieta sin poder esquivarlo hasta intentar leerlo entero. Encontrarse en una lectura, traslúcida en la escritura, la maravilla de versar *con* o con*templar* a alguien a la hora que se desee: cercanía en la distancia, como si las manos al tocar el libro tocaran a su escribiente y le dieran la vida que perdió en las noches invernales del tiempo.

El sentimiento de pérdida se reabsorbe, afluye, se deja llevar por la corriente, más allá del control de la voluntad, no queriendo salvarse de algo imposible de superar. Bajo la confusión, la indiferencia, el olvido, ahí estaba. El amor, intenso y fijo, siempre había estado ahí. En su juventud lo había dado sin pensar, al conocimiento, a los días tontos y ciegos de cortejo, a su amante como si nunca lo hubiese hecho. Lo había ido dando, de manera extraña, en cada momento de su vida y quizás lo había dado más cuando no era consciente de estar dándolo. No se trataba de una pasión ni de la mente ni de la carne, era más bien una fuerza que comprendía a ambas; como si fuese, más que un asunto de amor, su sustancia específica. A una mujer o un poema, simplemente decía: "¡Mira! Estoy vivo." Una vez más: la vida, como ensayo, con su margen de error constitutivo.

Que nos concedan entonces alguna sabiduría, así al cabo de largos años encontramos con calma otra ignorancia. ¿A cuántos amores hemos renunciado o hemos dejado marchar en el caos de la potencialidad? Esta es toda una definición de educación, aún por seguir escribiéndose...

(suelos del tiempo)

Luego de la lógica de la postergación de lo esencial,
aparece casi siempre ese trazo impotente intersticial
intentando decir algo sobre lo que permanece
más allá del delito de la espera que no merece.

Porque el camino no es una búsqueda clara
en el amanecer indiferente de cada mañana.

Y solo por un oblicuo, lateral, espontáneo acontecer
un trasfondo de suelo podrá hasta las pieles ascender.

Porque no hay senderos frontales y trazados de antemano:
tan solo inmanejables sendas presentidas en cada espacio
donde obra lo desmesurado y la experiencia del cansancio
necesita de otro cuerpo que está siempre viniendo despacio.

COMPLACENCIAS CON (E INSURGENCIAS CONTRA) UNA RACIONALIDAD DE IMPOSTURA

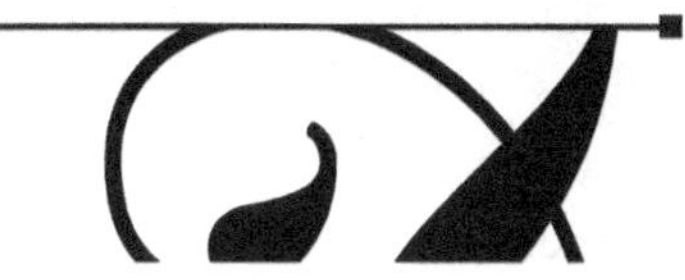

La vanidad suya
¿no sentirá alguna vez la vaga aspiración hacia esa
inferioridad que colma a los inútiles de tantos éxitos?

José María Ramos Mejía, *Los simuladores del talento
en las luchas por la personalidad y la vida*

A-notación

En tiempos que pueden ser adjetivados como críticos, dramáticos o trágicos, suele saberse de manera más directa y sensible que lo esencial es invisible a los rankings, a las pruebas y toda impostura que se vanaglorie de medir algo. No obstante, hay instituciones o sujetos para quienes su (pre) ocupación se muestra inconmovible y se sitúan tan lejos del deseo de enseñar o transmitir como cerca del empecinamiento compulsivo de evaluar y todo el summum de tareas aledañas que pretenden "corroborar" o, directamente, cobrar *lo dado* –incluso en su sentido conservador más olvidado-. De modo que la enseñanza, ese pulmón fundamental de las instituciones educativas, se obstruye con frecuencia desde esa guillotina –a veces llamada evaluación, a veces llamada examen- que decapita las curiosidades estudiantiles y docentes para transformarlas en pragmatismos burocráticos que reducen el tiempo de estudio y amplían el del rezo cognitivo destinado a producir valor y competencias (ganancia para algunos, pérdida de otros).

El basamento de esa mezquina enseñanza mercantil (que no da sin recibir algo a cambio), de esa falsa idea del estudio (que confunde la tarea impuesta con la relación amorosa –y por eso también imposible– con el saber), de esa docencia bursátil (que promueve pedagogías vigilantes y castigadoras de esos signos vitales de la educación que son los errores, reducidos en ellas a contracciones auto-responsabilizantes de deudas o culpas –como la palabra alemana *schuld* refiere para ambas-), puede encontrarse cabalmente en la razón de evaluar. Este tipo de racionalidad tiene su fuente energética libidinal conectada a la pulsión de muerte (Giuliano, 2020f) y encuentra apoyo en instancias inmanentes que intentan anular cualquier lucha liberadora de nuevos modos de existencia (Giuliano, 2020c). Caracterizada por manifestarse en un lenguaje seductor que busca consensos y consentimientos para hacer entrar lo inmedible e incalculable en un dominio calculador de (a veces) camufladas homogenizaciones matemáticas –que igualan singularidades evaluadas a *cosas* evaluadas en una mismidad equivalencial–, planteando un principio de sustituibilidad y cosificación (Giuliano, 2019a), alimenta un círculo en el que cada evaluado/a se convierte en un/a evaluador/a en potencia. Asimismo, se ha visualizado como un producto de la colonialidad pedagógica (Giuliano, 2019d) que habita hasta discursos pretendidamente críticos de los que se alimenta para mejorarse siempre que quede incuestionada –ya sea en su función embrutecedora de comparar y normalizar a sujetos singulares, en su acción clasificatoria que indica distancias desaprobatorias y cercanías aprobatorias respecto de un ideal de sujeto, o en sus vínculos ineludibles con el racismo y el neoliberalismo–.

En este capítulo se convida entonces una genealogía de posiciones complacientes con dicho tipo de racionalidad y, al mismo tiempo, de posiciones que plantean resistencias y aquí reunimos a modo de mostrar pistas que alimenten gestualidades pedagógicas contra-hegemónicas. Con esta idea, se parte de una investigación de archivo realizada en la Biblioteca Nacional de Maestros (Argentina), donde hemos podido recabar posiciones y contraposiciones –en relación con la cuestión del examen y la evaluación– en publicaciones de finales del siglo xix como la fundada por Sarmiento, *El Monitor de la Educación Común*, o la correspondiente al órgano del Centro de Unión Normalista, la *Revista pedagógica argentina*, y la *Revista de enseñanza* de la Provincia de Buenos Aires.[35] En este marco, se releen y analizan posicionamientos relativos a la cuestión que nos convoca y, en función de los diferentes pasajes encontrados, se abarca una temporalidad que va desde la década del ochenta del siglo XIX hasta la primera década del siglo XXI. Esto permite hallar, insinuar o inferir algunas continuidades que constituyen la potencia de la razón evaluadora y que se actualiza de manera constante en los marcos pedagógicos contemporáneos. La elaboración aquí esbozada no tiene la pretensión hacer historia de las ideas o historia de la educación, más bien intenta explorar y ensayar diferentes reflexiones que nutran el campo filosófico de la educación.

Mecanismo de moralización y calamidad pública: ¿una farsa con arraigo ontológico?

> La creencia en los exámenes va tan lejos que incluso hombres que se han formado de una manera independiente guardan un ápice de amargura en el corazón mientras su situación no se haya reconocido arriba mediante una investidura oficial, un título o una decoración: hasta que puedan "hacerse notar".
>
> Friedrich Nietzsche, *El viajero y su sombra*

---

35. Si hubiera que pensar en algún "criterio de elección" de estas fuentes, podría decirse que no fue pre-establecido y con suerte se formó en el preciso momento en que las fuentes convidaron generosamente tensiones que hicieron tracción en el suelo memorioso de las luchas y presentificaron un problema que se (re)constituye, se (re)elabora y detalla hasta erosionarlo, descomponerlo, desplazarlo o cercarlo. En esta instancia, la atención se ve captada por una sintomatología conflictiva cuyos sentidos causan la búsqueda de las fuerzas que la producen y provoca pensar si no han sido las fuentes las que, desde el trasfondo opaco e impredecible de la historia, han elegido estar o acompañarnos aquí.

Promediando los finales del siglo XIX, en una sección dedicada a los exámenes de *El Monitor de la Educación Común*, podemos encontrar la sospecha cristalizada de que no puede haber una propagación significativa de notas (consideradas explícita y literalmente clasificaciones) sobresalientes y distinguidas, ya que resultados "verdaderos" se afincarían bajo la concepción que reza que "allí donde todos son distinguidos, no hay uno solo que lo sea en realidad" (Tufró, 1888, p. 50). Esta postura se inscribe en la convicción más general de que las decepciones sufridas no bastan para destruir la importancia de los exámenes que son vistos como "complemento *indispensable* de la enseñanza", estímulo al estudio y medio de obtener información útil sobre "la marcha de las escuelas y las promociones que pueden hacerse entre los maestros y alumnos" (Guerrico y Tufró, 1888, p. 141; énfasis nuestro). De modo que el examen termina por ser determinante no solo para estudiantes, sino también para las escuelas y docentes. En este marco, vemos en potencia a la racionalidad evaluadora cuando incluso se registran posiciones que evidencian, ya por aquella época, la relación entre evaluación y deseo: "Los niños *desean* ser interrogados por las autoridades y experimentan una viva satisfacción cuando otras personas que sus maestros les proponen alguna cuestión a la cual pueden responder" (Atienza y Medrano, 1889, p. 552). Podemos percibir así que la razón de la evaluación no solamente podría estar encarnada por la o el docente, también ella puede ser puesta en acto por autoridades institucionales u otro tipo de personas. A esto se suma que la "satisfacción" percibida, cuando otros que sus maestros les proponen alguna cuestión, está probablemente más del lado del desafío y las pocas consecuencias institucionales (de legajo) que un error en la respuesta pudiera acarrear.

Hacia 1890, en la *Revista pedagógica argentina*, encontramos —sin autoría verificable— una argumentación sobre el establecimiento de los exámenes no con el simple propósito de dar notas o clasificaciones, sino con el de "obtener *resultados morales* que esas notas no pueden alcanzar a expresar con exactitud"[36] –énfasis nuestro–, teniendo en cuenta que esta moralización se instituye para la escuela y no la escuela para ella, lo que no es otra cosa que la histórica y desfigurada discusión entre fines y medios (el examen sería un medio y no un fin, aunque luego la historia demuestre lo contrario). En esta línea, luego se advierte la complejidad en el manejo de las variables que hacen "saber perfectamente" que alumnos muy aplicados y laboriosos, "primeros de la clase" o estudiantes inteligentes, llegan a ofuscarse en momentos de examen al tiempo que otros "desaplicados, perezosos o nulos, que se han pasado todo el año fastidiando al maestro sin aprovechar la más mínima utilidad de sus lecciones"[37] responden bien. Frente a este fallo del "mecanismo de moralización" que supone el examen, se infiere una "herida moral" (con un pronóstico de "pésimos resultados" para el futuro de educandos) al poder equipararse, en un mismo acto clasificatorio, estudiantes "inteligentes" o aplicados a otros considerados "indolentes e ignorantes".

De ahí que, en la *Revista de enseñanza* de la Provincia de Buenos Aires, podamos encontrar por la misma época testimonios como el de Balbinito que veía en los exámenes una farsa aunada a una rutinaria costumbre que está tan arraigada que llega a formar parte "de nuestro carácter, de nuestro ser" (1894a, p. 146). A este importante efecto ontológico, se le suma una cierta confusión que Balbinito registra en un intercambio entre un docente y un examinador que no se reconoce como tal, sino como un mero clasificador porque no se necesita "saber mucho para poner un 4 o un 5 según conteste el alumno" (1894b, p. 162), lo cual para Balbinito encubre la ignorancia de que esos puntos pretenden dar las medidas de las condiciones intelectuales de los educandos y (mal) aquilatar la capacidad docente. Como si clasificar no formara parte de la lógica exa-

---

36. «Algo sobre los exámenes». (1890): *Revista pedagógica argentina: órgano del Centro de Unión Normalista*, n° 27, año 3, p. 586.

37. «Algo sobre los exámenes». (1890): *Revista pedagógica argentina: órgano del Centro de Unión Normalista*, n° 27, año 3, p. 587.

minadora y hubiera examen sin clasificación, lo que Balbinito corrobora cuando un examinador plantea que le resulta "aburridor" examinar a los que saben poco ya que se puede aprender algo solo cuando se examinan grados "superiores" y lleva a nuestro/a autor/a a exclamar con fuerza "¡Cuántos de estos habrá que si les hicieran las preguntas que se hacen a los niños no contestarían ni a la mitad!" (1894b, p. 162). De hecho, en la Redacción de la *Revista de enseñanza* se habla de la necesidad de suprimir los exámenes porque no se alcanza a comprender cómo después de haber experimentado que ese medio no sirve para conseguir lo que se busca, se persiste en mantenerlo y se menciona a otros países que han eliminado de sus reglamentos escolares las prescripciones que establecían "esa forma de cerciorarse del adelanto o atraso de una escuela" e incluso se cita a un gobernador de Oaxaca (México) que sostiene "Está demostrado hasta la evidencia, el ningún valor pedagógico de los exámenes"[38]. Pero el diagnóstico del que se parte muestra el fuerte arraigo de la creencia en la eficacia de los exámenes y el gusto por ese "aparato" con que de "tiempo inmemorial" se captura o intercepta el regocijo popular.

La fuerza de ese arraigo puede notarse en el convencimiento de la relación entre los exámenes y la verdad, tal como lo manifiesta Juan Manuel De Vedia cuando señala que llevar al alumno a "descubrir por sí mismo la verdad" y exigir que "expongan con claridad y en su propio lenguaje las verdades aprendidas, confirmándolas con *prueba* y ejemplos" constituyen puntos de interés "en bien del maestro y de la escuela" que estimulan "la laboriosidad y celo de los unos y procurando corregir las deficiencias que se pudieran en los otros" (1895, p. 388). Entre estos puntos, además del interés manifiesto en ver "si la clase muestra animación o indiferencia durante los exámenes" (loc. cit.), no deja de ser sintomática la ubicación de la labor y el celo en los unos y de las deficiencias a corregir en *los otros*, lo cual

---

38. Redacción. (1894): «Exámenes: necesidad de suprimirlos», en: *Revista de enseñanza*, n° 61, año 3, p. 177.

da cierta pauta del que será el vínculo histórico del raciocinio evaluador con cualquier tipo de alteridad (visualizada siempre como una potencial deficiencia a rectificar). A su vez, asombra hasta a dónde llega la fuerza de esa creencia que el propio autor en años previos alertó que, lejos de cumplirse la presunción de que el momento del examen sirva de llamamiento a la conciencia, termina por enseñar a "confiar en el éxito de un supremo esfuerzo [individual] o en las intrigas de la astucia y no en el trabajo perseverante de todos los días" (De Vedia, 1889, p. 624). Estamos nada más y nada menos frente a quien fuera director de *El Monitor de la Educación Común*, portador de una pluma capaz de firmar textos que refieren al examen como "esa *calamidad pública* [...] que pesa sobre la juventud hace más de un siglo" (De Vedia, 1898, p. 817) al tiempo que observa el problema de expresión intelectual que genera en las infancias porque se les suele prohibir "expresar su pensamiento sin que les llegue su turno y sean interrogados", o que recoge testimonios docentes que hablan de los exámenes como "innecesarios, perjudiciales y contraproducentes", lo cual no llega a conmover su concepción de justicia pedagógica ligada a un mandato profesoral de *deber ser* "jueces competentes e inflexibles" (1898, p. 818).

Comercio de muecas y grado de severidad: el factor subjetivo en las notas

La reflexión precedente se profundiza cuando las luces comienzan a apuntar a docentes y la investigación comienza a indagar el factor subjetivo en las notas y cómo estas pueden variar no solo de docente a docente, sino también en un mismo docente. Esto puede verse en un estudio realizado por Langier y Weinberg, publicado en una revista de "Psicología normal y patológica" y traducido para *El monitor de la educación común*, donde además de verificar la variabilidad en la corrección en un mismo docente para una misma prueba en un momento determinado, encuentran que el famoso "término medio" (al

que Aristóteles le dio prensa universal de virtud), que expresa
el "*grado de severidad*" (1932, p. 41) según afirman, difiere de
un docente a otro al tiempo que parece mantener algún tipo de
constancia en un mismo docente. Por ello se preguntan sobre
la "capacidad científica" en la corrección de pruebas y realizan
el experimento de dar a corregir una prueba de ciencias a una
persona absolutamente ajena al contenido de la misma, lo cual
les llevó a notar que su divergencia era del mismo orden que
las que había entre docentes avezados en los temas evaluados.
Esto ya anticipa en aquella época uno de los yeites de la razón
evaluadora que tomará mayor fuerza desde la mitad del siglo
XX en adelante, esto es, que cualquiera pueda evaluar a cualquiera (claro que esta suerte de axioma, al tiempo que *incluye*,
supone hacer uso –o abuso- de un lema en apariencia demo-
crático, pero que no detiene la gran maquinaria de la exclusión
y la clasificación social).

Un año después, en el marco de las traducciones que solían
publicarse en *El Monitor*, puede encontrarse un texto sobre los
exámenes firmado bajo el seudónimo "Alain", habitualmente
usado por el filósofo francés Émile-Auguste Chartier, quien
fuera un influyente profesor de pensadores como Georges Can-
guilhem y Simone Weil. Allí Chartier plantea a los exámenes
como "ejercicios de voluntad" que como tales son "todos be-
llos y buenos" y a quienes los asalta la timidez, la confusión o la
angustia, no harían más que mal excusarse cayendo en el lugar
de la falta que, de esperar o temer demasiado (equivalente a no
gobernarse "virilmente"), se harían "faltas mayores" (1933, p.
70) que dispensarían la ignorancia. De aquí que, frente a estos
casos, él trataría de indagar qué se sabe y empujaría hacia ese
lado... No obstante, da una pauta curiosa: "Es demasiado fácil
razonar bien cuando nada se tiene que ganar ni que perder"
y reconoce "una de las cosas bellas de la escuela" es que "las
faltas no tienen en ella grandes consecuencias; importan nada
más que un poco de papel perdido" (loc. cit.), pero entonces,
si no se gana ni se pierde y las consecuencias no son tales, ¿por

qué el muchacho o la niña, que incluso "saben", pueden llegar a paralizarse por el miedo?

Para Chartier, "Saber y no hacer uso de lo que se sabe, es peor que ignorar" puesto que, mientras que la ignorancia no muestra ningún vicio del espíritu, "la falta por emoción hace aparecer un espíritu inculto, más aun, un espíritu injusto" (loc. cit.). Frente al ambiente familiar o amistoso que pudiera propiciarse para destrabar alguna parálisis circunstancial, Chartier enfatiza en una analogía mercantil de la situación de examen con la de un postulante a un empleo: contempla su propia impotencia, ambiciona y espera la hora de agradar, se indigna si no es entendido, pues "el mundo humano engaña por un comercio de muecas" (1933, p. 71), pero el problema (que es presentado como sordo y mudo) persiste más allá de algún género de infatuación y del infatigable Yo que se confiesa excepción. Al fin y al cabo, todo pareciera tratarse de meros ejercicios de voluntad en los que cualquier síntoma de timidez, confusión o angustia cae en una falta que saborea el gusto a poco de la virilidad supuesta al saber (olvidando su impotencia), acarreando faltas mayores como dispensario de una ignorancia cual monstruo sin vida, pero poco se piensa en las condiciones que llevan del miedo a la parálisis en un escenario educativo donde extrañamente las actuaciones sean sin consecuencias.

Breve apunte sobre el antipopular –y dictatorial– tecnicismo pedagógico

El problema se refleja con otro claror en un artículo de Susana Avolio de Cols (1972), donde la razón de evaluar se manifiesta en una de sus concepciones más arraigadas y que tal vez ya se haya podido percibir en lo expuesto anteriormente: la idea de que lo evaluado (o examinado) es el aprendizaje. Así, evaluar o recoger datos, juzgar y tomar decisiones en función de objetivos, se torna la tarea continua o "moneda corriente" de la docencia que tendría plena soberanía en determinar el final de un proceso de aprendizaje e indagar los resultados logrados. De aquí la importancia otorgada a la definición clara de los objetivos (que serán perseguidos con la evaluación para su verificación, tasación, juicio y sentencia), que deben poder traslucirse en datos revelables y que darían cuenta del aprendizaje a partir de cambios en la conducta. Desde esta perspectiva "objetivista", dichos cambios son considerados "logros" que el/la docente espera obtener de sus alumnos una vez finalizado el "proceso de aprendizaje".

Puede resultar asombroso ver cómo años más tarde esa posición técnica y basada en una pedagogía (siempre evaluativa) por objetivos, se recicla en la dictadura militar que, en 1977, desde el Ministerio de Cultura y Educación, distribuye a todas las instituciones educativas un documento titulado *"Subversión en el ámbito educativo. (Conozcamos a nuestro enemigo)"* en el que principalmente se propone "brindar elementos de juicio" sobre el accionar subversivo para erradicarlo en todas sus formas y visualizar reivindicaciones estudiantiles (como la supresión de exámenes de ingreso), la lucha contra injusticias sociales (como la eliminación de estudiantes mediante exámenes y la docencia reducida al raciocinio desaprobatorio propio de la evaluación), como potenciales peligros para la educación que implican desorden, indisciplina, malos ejemplos que desvían incluso a docentes de sus "deberes programados" y restan días de clase. Todo lo cual era visto en perjuicio del sistema educativo para la consecución de sus "propios objetivos", de ahí que evaluar cumpliera un rol prioritario en la función docente que el gobierno de facto concebía en razón de la "responsabilidad primaria" que le asignaba en tanto "custodia" de la "soberanía ideológica". En el orden de aparición de los términos, no deja de ser llamativo que aparezcan casi genealógicamente a lo largo del texto: comienza aludiendo a los elementos de juicio, luego hace hincapié en las consignas que refieren al examen y termina por reivindicar la evaluación en la función docente.

¿La dictadura –evaluadora– continúa?

> Hay un error, no solo en el sentimiento: "yo soy responsable", sino también en esta oposición: "yo no lo soy, pero es preciso que lo sea alguien". ¡Más esto es lo que no es cierto! Es preciso pues, que el filósofo diga: "¡No juzguéis!" Y la última distinción, entre los cerebros filosóficos y los demás, sería que los primeros quieren ser justos, mientras que los segundos quieren ser jueces.
>
> Friedrich Nietzsche, *El viajero y su sombra*

Poco más de tres décadas más tarde de la dictadura cívico-militar, en una nueva época de *El Monitor*, retorna sintomáticamente el anudamiento entre evaluación, responsabilidad y enseñanza. Inés Dussel y Myriam Southwell (2008) parten de la hipótesis de que un replanteo de la idea de evaluación y examen contribuiría a que la escuela sea más justa y más relevante. De ahí que pareciera sorprenderles leer en la investigación de Tenti Fanfani (2003) la paradoja del señalamiento docente a la evaluación como problema por el tiempo que insume y que, al ofrecerles más tiempo para su actividad docente, una exigua minoría lo destinaría a la evaluación o, en palabras de Dussel y Southwell, "muy pocos se manifiestan a favor de utilizarlo para *evaluar mejor*" (2008, p. 26; énfasis nuestro).

Esa, cómo examinar o evaluar mejor, parece ser una suerte de obsesión de la pedagogía moderna que no caduca, frente a la cual podríamos leer (y escuchar) a una mayoría de docentes que se rebelan al tiempo devorador (*Cronos*) propio de la evaluación y al que no le dedicarían más de lo que este ya les consume –de su vitalidad, de su enseñanza, de su pensamiento–. Entonces, por más que intente vincularse el replanteo de la razón evaluadora a una escuela "más justa" o "más relevante", a partir de visualizarla como "producto de una acción que busca establecer políticas educativas, y que tiene definiciones políticas sobre lo que debe hacerse" (producto que ya en los planteamientos educativos de la dictadura militar también puede hallarse –como vimos anteriormente-, a diferencia de que ahora se realizaría con una justificación socio-política "no autoritaria"), no logra desprenderse del lastre contable y administrativo que la constituye y es capaz de reducir preguntas cualitativas (que indagarían sobre la justicia y la efectividad de las acciones) a "números y valores concretos" (Dussel y Southwell, 2008, p. 26).

Por más que la evaluación se plantee ya como "una pregunta social y política acerca de las funciones y efectos de la institución educativa", siempre se tratará de una pregunta circular por el "cálculo mal hecho" que produce exclusiones e injusticias y (auto)justificaría la re-inserción de su razón de ser y de hacer. Este probablemente sea el exceso perverso u obsceno de su lógica contable auto-reciclable: la persecución de un cálculo cada vez más inclusivo, pero que necesita de sus restos, de sus desechos, de sus parias para poder seguir justificando su presencia. De aquí que pueda llegar a decirse que la evaluación (y su tipo de racionalidad) *exceda* la lógica contable y se acompañe de una condición irónica muy repetida: "pero tiene que incluirla" (Dussel y Southwell, 2008, p. 29).

Por más esfuerzo que se aboque en que la evaluación no sea ni deba ser un "aparato de medición" puramente contable y administrativo, o que a estas características se les dé "otras resonancias", como vemos en Dussel y Southwell, ella no deja de definirse por "mediciones que toman algunos datos y momentos de un proceso, y que nunca lo abarcan todo" —aunque lo intenten— y por ser instrumentos que requieren evaluación a sí mismos (alimentando un círculo vicioso-pragmático) periódica y, en ocasiones, públicamente en nombre de la "revisión de sus capacidades técnicas y de sus efectos políticos" (2008, p. 26). Tales mediciones, en su intento de abarcarlo todo, cimientan ese mundo neoliberal de números y cuantificaciones donde evaluar lo (hasta entonces) in-evaluable se torna tasar el valor de actividades, sentimientos y relaciones que, a partir de ello, entran en el registro de lo económico, de lo útil, de lo rentable. En educación, la evaluación opera así otorgando legitimidad pedagógica o reconocimiento a ciertas actividades, emociones y relaciones, en detrimento de otras.

De modo que el raciocinio evaluador puede pasar cierto tiempo desconsiderando lo que no puede ser medido, pero no tardará mucho en encontrar una forma para otorgarle un valor cualitativo o cuantitativo siempre arbitrario y, a veces, atado al contexto. Estas desconsideraciones pueden estribar en sostener que lo in-evaluable no es realmente importante o básicamente no existe, lo cual no se trata precisamente de una ceguera o de un mero problema del régimen de visibilidad, sino de que el artificio y su sistema engañoso todavía no han acaparado hasta ese punto en su maquinaria ontológica. Lo cual no quiere decir que no pueda hacerlo luego, por eso es problemático sostener que medir lo que puede ser "fácilmente" medido está bien "mientras funcione", puesto que la racionalidad evaluadora, aunque falle sistemáticamente y su crimen no sea perfecto, siempre encuentra la manera de medir y de "funcionar" o ser funcional.

Ello se observa cuando Dussel y Southwell, al pensar en las actividades, sentimientos o relaciones, que en las instituciones escolares tienen "un peso fundamental a la hora de *condicionar* los aprendizajes" se preguntan con qué "instrumentos" pueden acercarse a mirar lo que se produce, qué sucede con lo que no entra a la prueba y si, a partir de ello, "no hay mejores formas de tomar exámenes o de evaluar lo que los alumnos saben o no saben" (2008, p. 27). Una vez más, se asoma la pregunta en la que quedó entrampada la pedagogía moderna desde sus inicios: ¿cómo juzgar, examinar o evaluar *mejor* a sus recepcionistas? Como puede verse, a este tipo de racionalidad no le basta con evaluar el saber, intenta alcanzar también el no saber y cada vez más apunta a intervenir en los registros in-evaluables de los sentimientos y las relaciones. Un procedimiento que el neoliberalismo supo realizar con creces a partir de la Teoría del Capital Humano que extendió el registro de lo económico a esferas de la existencia que no estaban atravesadas por el mismo, pero que mucho antes de su aplicación ya fue experimentado en cierta forma por la ratio examinadora cuando, por ejemplo, durante el siglo xix se involucraba a la comunidad en los exámenes escolares colonizando así lo público con su correspondiente cuota de premios y castigos, vergüenza y humillaciones.

Sin ánimos de imitar su lado punitivo, las autoras referidas rescatarían el resto del procedimiento en tanto posibilidad de situar la razón de la evaluación" en coordenadas más públicas y colectivas" y no como "una rendición de cuentas unidireccional, sino como un lugar de llegada de diversas acciones y actores" (2008, pp. 28-29).[39] Pero que las coordenadas de la rendición de cuentas sean públicas y colectivas no garantiza la ausencia de lo unidireccional que, por más multidireccional que se plantee, tiene el *mismo* lugar de llegada para una diversidad de actores y acciones o, en otras palabras, conduce a dar cuenta de un proceso y este, en la medida que no se ajuste al normal esperado para su aprobación, podrá siempre ser calificado de insuficiente públicamente y marcado con ese significante -más allá de que luego se ofrezca la decisión política que *deba* ponerse en juego para superar dicha situación (y regularizarla o, directamente, normalizarla)-. De aquí también toda la cantinela sobre "la responsabilidad" que a liberales y neoliberales les gusta tanto. Tal vez se olvide lo señalado por Tenti Fanfani (2003) sobre que el reconocimiento público y formal del rendimiento agrega su propia fuerza específica a esos tipos de rendimiento o diferencias construidas como desigualdades, contribuyendo a reproducirlas en el tiempo o, básicamente, a naturalizarlas. Tal vez por eso dicho autor sostiene que "las evaluaciones ofrecen, más que una utilidad social, un servicio técnico-pedagógico" y "si la evaluación ha de servir sobre todo como una herramienta pedagógica, los docentes se constituyen en los usuarios privilegiados de sus productos" (2003, pp. 193-194).

---

39. En Giuliano (2020a) puede verse cómo la razón evaluadora está constituida de manera inescindible, aunque a veces sea más visible y otras menos, por la razón punitiva y cómo ambas forman dos caras de la colonialidad pedagógica —que llega a estar presente incluso en discursos evaluadores de cuño progresista, cualitativo o, como también suele llamarse, "procesual"–.

Pero los y las docentes, ¿hasta qué punto podrían usarla sin ser usados por ella, es decir, por su tipo de racionalidad y lógica fundamentalmente crueles? Dicha expresión da a pensar que las y los docentes parecen ser el medio de un tipo de racionalidad que los necesita para generar sus productos y reproducirse (no sin diferencias) infinitamente haciéndoles creer que ostentan una situación de privilegio cuando en realidad son los rehenes de su propia exclusión o, a lo sumo, un mero engranaje de la matrix y su colonialidad. Docentes como productores de la razón de evaluar, seducidos por los privilegios en el uso de su producción, ¿hasta qué punto no opera la misma lógica que Marx describió en el Fetichismo de la Mercancía? Los datos, las notas e informaciones ¿no serían precisamente la mercancía que se encuentra en producción o transacción?

La responsabilidad asociada a la evaluación o a la rendición de cuentas, y que la dictadura en su lineamiento de política educativa le dio un lugar primario, aparece enfatizada, en otro artículo de *El Monitor*, de la mano de Margarita Poggi (2008) que encuentra en la *accountability* su par inglés difundido desde la década del ochenta con la avanzada neoliberal que, entre otras cosas, fortaleció los discursos sobre la autonomía escolar, los sistemas de recompensas y sanciones, la producción de estándares y el desarrollo de sistemas de evaluación focalizados en resultados. En este marco, si atendemos lo trazado por Poggi (2008), el uso del término responsabilidad quedó estaqueado a una primacía ego-lógica del sujeto que jurídicamente se concibe como racional-consciente y dueño de sus actos, moralmente siempre relacionado con la culpa, y políticamente anudado a tomar a cargo consecuencias decisionales que atañan a otros. Frente a tamaña resonancia moderna —y aún vigente— de la "mayoría de edad" kantiana, queda por pensar una idea de responsabilidad más jugada como una respuesta de infancia o una infancia de respuesta, no infantilizada, para este problema que involucra a sujetos no siempre dueños (atravesados por diferentes desposesiones) de sus actos, no siempre conscientes (atravesados por el inconsciente y manifestaciones sintomáticas), no siempre morales (atravesados por la ética) y no siempre políticamente correctos (atravesados por el conflicto a partir de indecidibles).[40]

Algunas de estas líneas de continuidad, tan visibles en las pasiones y políticas evaluadoras, que andan más o menos impertérritas como vasos comunicantes de lo dictatorial a la flexibilidad democrática, nos invita a evocar el nombre de León Rozitchner que tanto enseñó sobre la continuación del terror por otros medios, por otros miedos, por otras medidas... Como toda pedagogía hábil en sembrar la atomización, el atontamiento, la pasividad, el temor y el malestar proveniente de reducir lo colectivo a los espejismos de la conciencia individual, de un disciplinamiento corporal que persiste más allá de los cambios societales y los consensos educativos más amenos.

O educación, o evaluación: llamamientos, evocaciones, rebeliones

Suele reconocerse que los términos *evaluación* y *examen* portan connotaciones diferentes, pero se tiende a pensarlos conjuntamente porque "en el uso cotidiano ambos son intercambiables, y ello habla de cadenas semánticas entrelazadas" (Dussel y Southwell, 2008, p. 29), al mismo tiempo que involucran decisiones políticas y técnicas. El juego de sustitución equivalencial e intercambiabilidad es propio del raciocinio evaluador, ya que posee e impone también esa flexibilidad semántica. No obstante, por más que el examen se subsuma o recicle de diversos modos al interior de la evaluación, podemos seguir el juego propuesto para leer no solo lo explorado hasta aquí en clave de una dimensión crítica-genealógica de la razón evaluadora en las páginas de la historia de las ideas pedagógicas

---

40. Un abordaje de la cuestión ética como disruptiva de la moral, así como del rendir cuentas y el "caer en la cuenta" puede encontrarse en Giuliano (2020c). Una problematización complementaria de la noción de responsabilidad se halla contenida en el próximo capítulo, al igual que un análisis en torno a la cuestión de la infancia y la puesta en cuestión de la infancia puede consultarse en Giuliano (2020e).

argentinas, sino para re-leer algunos textos clásicos de finales del siglo xix y comienzos del xx que en su radical oposición a los exámenes siguen dando que pensar respecto de lo que de esa problemática se aloja en la racionalidad de la evaluación.

Ya en 1882, el pedagogo español Francisco Giner de los Ríos alerta sobre las pruebas de estudio como la mayor censura de un sistema en el cual "o el profesor ignora el fruto de sus esfuerzos en personas que ha tenido a su lado todo un curso (y más tal vez), o se somete a una fiscalización por parte de otros profesores, autoridades académicas y aún administrativas" (1889, p. 120), lo cual considera una situación depresiva para la probidad docente y harto ilusoria en sus resultados. La operación de ubicar la censura en medio de una elección forzada en la que un procedimiento evaluativo conduce o bien a ignorar los afectos y efectos de un proceso pedagógico, o bien a más evaluación (fiscalización de terceros), abre una nueva dimensión del problema que ataña a la libertad de expresión de los procesos educativos cuando estos no devienen en judicativos. De aquí su consideración del asunto como lesivo para la probidad docente y casi un anticipo freudiano del porvenir de una ilusión cuando se cree tan certeramente en los resultados evaluativos.

Unos años más tarde, en 1894, Giner de los Ríos formula explícitamente el antagonismo "*O educación, o exámenes*" que bien haríamos en reformular si lo planteamos en nuestra época que se dirime en si la docencia tiene que ver con estar siendo enseñantes o tiene que ver con ser evaluantes. O educación o evaluación, esta sería la brecha irreductible que lo político traza en el terreno docente-estudiantil contemporáneo. Y es que lo que está en juego, nada más ni nada menos, es el sacrificio de la educación a la evaluación donde

> tratan al niño como un instrumento que hay que preparar para ganar dinero [...], como se educa a un potro para las carreras; sin miramiento alguno respecto de su porvenir, destruyendo su robustez y su resistencia a las enfermedades, ya inmediatamente, ya a la larga, y con

ella su mismo vigor intelectual. [...] La emulación, una de las formas inferiores de la lucha animal por la existencia, desmoraliza, obliga a desatender los fines superiores de la educación y hace imposible la diversidad y originalidad en ésta, imponiendo a todos un tipo único: el que ha de dar la victoria en el concurso. El maestro, esclavizado a una tarea servil, no puede consagrar lo mejor de sus fuerzas a aquello que más responde a su vocación y que él realizaría con superior desempeño; sino a ese ideal de satisfacer a los examinadores: todo lo demás es, o perjudicial, o cuando menos artículo de lujo, que no hay tiempo ni posibilidad de atender. Mientras tanto, por su parte, el discípulo tiene que encogerse de hombros ante la idea nueva, la investigación original, el punto de vista personal y fresco, que es lo único que puede despertar su interés, abrir su espíritu, dilatar su horizonte, fortalecer su inteligencia y su amor al saber y al trabajo. ¿De qué le sirve todo esto en el examen? [...] No hay más que una necesidad: ser aprobado, llevarse la nota, el premio; [...] el sacrificio de las facultades superiores a la rutina; el rápido olvido de lo que de ese modo y con tal fin se "aprende"; el cultivo obstinado de la superficialidad para tratarlo todo, compañera inseparable de la incapacidad para tratar a fondo nada; el deseo, no de saber, sino de *parecer* que sabemos; la presión para improvisar juicios [...] que engendra [...] la ligereza, la falta de respeto, la indiferencia por la verdad; la subordinación de la espontaneidad y la sinceridad al convencionalismo de las respuestas a un programa; la habilidad para cubrir con la menor cantidad de sustancia el mayor espacio posible; la disipación [...] de fuerzas; el disgusto de todo trabajo que no tiene carácter remunerativo... he aquí los gravísimos males de un sistema pedagógico [...] que trae consigo por necesidad la *corruptio optimi* y suprime las más nobles influencias para una sana educación. (1993, p. 74; énfasis original)

Como si se tratara de un vaticinio sobre lo que sería la Teoría del Capital Humano, Giner de los Ríos anticipa crudamente la dimensión utilitaria-económica de la razón evaluadora que a tanta gente ha enfermado (somatizando todo tipo de manifestaciones psico-físicas) a causa de la manía del rendimiento que siempre pide más y un mejor puesto en la carrera, una mejor suerte en el concurso y una mejor calificación en la evaluación. De aquí el recurso a la emulación como forma de imitación o igualación de un funcionamiento en lo que a una persona, un dispositivo o programa se refiere y que no termina más que por hacer perder el ánimo o la esperanza cuando no se da la talla, no se llega al sujeto ideal, al ideal del Yo, al sujeto trascendental que la razón de la evaluación estipula –funcionamiento analizado en Giuliano (2019b)–. De este modo, docentes y estudiantes pueden hundirse en la neurosis obsesiva que intenta satisfacer a sus evaluadores de la mejor manera y al menor costo posible. De ahí que todo lo que no entre en las coordenadas de lo evaluable esté de más, puesto que no generará valor en la escala preestablecida o hará perder el tiempo programado (y ajustado) a circunstancias productivas precisas. Así, no restaría más que encogerse de hombros, cerrar el espíritu, disminuir el horizonte por concentrarse en el fin, en la meta, en la victoria que siempre tiene forma de número y podio de juicio, y que finalmente nos convertirá en, por evocar a Ramos Mejía, "simuladores del talento". Pues se prioriza la necesidad de la demostración, el hacer *parecer*[41] que se *domina* algo (una materia, una unidad, un programa), es decir, escenificar una simulación del saber (y no hablar de su experiencia relacional), el establecimiento de una impostura (y no de una postura singular), el cuerpo que se ve despojado de alma o el alma despojada de cuerpo, una forma de corrupción que algunos creen óptima.

---

41. En portugués, esta palabra, significa literalmente 'evaluador' (es decir, en otras palabras, alguien que *domina* algo o a otros). Por esto tal vez, *hacer parecer*, hacer (de) evaluador supone mostrar un dominio o una relación de dominación respecto de.

> Pues, por este camino, al joven ya no le importa comprender: el mundo en que vive, las fuerzas que ha de manejar, la humanidad a que pertenece, ni trazarse un ideal elevado para su conducta. A este ideal, se sustituye otro, separado de aquél por un abismo, y que, salvo para el desesperado esfuerzo de una exigencia momentánea, es completamente infecundo. Y, hasta a aquellos que son capaces de sentir otra clase de estímulos, se les fuerza a doblegarse a la conquista del éxito, la fama y el dinero. [...] Jamás los exámenes florecen, como allí donde el monólogo diario del profesor pone un abismo entre él y sus alumnos. [...] En cuanto a los que defienden el examen como prueba de la enseñanza que da el maestro (opinión bastante arraigada antes en Inglaterra con respecto a las escuelas primarias, en el pésimo sistema del *payment by results*, hoy ya felizmente derogado), cualquiera otro medio sería preferible: la publicación de libros, de trabajos, de resúmenes e informes acerca de la obra realizada en cada curso. (Giner de los Ríos, 1993 [1894], p. 75)

Como puede observarse, Giner de los Ríos anticipa —más de un siglo atrás— una de las tesis claves de Jacques Rancière (2010) sobre el abismo que, en la lógica de las relaciones pedagógicas, separa el saber y la ignorancia o, más precisamente, las posiciones de saber y las posiciones de ignorancia. En ese abismo, caracterizado por Rancière como una *distancia embrutecedora*, quien detenta la posición de saber riega las flores de la racionalidad evaluadora y el propio jardín (que Voltaire sugería cultivar) puede cubrirse de floridos exámenes (siempre fieles a una lógica desigualitaria e individualista). El monólogo o la relación mono-lógica, que instala ese abismo entre docentes y estudiantes, se encarga de explicar interminablemente (tanto como embrutece performativamente) la auto-justificación de su posición que requiere de posiciones de ignorancia que validen su lugar, su reparto y su separación. El "pago por resultados" es un gran ejemplo de cómo se alimenta el abismo de esta lógica desigualitaria hasta nuestros días: mejores resultados en pruebas internacionales suelen prometer mejores flujos de financiamiento para los sistemas educativos, pero esto no se realiza sin corporaciones de saber que establecen ignorancias a evaluar, es decir, enseñar la propia incapacidad de modo tal que el rendimiento óptimo sea la ilusión de saber o la zanahoria tras la cual sociedades y culturas radicalmente diferentes compiten en pos de un lugar en el podio del saber. Por esto también la conquista de la fama, el éxito y el dinero van tan de la mano con estos procedimientos evaluadores, se trata de una promesa siempre falsa (como la "igualdad de oportunidades") que necesita de gentes que pierdan para sostener desde abajo la pirámide que hace al podio o al ranking de turno.

No resulta extraño entonces que frente a un tipo de racionalidad que tiende a disipar fuerzas, se junten cientos de actores sociales de diversos ámbitos a oponerle resistencia.[42] El texto de Giner de los Ríos (1993 [1894]) documenta una de estas acciones en la que más de cuatrocientos profesionales de diferentes ámbitos (filólogos, naturalistas, filósofos, pedagogos, industriales, historiadores, antropólogos, médicos, sociólogos, artistas, editores, escritores, funcionarios públicos, arqueólogos, entre otros) toman posición conjunta con motivo de enfrentar al régimen examinador, convirtiendo así el texto en una polifonía performativa de testimonios críticos. Entre ellos, destaca el del filólogo alemán Max Müller que habla de cómo se acaba el placer del estudio al pensarse solo en el examen que quita la libertad de extraviarse en los textos y establece una dirección forzosa que va produciendo de año en año "una verdadera 'náusea', que comienza por el fárrago indigesto, cuya deglución se le impone, y acaba por extenderse a todo el libro, al verdadero estudio y a la ciencia" (en Giner de los Ríos, 1993 [1894], p. 76). Se trata de un padecimiento, más precisamente del sufrimiento

---

42. En clave de resistencia y re-existencia también suman fuerzas singulares-plurales algunos trazos contenidos en Giuliano (2019a; 2020b; 2020e; 2020g), o también en Giuliano y Skliar (2019).

de métodos serviles que, por mucho que se estudie, siempre perjudican si no se "aprendió" (y descifró) a tiempo el discurso favorito del evaluador, además de que restan tiempo y ocasiones para esa "pereza inteligente" a la que Max Müller consideraba como posibilitadora principal de la lectura sin más y del verdadero estudio (muy al contrario de esa lectura pragmática en la que se indica lo que se *debe* leer, incluso página por página, y que algunos también llaman "estudio"). Siguiendo esta idea, el verdadero estudio necesita tiempo libre (o *scholè*), tiempo de pereza, tiempo de aventurarse en la lectura, todo lo contrario del tiempo evaluador que no admite lugar ni ocasión para la vagancia, la errancia y la libertad de vuelo en las textualidades.[43]

Por su parte, para el historiador inglés Edward Augustus Freeman, el examen convertido en el fin fundamental de la vida universitaria es una especie de deporte dirigido a atormentar estudiantes a quienes se les pide que retengan datos en su memoria hasta el día en que les sean requeridos (y olvidarlo todo en cuanto pasa, claro) e hizo de la universidad un cuerpo "cuyos miembros se ocupan, respectivamente, no en estudiar, sino en examinar, o ser examinados" (en Giner de los Ríos, 1993 [1894], p. 77). El atiborramiento cuantitativo afín a la razón de la evaluación reduce la conversación educativa y el estudio a una mera *preparación para...* Por eso, algunos pensadores como Freeman sostienen que, en realidad, solo se puede comenzar a estudiar cuando la examinación acaba y con la suerte de que esta no haya acabado también con las ganas de hacerlo. De aquí la sobrecarga de exigencia que el positivista Frederic Harrison atribuye en sus "nueve décimas partes" al examen y no al estudio, lo que también alimenta una maquinaria capaz de capturar a cualquiera y moldearlo, más allá de su situación social, en la obsesión por "aprender" una serie de respuestas a un programa dado. Asimismo, Harrison observa que se perfilaron dos nuevas

---

43.   Sobre la noción de *scholè* como problema ético-político y debate contemporáneo puede visitarse Giuliano (2019c; 2020b), Giuliano y Skliar (2019).

maneras de hacer negocios en el mercado: la de examinador y la de preparador para exámenes.

La vigencia de estos cuestionamientos puede verificarse cuando al día de la fecha se encuentran posiciones que no solo pertenecen a evaluadores o técnicos propiamente, sino también a filósofos de la educación que defienden el examen tanto (y a veces con mismos argumentos) como los psicólogos conductistas de la década de 1960. Frente a esto, cualquiera podría tentarse a recordar a Francisco Giner de los Ríos cuando habla de un distinguido profesor español que defendía el examen precisamente por esa especie de "gimnasia" nerviosa que implica, a lo que él responde que "así se podría también defender la conveniencia de las convulsiones epilépticas para adquirir soltura de movimientos" (1993 [1894], p. 78). Olvidan con frecuencia las etiquetas que se plantan a estudiantes y que nada tienen que ver con el estudio, ni con sus aptitudes, ya que "Saber no es lo mismo que saber responder a un programa" que además se plantea como "medida del universo: lo que no está en él, no lo han de preguntar en el examen; y lo que no han de preguntar en el examen ¿para qué sirve?" (Giner de los Ríos, 1993 [1894], pp. 78-79). Claro que para nada que genere utilidades o ganancias en buenas notas, "si total no va a tomarse en la prueba" (podría pensar cualquier estudiante con entrenamiento en pasar exámenes y en descartar todo lo que no genere utilidad en su lógica).

Para William Armstrong, un ingeniero famoso por fabricar cañones en su época, una educación funesta es la que pretende llenar de cosas la inteligencia en vez de despertarla y en lugar de estimular facultades creadoras, las comprime bajo la presión de la uniformidad y el mecanismo. Así, el objeto fundamental de la educación se planteaba relacionado con la mayor armonía posible entre cuerpo, espíritu y placer, lo cual era incompatible con el prurito de la epidemia de exámenes. De este modo, los exámenes se perfilaban a convertirse en "el más implacable monstruo que el mundo haya conocido jamás en la realidad y en la leyenda" (Giner de los Ríos, 1993 [1894], p. 80) por la cantidad de jóvenes que caían en sus garras y los efectos subjetivos tremendos que producía: dependencia (de consignas) para aventurarse en alguna exploración, caída o reducción del deseo de saber, disminución de la capacidad de observación y de la reflexión sobre lo observado, apatía generalizada para preguntar(se) o entusiasmarse con cualidades y conocimientos, conformismo negligente, entre otros. Por supuesto, no se consideraba inepta a la juventud, sino víctima de una enfermedad adquirida (cuyo remedio algunos lo visualizaban en el manejo libre de libros y la promoción de hábitos de investigación)[44], pero la salida forzosa no sería fácil y podría perecerse en medio de la aterradora competencia que incluye influjos corruptores de toda sinceridad como "adular hipócrita y servilmente las opiniones de sus jueces" (Giner de los Ríos, 1993 [1894], p. 80).

Profundizando el argumento, el educador rural y escritor australiano William Catton Grasby sostiene que los exámenes no pueden dar medida de la inteligencia ni de los conocimientos, al tiempo que son perniciosos para el bienestar intelectual y físico por ser causa de cierta cantidad de inmoralidades -en varias formas- entre docentes y estudiantes. Pero el mayor mal que les atribuye, como criterio de los resultados de la enseñanza, es la falsa idea que engendran de que la educación consistiría en el conocimiento de unos cuantos hechos y en la aptitud para ejecutar unas cuantas operaciones mecánicas, no en el poder de pensar y en el amor al saber (traducción posible de la palabra filosofía). Aquí podría sumarse la idea de Whille (filósofo alemán interesado en la emancipación) acerca del examen como instrumento de tortura para docentes y estudiantes que solo prueba no una formación, sino una nivelación militar según las normas prescritas.

Sorprendería incluso encontrarse con la posición del idealista alemán Friedrich Paulsen, para quien todos los medios para "estimular" el estudio no sirven para aprender, sino para obligar a memorizar catecismos de preguntas y respuestas que

---

44. Ejemplo de ello son algunos testimonios ligados al movimiento de la Reforma Universitaria de 1918, algo que es analizado en Giuliano (2020g).

coartan la libertad de estudios y conducen a meros repasos y compendios, por lo que los exámenes le resultan desagradables y perjudiciales tanto para examinandos y examinadores. Pues, para Paulsen, el verdadero objeto de la educación se concentra en excitar un nuevo modo de vida y esto es algo que jamás podría lograrse con coacción ni con prácticas mecánicas.

De nuestro lado del charco podríamos recordar al pedagogo argentino Carlos Vergara (1916) que tenía la esperanza de que los exámenes y clasificaciones desaparecieran en cuanto se comprenda lo que es la educación, como fruto de las manifestaciones espontáneas, libres, sin medidas artificiales, de todas las energías de la infancia, de la juventud, de la docencia y del pueblo. Para Vergara, no había nada más contrario a la educación que la violencia producida por los exámenes y las clasificaciones.

Por último, y por dejar abierta esta travesía genealógica de archivos y fuentes que, cual fogón inextinguible, indefectiblemente seguirá poblándose de voces por-venir, no queremos olvidar la contundente voz de Deodoro Roca que, en 1920, instaba a su comunidad académica a ir preparando la supresión de los exámenes por tratarse de un "sistema radicalmente malo y universalmente fracasado" que, cuando más, "estimula la vanidad pueril y reglamenta lo artificioso" (2008, pp. 53-54).

Así queda una gestualidad mnémica que hace presente los sencillos (y tantas veces dejados de lado) nombres del pueblo, primeros en encender el fuego cuyo resplandor acrecienta nuestro paso inflamado por apetitos históricos de liberación.

(imposible solución)[45]

Nos inquieta la pregunta imposible
¿y si la espera de siglos enarbolara
un encuentro de ayer que hace años
        buscábamos en otros rostros
            que no eran los nuestros?

Alguien habla, llega una primera visión
un destello de revelación -o de rebelión
refleja una respuesta del junto a quién
justamente antes de definir contra qué.

---

45. Jugada de un 27 de junio, por una nueva infancia que vino a juntarse con
    otras sesenta en el andar de CS.

Aparatos de empequeñecimiento y mercantilismo pedagógico

> Buscan en nosotros un secreto motivo de burla; nos examinan hasta que encuentran el punto vulnerable que les reintegre a la tranquila conciencia de la plenitud de su ser.
>
> Ezequiel Martínez Estrada, *Radiografía de la pampa*

Medidas del capital e inconmensurables

En uno de sus últimos libros, la especialista en filosofías y religiones de la India, Chantal Maillard (2019), insinúa que emprender el camino del conocimiento, en las vías del hinduismo, implicaba la eliminación del juicio. Muy a contrapelo, el filósofo franco-marxista Étienne Balibar (2014) encuentra en el juicio una "función democrática" que hoy estaría amenazada por una sociedad que, contradictoriamente, tiende a expropiarla "en provecho de automatismos jurídicos o de decisiones de expertos" (p. 160). Esto parte también de una idea del juicio como una facultad o capacidad a la que suele asignársele una significación general considerada "neutra", es decir, "la de una evaluación relativa a la adecuación de medios y fines, o a la cualidad de esos fines mismos" (Balibar, 2014, p. 159).

No obstante, la expropiación no parece ser tal en un contexto capitalista donde la razón de evaluar se expande en todo tipo de formas y plantea "el «valor» como aumento indefinido, circulatorio y autotélico" (Nancy, 2006, p. 90), lo que lleva directamente a pensar la cuestión de lo que puede quedar por fuera o plantearse como una exterioridad al funcionamiento del capital que instala el orden del comercio hasta en los espacio-tiempos educativos. Como analiza Jean-Luc Nancy, esto hace del estar-juntos una excusa para el intercambio en términos de comercio de mercancías donde cada quien se reduce a ser comerciante o comerciado, y donde la violencia del capital hace de la singularidad "una particularidad indiferente e intercambiable de la unidad de producción" y de la pluralidad "una red de la circulación comercial" (2006, p. 90). De ese modo, "la violencia del capital *da la medida* de lo que se expone" (Nancy, 2006, p. 91; énfasis nuestro) mientras que en los disparatados sentidos de 'lo otro' y del '*con*' anida una potencia de lo inconmensurable.

Nietzsche (2011) sugería que tal vez pudiera remontarse todo el origen de la moralidad a "la enorme agitación interior que se apoderó de la humanidad primitiva cuando descubrió la medida y la evaluación, la balanza y el peso", nociones que le llevarían a "dominios que no podría medir ni ponderar, que primitivamente no parecían tan inaccesibles" (p. 160). Varias pistas se asoman en el aforismo citado: a lo mejor el ciframiento cada vez más excesivo en que vivimos, y que torna los lugares públicos cada vez más inaccesibles (y privatizados) si no se posee la contraseña que habilita el ingreso, es el precio a pagar por esta suerte de culto a la cifra que promueve la razón evaluadora. En este marco, el desciframiento nada tiene que ver con una aventura en búsqueda de algún objeto perdido (o sabiamente escondido), sino una práctica cotidiana del mercado en sus bolsas de valores y en sus criptas informáticas. Sin ningún ánimo de nostalgia identitaria, un desafío se advierte en ir a esos lugares y tiempos en que no se puede medir ni ponderar. Se entiende así que este podría ser, tranquilamente, el desafío de ir hacia la educación: un espacio-tiempo (libre) fuera de toda medida. Algo de primitivo tal vez aloja el gesto de tornar accesible algo que "la civilización" ambiciona constantemente señar y contraseñar, es decir, privatizar.

En busca de ese gesto a veces extraviado, estas páginas intentan indagar en forma combativa la razón de la evaluación y sus maneras que suelen traducirse en aparatos de empequeñecimiento y mercantilismo pedagógico. Por ello, se explora la pervivencia de la confesión en la autoevaluación como juicio de sí que garantizaría algún "cambio", al mismo tiempo que observaremos cómo estos despliegues no funcionan sin requerir una responsabilidad productora de culpa(s)/deuda(s). De este modo, podremos observar algunos detalles de la expansividad de este tipo de políticas en-cogedoras siempre en conjunción con un *estar* y un hacer docente reducidos a la trillada tarea de aprobar y desaprobar.

Autoevaluación como juicio de sí *para...* (la crítica colonizada)

A mediados de los años 90, Jorge Larrosa analizaba el entrecruzamiento, en un "dispositivo pedagógico"[46], de tecnologías ópticas de *auto*rreflexión, formas discursivas (básicamente narrativas) de *auto*expresión, mecanismos jurídicos de *auto*evaluación, acciones de *auto*control y *auto*transformación.[47] En este marco, advertía un complejo proceso histórico de fabricación donde se entrelazan "discursos que definirían la verdad del sujeto, las prácticas que regularían su comportamiento y las formas de subjetividad en las que se constituye su propia interioridad" como aquello que puede y debe ser pensado cuando "se observa, se descifra, se interpreta, se describe, se juzga, se narra, se domina" y "hace determinadas cosas consigo mismo

---

46. Una genealogía de la noción de dispositivo que muestra su relación intrínseca con la racionalidad de la evaluación y sus configuraciones contemporáneas puede consultarse en Giuliano (2019b).

47. Vanina Papalini (2015) hace una interesante observación sobre la facilidad de adherencia —a verbos, adjetivos y sustantivos— que tiene el prefijo *auto* y su extendido uso que llama la atención sobre un movimiento "ensimismado" de *auto*matización como si una vez puesto en marcha el dispositivo, cualquier proceso se desenvolviera mecánicamente sobre la base de una omnipotencia del ego, un yo fuerte pleno de recursos, causa y remedio de todos los males, soberano de sí que puede prescindir de cualquier relación social. A su vez puede recordarse que la década de 1990 fue también la de la expansión global del género tipificado como *auto*ayuda.

[...] con arreglo a ciertas problematizaciones y en el interior de ciertas prácticas" (Larrosa, 1995, pp. 263-270). De manera que el dispositivo pedagógico produce y regula textos de identidad en los que cada quien puede ser "conocido" y *evaluado* según ciertos criterios y a partir de relaciones que posibilitan conseguir lo que se propone o aspirar a algún tipo de cambio.

El aprendizaje se reduce así a un significado específico de la singularidad en relación y donde entran en juego nociones como "autoconocimiento", "autoevaluación" y "comprensión" (Larrosa, 1995, p. 276). Ética y políticamente, cabe considerar el momento moderno/colonial en que se "objetivan" ciertos aspectos de "lo humano" (lo que, entre otras incidencias, también implicó la clasificación racial de los pueblos) y comienza su manipulación técnica institucionalizada donde la educación, a través de la escuela de masas, juega un papel disciplinario y de control social mediante tecnologías de clasificación y división externas e internas. Respecto a esta última, Larrosa siguiendo a Foucault, incluye la confesión como uno de esos *actos de verdad* en los que el sujeto es requerido a decir la verdad a propósito de sí mismo, de sus faltas o del estado de su "alma", de modo que las prácticas pedagógicas evidencian una relación entre gobierno, autogobierno y subjetivación en la que el poder (para mejorar su eficacia u orientar mejor su aptitud de dirección) busca conocer lo que pasa por la cabeza de los sujetos, su alma y, en lo posible, sus secretos más íntimos. Con una verdad de sí activamente producida, no quedaría lugar para universales antropológicos ni tampoco para ocultar el carácter constitutivo de la pedagogía que actúa en los mecanismos en los que el sujeto se produce "aprende (o transforma) determinadas maneras de observarse, juzgarse, narrarse o dominarse" (Larrosa, 1995, p. 291).

Como hace notar Larrosa, la dimensión jurídica (básicamente moral) establece "las formas en que el sujeto debe juzgarse a sí mismo según una rejilla de normas y valores" (1995, p. 293) en función también de lo que es visible para sí mismo, de lo que puede y *debe* decir sobre sí mismo, y de lo que puede y debe hacer consigo mismo. Aquí podríamos pensar en cómo la confesión se recicla en la (auto)evaluación cuando esta supone hacer visible la interioridad del sujeto de modo tal que puede (auto)enjuiciarse, declarar alguna culpabilidad y obrar en consecuencia (o en penitencia). Todo lo cual aceita cierto régimen de visibilidad que determina lo que se ve o se hace ver y quien ve o hace ver como expresiones que, en el dominio moral, se constituyen como actos jurídicos cuando de juzgar (lo visible) se trata.

Cabría detenerse aquí en el término jurídico por excelencia y ver qué se dice sobre este asunto: al término latino juicio (*judicium*), Larrosa subraya su antecedente griego en la noción (gnoseológica y práctica) de *krisis*[48] que denota discernimiento, elección, decisión, y de la cual deriva "criterio", "crítica" y también "hipócrita" –"*krinein* se liga a discernir la marca propia de cada cosa, es decir, el *kriterion* que la distingue y en función del que se la determina" (Larrosa, 1995, p. 314). De esta asociación se observa que el término aparece así imbricando discursos político-morales y técnicos, pero también mediante tal noción de "crítica" se introduce al nivel de

> la apreciación y la evaluación de la realidad con arreglo a ciertos criterios que pueden ser tanto objetivos y racionales como relativamente subjetivos y personales. [...] La crítica será así, ya en la escolástica, la parte de la dialéctica que trata del juicio y de la apreciación de textos y de su justificación según criterios. (Larrosa, 1995, pp. 314-315)

Así, el juicio se potencia en la evaluación y coloniza la crítica tornándola una mera evaluación de obras semióticas, más o menos textuales, que puede tener vertientes específicas (literatura, teatro, cine, arte, etc.) pero que siempre implica un criterio-patrón (colonial) que posibilita tal crítica o, básicamen-

---

48. Para Giorgio Agamben (2014), tanto en la tradición médica como en la teológica, que han confluido en la tradición moderna del término, *krisis* es inseparable de la conexión con determinado momento decisivo del tiempo en el que se juzga incluso la posibilidad de sobrevivencia.

te, evaluar. Este criterio-patrón, sea impuesto o construido, se pretenda absoluto o relativo, establece lo verdadero y lo falso, lo bueno y lo malo, lo bello y lo feo, formando una mirada criterial/patronal que pone en juego un conjunto de oposiciones a partir de las cuales se evalúa, se distingue o marca (positiva o negativamente). De este modo, la "autocrítica" obra como autoevaluación en tanto se exterioriza lo evaluado, se hace pública una asignación de valor e involucra un proceso de "dar *cuenta*" de uno mismo según la forma criterial de la razón evaluadora que hace de patrón (colonial) de contabilidad (generalmente de lo incontable).[49] En este marco, el juzgarse remite la racionalidad evaluadora a la lógica jurídica del deber, de la ley y la norma, e implica siempre una estructura decisional sobre lo que *es*. Por eso Larrosa (1995) dice que no hay juicio sin razón, sin *logos*, sin el acto (performativo) que lo enuncia en el marco de un código jurídico y lingüístico que respalda la racionalidad del juicio y lo que esta muestra, discierne, determina, señala con el dedo, localiza, delimita, establece su lugar (*locus*) y sus límites, distingue y separa. ¿Será que la hipocresía quedó entreverada entre el criterio y la crítica colonizada por el juicio?

En una suerte de cartografía judicial, los contornos determinan una casuística, preponderan cualquier caso interpretado ya desde el código, desde la norma, lo que lo despoja de singularidad, de particularidad, de la infinita diversidad de condiciones contingentes que laten en él y lo constituyen como indecidible. Suprimido cualquier atisbo de accidentalidad o de ambigüedad, el juicio hace *caer* el caso en la ley, en un lugar de esa red geográfica que generaliza "en tanto que despoja al acontecimiento de su particularidad" –y lo *casifica*–[50] y singulariza "en

---

49.   En el mismo libro editado por Larrosa, Julia Varela (1995) sostiene que la capacidad de "auto-monitorearse", es decir, de autocorregirse y autoevaluarse, está en estrecha interdependencia con el neoliberalismo que requiere formar seres creativos, expresivos, empáticos, que comuniquen e interaccionen eficazmente, con personalidades flexibles, sensibles, polivalentes, avenidos con identidades moldeables y diversificadas como el mercado de trabajo requiere.

50.   Como analiza Larrosa (1995), *casus* viene de caída y, siguiendo esta asocia-

tanto que localiza, delimita, discierne, separa" (Larrosa, 1995, p. 316). Por tanto, el juicio así entendido requiere no solo de un juez, una ley o norma, un enunciado y un caso, sino también una transmutación del ver, del expresar, del narrar en poder de juzgar (a partir de un código o de unas normas), lo que posibilita (auto)delimitarse "ante la ley" o conforme a la norma y poder (auto)juzgarse, es decir, *casificarse* o convertirse en un caso para uno mismo. En esto no solo se encuentra la base de la autoevaluación sino, como el mismo Larrosa lo asoma, la estructura misma de la moral –que impele a juzgar–.

Juzgar, encauzar y normalizar hace al gobierno del comportamiento al interior de unos dispositivos que transforman su basamento negativo –propio de la ley– en positivo a partir de una norma que produce regulaciones disciplinarias desde el interior de procedimientos pedagógicos. Esto significa que la concepción negativa del juicio, sobre la que se monta el modelo legal de lo permitido y lo prohibido (básicamente excluyente), pasa a una concepción positiva donde el modelo regulador/normalizador supone procedimientos incluyentes en los que la prohibición toma formas más sutiles (disciplinarias) y la transgresión está vigilada. De aquí que la norma tome forma de regularidad, hábito o media estadística y sea un concepto descriptivo con pretensión de objetividad y justificación racional que se torna normativo cuando produce *"lo normal"*: un criterio que juzga (por tanto, valoriza positiva o negativamente) poniendo en juego un conjunto de prácticas de normalización en cuya interioridad (o *inclusividad*) produce lo anormal como aquello que excede o no llega a la norma y por tal disconformidad se considera indebido, patológico, desviado, errado, desaprobado (todas manifestaciones segregativas o excluyentes pero que surgen al calor de dicha lógica incluyente). Este criterio de discernimiento se ancla en un conjunto de saberes y se encarna en las reglas de funcionamiento de un conjunto de instituciones,

---

ción, *"casificar"* o constituir algo o alguien en un caso implicaría también una determinada caída en un lugar preestablecido por el código o la norma.

produce el campo mismo de lo juzgado y al sujeto que juzga integrados en un sistema de evaluación –que incluye sistemas de prohibiciones/dominación y de normas/normalización–.

En este contexto, la reflexión se constituye por sujeción a la norma, por una enunciación de sí que implica ya la dimensión jurídica como dominante del dispositivo que hace del ver(se) y del mirar(se) un motivo para el juzgar(se). De este modo, el gobierno, la administración o la transformación de sí se ata a una inducción previa que supone al juicio (tanto como a sus relaciones con la ley, la norma y el valor) como el primer motivo para decir/confesar que pone de manifiesto la relación de la subjetividad con el poder (y sus operaciones de afectar, contener, impulsar, incitar, dificultar, canalizar, diferir, desviar) y la verdad producida. En esto entraría la estructura de la subjetivación en la que, mediante el juzgar(se), se fabrica un doble de sí que es lo que uno ve cuando "aprende a mirar", esto es, cuando racionaliza, captura detalles significativos, reduce la indeterminación, focaliza y "espacializa" ordenadamente, cuando "uno puede ver con la atenta y reposada mirada del amo" (Larrosa, 1995, p. 324). En esta línea, si "Decir es señalar con el dedo",

> Aprender a juzgar es racionalizar el juicio, conferirle una ratio, estabilizar su fragilidad, absorver su indeterminación, prevenir sus errores. Es estabilizar los criterios de verdadero y falso, de bueno y malo, de obediencia y transgresión, de normal y anormal, de bello y feo. Un doble convenientemente espacializado y recorrido por una mirada bien ordenada y adecuadamente focalizada, un doble convenientemente nombrado y adecuadamente atrapado en un discurso no ambiguo, y un doble conveniente temporalizado y construido en una narración estabilizada, es un doble que ya está listo para el juicio. Sus contornos pueden marcarse positiva o negativamente, su historia puede convertirse en un pasar o pasar-se cuentas. El doble fabricado por el juicio se ha convertido ya en un caso para uno mismo al haberse determinado en su caer

> bajo un criterio. Sin embargo, no es que la espacializa-
> ción o la temporalización del doble sea previa al juicio.
> Aquí todo se produce simultáneamente. [...] Habría un
> mirar-se que es ya propiamente una operación jurídica,
> una forma de decir-se que es ya axiológica y normativa,
> y un narrar-se que ya está constituido en la forma del
> pasar-se cuentas. (Larrosa, 1995, pp. 325-326)

Ese señalar con el dedo forma parte del conjunto de ope-raciones de exteriorización de la interioridad (o una interiori-zación del afuera, al decir de Deleuze) en la que el doble pro-ducido -ya listo para el juicio- se muestra abierto a otros, así como a aparatos de producción de la verdad, a mecanismos de sumisión a la ley, a formas de exposición y de relación con sus cuentas, a su *casificación* que opera jurídicamente normalizán-dolo. De esto se sigue que no se juzga sin ser al mismo tiempo juzgado, como si uno al juzgar se convirtiera inmediatamente en sede del juicio, en corte y sujeto juzgado, en un lugar don-de hay que valerse de evidencias para sostener hasta lo último la presunción de inocencia, el "debido" proceso y la economía de la pena. Pero las e-videncias lejos de ser todo lo que "todo el mundo ve", lo "indudable para la mirada", lo que se acepta sin más por la "autoridad de su mismo aparecer", dependen de cómo se vean, esto es, de la constitución singular del lugar (*locus*) de la mirada, así como de su *disposición* y *exposición en* el espacio, de los aparatos ópticos que nos hacen ver de una determinada manera, de ciertos orígenes y contingencias, con-diciones históricas y prácticas delimitadas por lo posible y lo imposible —que corre sus límites de interpretación y transfor-mación—. Entonces, que los prejuicios sean "tópicos de la moral, lo que todo el mundo valora igual, las formas del deber que se imponen como obvias e indudables" (Larrosa, 1995, p. 328) muestra su contingencia ciertamente, pero también la posibili-dad de "juzgar de otro modo" cada vez y así tornarse una cons-tante infinita que equipara (o reduce) la crítica y la libertad al juicio. Quizá por ello Larrosa (2003) reniega de la "inhibición moral" y la "impotencia para el juicio" (p. 217) como "corolarios" o "adormideras" que vendrían de ciertas formas de escepticismo, pero tal vez es en esa inhibición e impotencia que se encuentran las claves para resistir a la maquinaria del juicio como tal y a esa instalación o introyección del amo en nosotros mismos. Porque, a lo mejor, con el juicio y la evaluación habría que hacer como sugería Agustín García Calvo con las palabras históricamente mayúsculas y traidoras: "dejárselas al enemigo" (citado en Larrosa, 2003, p. 261).

Lamentablemente, en filosofía de la educación, a veces, hasta escritos críticos de la evaluación terminan con algún pasaje que pretenden incluir alguna forma de ella (como alguna forma "diferente" de juicio) que la invoca en alguna modalidad pretendidamente benévola o políticamente correcta. Es lo que sucede particularmente con la autoevaluación, que hasta un filósofo crítico como Alejandro Cerletti (2012) propone incluirla "indispensablemente" como "evaluación filosófica" -para estudiantes y, sobre todo, para docentes-, como modo de "reflexionar sobre el camino recorrido y lo común que van construyendo encuentro tras encuentro" (p. 67). Con ella se pretende tomar distancia de la mera "evaluación técnica de aprendizajes" pero se descuida, entre otros factores, las formas de normalización que mediante la autoevaluación hacen al sujeto en evaluación cómplice de su abyección o de su propia normalización, el (auto) enjuiciamiento y la autoculpabilización como consecuencias de las prácticas de automonitoreo que el neoliberalismo propugna para cada singularidad, la sujeción a patrones de contabilidad donde la singularidad deviene en caso para sí misma y debe pasarse cuentas, la *casificación* como forma de des-singularización, la autoexclusión mediante procedimientos inclusivos de distinción y separación interna.

Skliar (2011) ofrece un ejemplo perforante de autoevaluación en la que no solo se hace coincidir el rol de evaluador y evaluado, sino que —aplicada a personas con discapacidad— confirmaría la posición como sujeto de hecho y de derecho capaz de responderse preguntas atinentes a su identidad, a su aspecto físico, espiritual y psicológico, a la forma de ubicación e integración en lugares y con otras personas, a su pertinencia social y comunitaria, a sus aspiraciones y objetivos, a su entretenimiento y crecimiento. La autoevaluación como supuesta confirmación de un hecho y un derecho: existir. El reverso del mensaje es igual de tétrico: sin autoevaluación no hay confirmación de la posición, no hay sujeto de hecho ni de derecho. Así, todo apoyo, recurso o cambio requiere una cuota evaluativa porque si no pareciera que no hay nadie ahí. Pero, más acá y más allá de ella ahí está, respira, canta y camina la colectiva alteridad, no para inquirirse y responderse sobre su etiquetada identidad, sobre su aspecto psicofísico o espiritual, sobre su ubicación e inclusión social, sobre su pertinencia o pertenencia conversacional, sobre su deseo y diversión ocasional, sino quizá por interrumpir cualquier presupuesto del evaluar, cualquier naturalidad del examinar, cualquier ínfula del juzgar.

Empequeñecer, mercantilizar, responsabilizar (*modus operandi* de la formación neoliberal)

Lo que está en juego, en última instancia, es cierta forma de racismo. Y Larrosa (2003) lo muestra cuando indica que se trata del empequeñecimiento, de unos "aparatos culturales y pedagógicos como *lugares del empequeñecimiento*" (p. 281), de unas *políticas del empequeñecimiento*, del estrechamiento, de la disminución, del rebajamiento (que produce la auto-elevación de los defensores del juicio y, a su vez, de las alturas posicionales —la de los jueces, las cortes y las pelucas fachosas que solo se muestran para enmarcar el veredicto—). Por ende, se trata de la verticalidad, de la producción y reproducción de diferencias de valor entre singularidades incomparables, de la arrogancia, del menosprecio, de la humillación, de lo supuestamente superior contra lo supuestamente inferior, de lo publicitado como "avanzado" y lo etiquetado como "retrasado", del "fariseísmo que atraviesa a la pedagogía" (Larrosa, 2003, p. 282), en fin, de si una palabra es testimonio de igualdad o de desigualdad. Y, por lo que venimos viendo, las palabras Juicio, Examen y Evaluación, poco sería decir que son testimonio de desigualdad... se tratan del empequeñecimiento, sí, de sus aparatos y políticas. Pero también de sus devotos, docentes-enjuiciadores/as, maestras-examinadoras, profesores-evaluadores: una posición que se constituye achicando o disminuyendo a los otros, definiéndolos "por lo que *no son*, por lo que les *falta*, por lo que *deberían ser*, lo que *deberían pensar*, lo que *deberían hacer*" (Larrosa, 2003, p. 284; énfasis nuestro). En este punto, el antagonismo se sitúa en medio de los ojos:

> explorando la oposición entre una mirada panorámica, planificadora, orientada al dominio, orgullosa de su saber y de su poder, y una mirada atónita, fragmentaria, constituida de ignorancia y de impotencia pero, precisamente por ello, avezada en el arte de los encuentros; entre la perspectiva del amo que reside en las alturas, y la perspectiva del habitante, del paseante, del intruso, del que se desplaza a ras de suelo; entre el punto de vista de los transeúntes, de los merodeadores, de los vagabundos; entre una mirada que identifica, clasifica y ordena, que pretende determinar el qué de cada cosa y el qué hay que hacer con ella, y una mirada que vive, que se mueve, que se cruza con otras miradas, con otros cuerpos; entre una visión racionalizadora, burocrática, objetivante, administrativa, hecha de teorías y de programas, de saber y de poder, y una visión abierta a las sorpresas, a las paradojas, a las aventuras, a la experiencia, a todo aquello a lo que sólo se accede cuando se renuncia a la voluntad de saber y a la voluntad de poder; entre una óptica que busca descubrir o imponer significados estables y estabilizados, que busca codificar, que busca comprender y hacer comprensible, y una óptica que vive de lo provisional, de lo azaroso, de lo insignificante, de lo incomprensible. (Larrosa, 2003, pp. 287-288)

De lo que cabe inferir que no puede haber *aparatos pedagógicos del empequeñecimiento* sin docentes que ocupen sus lugares, encarnen sus políticas y sostengan su ficción vertical, la que da pie tanto a la idoneidad explicativa como a la razón de la evaluación, la ficción pedagógica de la incapacidad del abajo que necesita un arriba o de la superioridad del arriba que necesita un abajo porque, de lo contrario, tal ficción cae por su propia pesadez. No se trata solo de un dualismo tramposo, pues se sabe que algunas pequeñeces aspiran a "lo grande" y, en nombre de dicha ficción, se subordinan a una construcción de "grandeza" que necesita de la disminución del mundo para poder existir. De aquí las pasiones por la desigualdad, por la omnipresente comparación vertical, un menosprecio que viste los ropajes de las "mejores intenciones" y la "buena conciencia" para entronizarse, publicitarse, venderse.

Los derroteros de la autoevaluación, por ejemplo, ¿no implican la mayoría de las veces una (auto)elevación por rebajamiento o un (auto)engendramiento por empequeñecimiento? En medio del paroxismo lo inacabado toma partido, lo indefinido se asoma, lo misterioso se escapa del significado, pero no tanto del significante, lo promiscuo se hace lectura y lo vago de la vida rebelión impostergable. Como una madre que enseña a su hija no solo principios sino también cómo defenderse de ellos para que no le hagan daño, Larrosa señala así la importancia de "evitar todo contraste vertical si no es para movilizar lo bajo contra lo alto, negarse a ser rebajados..." (2003, pp. 308-309).

Vemos así cómo se pasa de la analítica foucaultiana del poder a la toma de partido en "cultivar la incredulidad y el escepticismo con los demás y con uno mismo, provocar y asumir las contradicciones (sobre todo las propias), ocupar irónicamente las formas para destruirlas desde dentro (y autodestruirse con ellas), moverse de una forma a otra" (Larrosa, 2003, p. 308) a la par de aprender a expresar la propia ignorancia e inmadurez como forma de andar, (re)buscárselas, aventurarse "apasionadamente en la contingencia, la relatividad y la finitud, en la estupidez y la bajeza, contemplando la realidad desde adentro y no desde arriba", en el arte de la conversación como una formación que no atonta ni rebaja porque "no somos nadie (ni queremos serlo), pero nos gusta encontrarnos, conversar, hacer cosas juntos y, a veces, meternos en líos" (Larrosa, 2003, p. 310).

Esa enunciación encuentra su revés últimamente cuando Larrosa escribe desde una perspectiva del "*ser* profesor" donde no parece ya buscar ocupar irónicamente las formas para destruirlas desde dentro sino que parece haberse autodestruido en una forma anterior que ahora lo sitúa lejos de la propia ignorancia e inmadurez y, saber o madurez mediante, comienza a hablar de la incomodidad que le producen las preguntas de sus alumnos que buscan averiguar cómo encarar las tareas áulicas, los criterios de evaluación y la forma que tendría el examen porque solo les importa la nota cuando

> se toman la materia como un trabajo en el que hay que cumplir obedientemente, o como un trámite que hay que efectuar adecuadamente o aún peor, como una carga de la que hay que aliviarse, como un peso del que hay que descargarse, eso sí, con los mínimos costos (de esfuerzo) y con el máximo (de calificación). (2018, p. 34)

Este comportamiento es mencionado por Larrosa como "alumnizado" o "clientelizado" y, según dice, es el que el profesor tendría que contrarrestar "des-alumnizando" y *convirtiendo* en estudiantes, esto es, haciéndoles pasar de la condición puramente administrativa-institucional (y posicional) de alumnos a la condición existencial y pedagógica de estudiantes. Esa "conversión" iría de la mano con cierta oposición al aprendizaje -como ideología de los objetivos y las competencias-, por eso sostiene que sus cursantes, al final de un curso o una clase suya, a la pregunta de qué aprendieron "su respuesta *tendría que ser* que no han aprendido nada o, al menos, nada reconocible, objetivable, evaluable" (Larrosa, 2018, p. 49; énfasis nuestro). A este respecto, como podrá verse en detalle más adelante, es curioso cómo a contrapelo de que "no habría nada evaluable", la instancia final del "dispositivo pedagógico" propuesto en sus cursos es precisamente una evaluación "pública" cuya racionalidad y lógica dificulta ver la des-alumnización o des-clientelización cuando se exige un trabajo a cumplir obedientemente –porque será evaluado– y tal exigencia difícilmente pueda, en el marco del capitalismo contemporáneo, no ser tomado como un trámite, una carga o un peso a alivianarse con el mínimo esfuerzo que busque la mejor calificación posible.

Tal posición se profundiza en parte cuando habla de los artefactos, las herramientas e instrumentos del oficio de profesor que se encuentran cada vez más colonizados, estandarizados y homogeneizadas por las didácticas y las Tecnologías de la Información y la Comunicación que las formatean "desde el punto de vista del rendimiento y de la evaluación" (Larrosa, 2018, p. 50). De allí su conexión ineludible con los discursos sobre la "calidad" donde la educación, la enseñanza, el profesorado, la investigación, etc., son definidas, objetivadas y evaluadas "con arreglo a estándares mercantiles, que tiene más o menos valor en el mercado" y que generan "rankings (que no son sino indicadores mercantiles) y que para decidir el valor de compra de algo se necesita tener algún criterio de comparación" (Larrosa, 2018, p. 94). Así, aunque no esté claro lo que la "calidad" sea, quien la vende puede imprimirle su significado y establecer los indicadores y medidas de su rendimiento, para luego poder comparar, generar la imagen de "valor añadido" y mercantilizar.

Para Larrosa (y para nosotros también), "ni la escuela ni la universidad tienen que ver con el rendimiento, se defina como se defina" (2018, p. 94) pero, curiosamente, esto no le hará abandonar, oponerse o combatir la razón de la evaluación que toma en su planteo "carácter público" de exposición y ata el comentario de textos a la "evaluación continua" (Larrosa, 2018, p. 184). Este "carácter público" de la evaluación que sugiere con la idea de exposición intenta oponerlo a los "tiempos de privatización" (Larrosa, 2018, p. 187) que atraviesan la existencia (y configura al "yo" como un sujeto propietario), el saber (que se hace mercancía o competencia que debe apropiarse individualmente) y la escuela (reducida a dispositivos de racionalidad emprendedora y de gestión, como los entornos de aprendizaje), pero es difícil de visualizar la razón de evaluar sin esas maneras de privatización que hacen de cualquiera un sujeto propietario, emprendedor y gestor (de cierta identidad, textualidad, capacidad, competencia, cierto interés, mérito, aprendizaje, determinantes para y por la misma evaluación), al tiempo que hace de la escuela (o la universidad) el *lugar para* dichos emprendimientos y gestiones propietarias. Por eso también es dificultoso de percibir cómo la escuela o la universidad no caen en la lógica del rendimiento con la evaluación continua o la evaluación expositiva por más "pública" que se pinte, si al fin y al cabo el rendimiento será evidenciado por lo dicho: "no se trata de quiénes o cuántos hablan, sino de qué dicen y, sobre todo, de qué (se) dicen y de cómo (se) lo dicen" (Larrosa, 2018, p. 190).

El problema que se avista es cómo la razón evaluadora, ese tipo de racionalidad tan afín al neoliberalismo, a la forma empresarial de las competencias y la gestión, coloniza el espacio público. Lo cual sugiere que, aunque el asunto se dé en el terreno de lo público, se haga público, se exponga, se "publicite", eso no bloquea ni detiene ni resiste sus efectos más perversos, desigualitarios, embrutecedores o "empequeñecedores". En parte Larrosa está al tanto del problema y de lo penosa que resulta la tarea de evaluar, pero su "salida" por el lado del armado de un "comité de evaluación pública" plantea una serie de pretensiones que sería importante atender:

> En primer lugar no ser yo el que evalúa, y no por pereza o por quitarme de encima esa tarea penosa, sino porque así evito que los alumnos se pasen el curso tratando de adivinar qué es lo que quiero, qué es lo que me gusta, de qué voy, y traten de ajustarse a eso en sus trabajos. Digamos que eso me permite no responder cuando me preguntan "cómo quieres que hagamos el trabajo". Además [...] cuando cada grupo de estudiantes presenta su trabajo final, tiene que exponer también (poner encima de la mesa) sus cuadernos de clase y campo y todos los

materiales que han ido elaborando durante el curso, y que los miembros del "comité" pueden mirar todo ese material.

Por otra parte, me permite también rechazar explícitamente ese morbo del aprobar y el suspender, ese ínfimo poder que a algunos profesores les gusta tanto, y hacer que mis alumnos vean que eso me importa bien poco. Lo que quiero es que, en el caso improbable de que me confieran alguna autoridad (en tanto que profesor), eso no tiene nada que ver con que tenga el poder de aprobarlos o de suspenderlos. [...] El poder de aprobar o suspender "se tiene" (y lo que hace que lo tengas no es otra cosa que las condiciones administrativas del oficio, el hecho de que seas tú el que firme las actas), mientras que la autoridad es algo que los otros te dan.

Otra cosa que creo importante es que el así llamado "comité de evaluación" no tenga mucha información sobre lo que hemos hecho durante el curso. Así su tarea no es comprobar el éxito o el fracaso del trabajo realizado, o si los alumnos han hecho o no lo que se les ha ido proponiendo a lo largo del curso. Y también me parece importante el que no sean "especialistas" o "expertos" en los asuntos que hemos tratado. Lo importante es que digan si lo que se les presenta les interesa o no, y por qué. Y eso me permite decirles a los chicos y a las chicas que tienen que hacer que su trabajo sea interesante para cualquiera. No para mí, desde luego, ni siquiera para ellos, sino para cualquiera. (Larrosa, 2018, pp. 191-192)

Tal opción de "descentramiento evaluador", por darle una expresión participativa (que en el fondo es expansiva), entonces no estaría formulada por pereza ni por pena, sino por el intento de evitar la impostura o impostación que la racionalidad evaluadora induce como requisito neurótico de (auto)satisfacción, es decir, esa obsesión performativa en la que un/una evaluado/a busca satisfacer al evaluador según lea o intuya de qué va, qué pretende, qué le gusta, a qué apunta. Eso le permite evitar las "preguntas incómodas" sobre, por ejemplo, cómo hacer el trabajo, pero no ahorra en producir una tercerización del problema que demuestra la eficacia de la evaluación en connivencia con cierta idea de "democratización" en el espacio público: *cualquiera* puede materializar sus procedimientos y convertirse en "colaborador" de la razón evaluadora sin mucha información, ni especialidad, ni experticia, tan solo con algo de "interés" o "sensibilidad para los temas".[51]

Y es curioso lo del interés porque forma parte del lenguaje financiero (se sabe que la "ganancia" en los depósitos de "plazo fijo" estaría en la banca que ofrece una tasa alta de interés, al tiempo que una deuda con intereses altos o punitorios suelen ser las más difíciles de saldar) pero también porque en este planteo la razón de la evaluación tiene el interés como una condición. Así es que el "comité evaluador" casi como una traducción políticamente correcta, aggiornada administrativa y burocráticamente a la época, tiene el papel de corte a ser seducida, interesada, o influida para intentar que "la experiencia" sea lo menos inquisitorial posible y puedan no solo escuchar exposiciones sino ver las *ofrendas* o producciones realizadas a lo largo del curso (cualquiera podría tentarse a recordar aquellos "comité de vigilancia" compuesto por "personal de confianza" que tiene la función es inspeccionar las labores de los empleados de la empresa). Queda abierta así la pregunta sobre el punto en que se tocan los vectores de "éxito" y "fracaso" con la inecuación tan compleja del "interés".

También resulta importante destacar de la propuesta del "comité de evaluación" el intento de rechazo al morbo de aprobar y desaprobar (ese poder calificado como "ínfimo" que, ciertamente, les gusta a tantos profesores) que, mediante dicha

---

51.   Así Larrosa (2018) declara invitar a alumnos de primero para evaluar a los de cuarto, a gente de fuera de la universidad de otra área, un artista, un amigo o alguien con cierta sensibilidad para los temas y que *desee* ver los "efectos visibles" de lo que han hecho durante el curso. ¿Alguien dijo expansividad de la evaluación?

modalidad, le gustaría mostrar a sus estudiantes que le importa bien poco (algo en lo que más adelante nos detendremos en detalle) y que su autoridad –en el caso improbable de tenerla– no radica en ese poder administrativo. No obstante, la "ceremonia evaluadora" o "exposición pública de los trabajos" parece ocupar algunos días (por lo numeroso de los grupos) que gusta de presentarlos "con cierta solemnidad" aunque "también con cariño" y "dejando bien claro la generosidad que implica el que se hayan interesado por ver y escuchar lo que los estudiantes han hecho", disfrutando de que sus invitados "se sienten entre los alumnos, como si fuera uno más de la clase" e insistiendo en "que vengan todos los alumnos todos los días, que muestren, aunque sea mentira que ellos también se interesan por lo que han hecho sus compañeros" (Larrosa, 2018, pp. 192-193). Después de la exposición de cada grupo, "da la palabra" para que cualquiera de los/las presentes hagan preguntas o comentarios y la evaluación tome su dimensión "pública" –que incluye luego una conversación sobre lo que les ha interesado más, lo que los miembros del comité han visto y pensado, su toma de nota, pedido de precisiones y, con todo eso, pone las calificaciones que a él le parecen convenientes–.

Por supuesto, por mucho descentramiento o "publicidad" (jugando con el sentido comercial de "lo público") de la evaluación pretendida, la ceremonia no deja de tener quien la dirija, marque los tiempos, habilite la palabra, requiera detalles y establezca la marca conveniente (en forma de nota o cifra). En este sentido, resulta claro su posicionamiento respecto de los problemas que algunas singularidades experimentan a la hora de exponerse y encuentran en ello un trauma o problema de "autoestima" pero, para Larrosa, como "estudiar no tiene que ver con la estima de sí sino con la estima del mundo", lo más importante en un curso no es "que uno se sienta (o no) comprendido, aceptado, valorado, reconocido, etc." (2018, p. 193). Tal sería la manera, para Larrosa, de mostrar "prácticamente" a estudiantes qué es eso del "sentido público" (2018, p. 194) en una época en que el aprendizaje se entiende de forma individualista, credencialista y privada, lo cual descuida por mucho la compleja relación que suele existir entre una construcción tal como "el mundo" y las singularidades que lo habitan porque un sujeto no es *a priori del* mundo (como si fuera uno solo y un dato previo) sino, eventualmente, parte de algunos mundos (y aquí no olvidamos la lucha histórica por un mundo donde quepan muchos mundos). Por lo que no puede haber "estima del mundo" sino hay esa "estima de sí" que fundamentalmente se construye *en relación con* el mundo y los mundos que lo hacen y lo deshacen, relación que supone no solo la mera interioridad sino también determinadas experiencias de exterioridad interpelante y en la cual la educación tiene un papel principal.

Ahora bien, como hemos visto, no combatir –y seguir alimentando– la razón de evaluar supone también sucumbir al aprendizaje neoliberal que coloniza lo público con este tipo de racionalidad y busca convencer de que cualquiera de sus sentidos educativos debería ser evaluado de la mejor manera posible. Aunque el profesor español muestre a sus estudiantes los malos resultados que obtiene en la evaluación institucional de su práctica, siendo calificado como uno de los peores de la facultad –por debajo de la media en casi todos los ítems evaluados–, parece no ser suficiente para convencerle de que la evaluación no dice nada de sus inquietudes, de sus intereses (por más novedosos y plurales que sean), del protagonismo de su propio estudio explorado sino que termina parecerle "necesario elaborar y explorar *constantemente* propuestas de evaluación que, a la vez que son claras y rigurosas, no traicionen los principios que inspiran lo que entiendo [...] que es el estudio", por eso –y con remate individual/productivo– "cuando se trata de despertar inquietudes e intereses novedosos y plurales y de que los alumnos asuman el protagonismo de su formación, no se puede erosionar eso con procedimientos de evaluación que no permitan a los estudiantes construir por sí mismos sus propios trabajos" (Larrosa, 2018, p. 273).

Con todo, la salida del laberinto evaluativo no pareciera hallarse y la resistencia a su racionalidad no va más allá del intento por el que los procedimientos de evaluación no se centren en "contenidos aprendidos" o supuestas "competencias adquiridas" y se pretendan "un ejercicio de *exposición pública* del *propio* estudio en la que sea imprescindible hacerse *responsable* ante los otros y ante uno mismo de la propia formación" (Larrosa, 2018, p. 275; subrayado nuestro). Pero tal "cambio" no llega a trocar la orientación hacia los resultados, la escenificación (e intensificación) del juicio y el "rendir cuentas" que incluye esa vinculación liberal clásica entre "cultura del esfuerzo" y "producción del mérito" (como *propiedad* individual, claro está). Por supuesto, semejante proceso declama un "juicio público" en el que sus protagonistas se hagan "responsables" (ante sí y los otros) de su "propia" (in)formación (o de su "propia" producción), algo que no dista de lo que Athena Athanasiou observa en la *responsabilización* como un ejercicio que transforma a todos los implicados en algo individualmente calculable y circunscribe la noción de responsabilidad en los discursos neoliberales que la alojan "en términos de responsabilidad personal, auto-privilegiada, auto-interesada, auto-preservada a través de la excepción de cualquier tipo de vulnerabilidad" (Butler y Athanasiou, 2017, p. 132). O, como analiza Maurizio Lazzarato (2013), en el marco del neoliberalismo "la institución juzga, estima y evalúa, en definitiva, el estilo de vida de los individuos" con lo que las evaluaciones "remiten, en última instancia, a los modos de existencia, a las maneras de ser, de quienes juzgan" (p. 154), lo que hace que el poder del mercado sea un "poder de *evaluación pública*" que pasa de la producción a la evaluación como técnica de gobierno de las conductas y que "tiene sus raíces en la deuda" (Lazzarato, 2013, p. 160; énfasis nuestro).[52]

---

52. Lazzarato (2013) afirma que la "moral de la deuda" es diferente y complementaria de la "moral del trabajo" ya que el par "esfuerzo-trabajo" es acompañada ahora por el de "promesa-culpa" que implica saldar la deuda y la culpa por haberla contraído. Aquí podríamos pensar como si "tomar un curso" fuera contraer una deuda que se promete saldar no solo con el esfuerzo y el trabajo de cursar y estudiar sino con el de rendir cuentas de lo cursado vía evaluación, con lo cual habrá que comportarse acorde al marco (evaluativo) definido por el curso.

Con la evaluación como horizonte primero y final de un curso, de un cierto estudio, de un tiempo formativo y un espacio educativo público, ¿acaso no se le abre la puerta al poder del mercado en su forma de poder de evaluación pública que produce endeudamientos y reduce toda potencia ética de responsabilidad al hecho de "pagar" una deuda y rendir cuentas "públicamente"? Pues incluso pareciera solo visualizarse la dimensión moral de la responsabilidad, según la cual cada quien es responsable ante sí mismo y ante los otros pero se descuida así la dimensión ética -que implica un descentramiento de uno por dar lugar a la protesta o grito de la alteridad (Dussel, 2011)-, la dimensión psicológica –que implica poder asumir (o no) lo que se hace (Fassin, 2018)– y la dimensión social –que impide reducir la cuestión a términos personales, individuales, singulares y demanda una perspectiva contextual, colectiva/comunitaria de los asuntos e involucra diferentes situaciones de desposesión[53]–.

También podría recordarse a Nietzsche, en *La genealogía de la moral*, cuando habla de la historia de la procedencia de la responsabilidad ligada a cierta uniformización de los sujetos, lo que quería decir ajustarlos a regla o hacerlos calculables, y cuyo conocimiento fue llamado "conciencia". Pero que la responsabilidad no sea una "carga desmontable que se traspasa fácilmente" (Bierce, 2008, p. 183) a otras espaldas, depende también de lo que Enrique Dussel (2011) sugiere sobre la protesta de la alteridad que conmueve y descentra el mundo de quien la oye haciendo del grito de quien no vemos una exhortación a tomar partido y una responsabilidad que es anterioridad a la apertura ontológica del mundo, donde *está* el pueblo, donde están las realidades de los otros o las otras y su exterioridad ante el sistema que les expone, quita defensas, agrede y demanda una valentía suprema y una fortaleza incorruptible para hacerle frente. Tal

---

53. Para Butler y Athanasiou (2017), la desposesión marca el límite de la *auto*-suficiencia y nos establece como seres interdependientes y relacionales que expone nuestra vulnerabilidad a formas sociales de privación.

vez se trate de un gesto ético-político exactamente inverso y la cuestión radique en desmontar la carga por ir ligeros "a la carga", a la lucha, a la rebelión...

Política de empequeñecimiento expandida

Es difícil no ver por qué una mayoría de estudiantes entiende su relación con la escuela o la universidad "desde la crítica y la voluntad de transformación (cuando no, de una manera más burocrática, desde la evaluación, la gestión y la innovación)" (Larrosa, 2019, p. 30) cuando en su paso por allí conviven con la descalificación y la precarización docente, al tiempo que reducen su saber-hacer a la mera aplicación de protocolos estandarizados donde su relación con el estudio se desfigura en "el uso constante de evaluaciones, jerarquizaciones y recompensas" (Larrosa, 2019, p. 29). Como puede observarse, Larrosa está bien al tanto del escollo evaluador que hace del tiempo y la energía docente una dedicación cada vez más permanente a la evaluación con esa especie de "neo-lengua orwelliana que nadie habla pero a la que todos se someten" (2019, p. 34) y que hilvana elementos del narcisismo, la autoevaluación, el empoderamiento, la autoestima y espíritu positivo, la (auto)explotación como esfuerzo permanente de *auto*mejora en el marco general de lo que se conoce como "educación expandida" –a partir de la cual se revela nuevamente la progresiva colonización del lenguaje educativo por el lenguaje empresarial y psicológico–. Por esto sigue llamando la atención la propuesta anteriormente analizada de la "evaluación pública" ya que incluso suena similar a unos pasajes de "educación expandida" dedicado al asunto que es transcrito –con cierta "distancia crítica"– por Larrosa:

> Examen (o evaluación): Presentación pública de los resultados y del proceso que ha llevado a ellos. La evaluación se da entre pares, entre iguales. Habrá tantas valoraciones como las que usuarios y participantes hayan querido hacer. La cantidad de las valoraciones será un indicador

de la capacidad del proyecto para generar comunidad. [...] El examen es la forma de contrastar la autoría de las tareas y un momento de contacto festivo con los alumnos. La evaluación es constante y de todo el proceso, como autoevaluación de un proyecto abierto a la construcción colectiva permanente. [...] Pensamos que los procesos de evaluación deberían ser cualitativos, participativos y próximos a los marcos de investigación-acción. Nuestro proyecto ha insistido en promover proyectos locales que pudieran incorporar conceptos de evaluación procesual como el DAFO, o el sociodrama. (2019, pp. 73-75)

La cita no solo muestra cómo tal pensamiento pedagógico (de ínfula progresista, afincado en cierto anarquismo y/o comunismo) se encuentra impregnado de colonialidad, sino también la propuesta de "evaluación pública"[54] en tanto y en cuanto sostiene los mismos marcos estructurantes que potencia la evaluación (no sin su racionalidad clasificadora/normalizadora) de cualquiera y por cualquiera, así como la impostación de cierta ceremonia evaluativa (más o menos festiva), una constancia evaluadora que dure un curso determinado como "proceso", el involucramiento evaluativo colectivo en la comunidad (marcos de investigación-acción) para generar "comunidad" a partir del trabajo evaluado(r) y la organización (a veces inconsciente) a partir de la identificación de debilidades, amenazas, fortalezas y oportunidades... Como si la atención aquí se redujera a meros ejercicios de práctica y "mejora" que son constantemen-

---

54. Podría recordarse aquí la puesta en marcha de un "dispositivo pedagógico" que Larrosa en sus "maneras" considera muy potente ya que consiste en combinar "cuatro" (2018, p. 272) elementos: 1) un trabajo de campo consistente en una serie de ejercicios en el espacio público; 2) un trabajo de clase consistente en la lectura y comentario de textos en torno a un problema teórico-práctico; 3) una acción "tutorial" continuada; 4) el diseño de un dispositivo pedagógico ligado a un espacio-contexto concreto con arreglo a las categorías trabajadas; 5) una presentación pública del dispositivo en la que cualquiera puede sugerir, comentar, hacer preguntas, hacer objeciones, etc. Es al menos curioso que diga cuatro y luego aparezca un quinto (omitido al principio) que es precisamente el de la "evaluación pública".

te evaluados y puestos a prueba, y la docencia solo fuera un comprobar (o vigilar) si las tareas están o no bien hechas. Pero *estar* con atención tal vez implique un gesto radical que compartimos con Larrosa:

> Habrá que cerrar la puerta para que no entren los inspectores, los evaluadores, los controladores y todos los que piensan en términos de eficacia, de rentabilidad y de utilidad. Habrá que decir que lo que se hace ahí, en ese recinto cercado, no es medirse con los otros ni ocuparse de los propios asuntos o de los propios intereses, sino ocuparse en común de las cosas comunes. Sólo entonces estaremos en condiciones para hacer de profesores... (2019, p. 203)

¿Y si la evaluación quedó dentro? ¿qué pasa cuando el *estar* y el hacer docente se trasmuta en un inspeccionar, evaluar y controlar? ¿qué sucede cuando el pensar educativo se tiñe de los términos de la eficacia, la rentabilidad y la utilidad? ¿y cuando el horizonte pedagógico se transforma en ese final clásico y moderno donde unos se miden con otros y los propios intereses solo yacen en no quedar del lado suspendido, desaprobado, reprobado y aplazado de la historia? ¿Será que habrá que intentar que la pequeña historia ponga en jaque la (gran) Historia moderna/colonial de la pedagogía? Quizá cabría atender un poco más este problema de aprobaciones y suspensos...

El *estar* (y hacer) docente reducido a los finales trillados del aprobar y reprobar

Luego de que el profesor español dijera "rechazar explícitamente ese morbo del aprobar y el suspender" (Larrosa, 2018, p. 192) interesado en que sus alumnos vean que eso le interesa bien poco, en un libro apenas posterior nos encontramos curiosamente con una entrada titulada "Del aprobar y de suspender", donde transcribe un intercambio de correos con una profesora. En este pasaje del libro reconstruye una conversación donde evoca una narración que ella le propició sobre la "enorme decepción" que experimentó al corregir y evaluar los trabajos finales (informes de prácticas) de estudiantes que están por terminar sus estudios para ser profesores/as. Como dicho trabajo consistía en una suerte de relatorías sobre sus prácticas en escuela, la profesora constataba que sus estudiantes "no entendían ni entienden qué quiere decir *ser* profesor, cuáles son las responsabilidades propias de ese oficio al que se van a dedicar" (Larrosa, 2019, p. 349) y que se los dijo sin más. También le cuenta que había tenido la sensación de que las relaciones con sus estudiantes se resintieron a partir de ese momento, que le parece que piensan que no la comprenden, o peor, que la consideran casi su enemiga, alguien que no solo no simpatiza con sus ideas (y con sus maneras) sino que se enfrenta explícitamente a ellas, alguien que no les reconoce lo que son. En resumen, la conversación fue sobre la *"responsabilidad de suspender"* (o aplazar, reprobar, desaprobar), más cuando se trata de estudiantes que serán profesores y, de alguna manera, muestran que "no están hechos para eso", que *no tienen* un "ethos profesoral", que confunden *"ser profesores* con ciertos tipos de militancia" o que son jóvenes "que no tienen nada que enseñar, que desconocen lo que es el estudio, que van a la escuela apenas con algunos lugares comunes tomados de la política, que ni siquiera asumen los ejercicios que la Facultad les propone" (Larrosa, 2019, p. 349).

En este contexto, Larrosa le recomienda un capítulo de la novela *Stoner* de John Williams a partir de la cual sostiene: "el protagonista paga un costo alto al empeñarse en impedir que un aspirante sea aceptado como profesor porque entiende que es un impostor que falsifica el oficio y que no es un profesor de verdad, que no tiene madera de profesor" (2019, p. 349). A su vez, le pide que explique cómo entiende las contradicciones de su responsabilidad como profesora que forma profesores, que c(u)alifica a algunas personas como profesores, que de alguna manera autoriza a algunas personas a *ser* profesores...

En su respuesta, ella contextualiza su enseñanza y su posición como profesora de prácticas acerca de las actividades y ejercicios realizados. Entre ellos, menciona la elección de temas, métodos, materiales, formatos, gestos y palabras que, en reuniones periódicas con estudiantes, evalúan, comentan y repiensan (en este orden, sí). Sobre las prácticas como ejercicio, cuenta que se proponen como una vivencia práctica de la docencia en forma peculiar, en la medida en que es realizada en equipos y es "amparada" por la presencia de profesores. De esta forma, prosigue, al mismo tiempo que lidian con conocimientos objetivos al respecto de una disciplina, emergen cuestiones de cuño subjetivo como gestos, recelos, temores y aptitudes. Al final se le pide una presentación que debe versar sobre todo ese proceso y, por tanto, sobre el ejercicio de *ser* profesor. Esto le sugiere a ella una forma singular de ser profesora ya que "no hay una materia previa sobre la cual trabajar", sino que la materialidad con la que trabaja "se constituye a lo largo de ese espacio-tiempo en el cual los estudiantes son colocados en una condición ambivalente, puesto que deben actuar *como si* fuesen profesores teniendo conciencia de que todavía no lo son" (Cubas en Larrosa, 2019, pp. 350-351). Y sigue:

> Al trabajar como profesora que acompaña, orienta y supervisa prácticas, asumo, de alguna manera, la responsabilidad de evaluar en qué medida se hacen presentes, en los alumnos y alumnas en formación, elementos constitutivos de profesor y alguna conciencia de las responsabilidades de ese oficio. Al observar la presencia o ausencia de tales elementos, debo ciertamente considerar el carácter "iniciático" de las prácticas (en la medida en que tales elementos se conforman a lo largo de la formación docente pero permanecen en continuo movimiento, de modo que con el pasar de los años ganan nuevos contornos y perfeccionan las maneras). (Cubas en Larrosa, 2019, p. 351)

La voz de la profesora continúa sobre la "difícil decisión de desaprobar un alumno" incluso cuando "ciertas ineptitudes parecen evidentes"[55] , puesto que para ella:

La dificultad no solo reside en el hecho de que se exige una certeza inquebrantable de que tales inaptitudes no son solo circunstanciales. De que cuestiones institucionales, contextuales o coyunturales (que escapan, por tanto, al alumno y al profesor) no acabaran llevando a un resultado insatisfactorio independiente del empeño, del comportamiento o de la aptitud del estudiante. La reprobación es entendida, muchas veces, como una afrenta personal o como la certificación irresponsable y autoritaria de aquello que el otro no puede hacer. Esa percepción, creo, se vincula a una suerte de *zeitgeist* moderno, cuando la excesiva positividad propagada por los medios más diversos acaba generando la idea falaz de que todos pueden. Al tomar el suspenso [reprobación] como una certificación de lo que no se puede hacer, hay que ponderar que esta no-potencia se establece en relación a la materia y a las exigencias de la materia. En el caso de las prácticas, el suspenso [reprobación] se da (o se daría) ante la constatación de que las facetas más elementales que constituyen ese oficio y que conforman ese modo de vida no fueron suficientemente incorporadas y evidenciadas. La reprobación, entonces, no debería encararse como un juicio despreciativo sino, quizá, como la constatación de un ejercicio que no fue bien ejecutado. Cuando el profesor [...] insiste en lo que el alumno no puede hacer es encarado como apático, insensible, autoritario o antidemocrático. Y no deja de ser curioso que

---

55. No es menor cómo la profesora en este mismo pasaje retoma su lectura de la novela *Stoner* y lee allí el procedimiento reprobatorio como "irrecusable ante la percepción de una *inadecuación*" evidenciada en el uso de "palabras vacías" y el "desconocimiento de todo lo que parecía más elemental" (Cubas en Larrosa, 2019, p. 351).

tales predicados se dicen de la relación establecida entre profesor y alumno, pero omiten el elemento primero que posibilita que tal relación se establezca: la materia en cuestión. (Cubas en Larrosa, 2019, p. 352)

En el marco de las "malas" presentaciones que recibió esta profesora por parte de sus estudiantes, destacaba que aparecía como obvio que la escuela parecía justificarse mucho más como un espacio de reconocimiento político que de estudio. Esto le hacía percibir una *preocupante confusión* entre las peleas políticas en torno a la escuela y la transmutación del espacio escolar, y más específicamente de la sala de aula, en un escenario para esos debates", de aquí que vea el presupuesto fundamental de acceso y permanencia de todos en la escuela pública (como espacio de reconocimiento, tal como fuera reclamado) significando que

> la institución precisaría adaptarse a todas las especificidades y singularidades existentes, y que el profesor podría desempeñar su función tan solo si encontrase, entre sus alumnos, a otros iguales a sí mismo. Como si profesores y alumnos necesitasen imperativamente compartir creencias, objetivos, posicionamientos y valores para que una clase pudiese darse. (Cubas en Larrosa, 2019, p. 353)

Lo desolador para esta profesora fue encontrarse en las presentaciones de sus estudiantes con que las convicciones políticas, que fueron punto de partida para ellos/as, se mantuvieron intactas en las conclusiones de tal elaboración:

> tales cuestiones fueron presentadas no como punto de partida de una reflexión sino como conclusión de una experiencia vivida. Fue como si los presupuestos de los alumnos hubiesen sido mantenidos intactos, a pesar del ejercicio realizado. Por motivos que todavía se me escapan, y a pesar de las energías gastadas, los alumnos no se dejaron tocar por el ejercicio que le propusimos. Como si las lecturas, las discusiones, las tutorías y, principalmente, la experiencia de estar en el aula, en la condición

> de profesores, no hubiese desestabilizado o inquietado mínimamente esas certezas preliminares. Por el contrario, en sus presentaciones, los alumnos y alumnas, rememoraban momentos del "estagio" [las prácticas] solo cuando les servían para reiterar sus opiniones. La percepción de que tales cuestiones se mantuvieran casi intocadas a pesar de las innumerables conversaciones y observaciones, fue tan frustrante como preocupante [...]. Al final, ¿qué se puede enseñar cuando no hay voluntad de aprender? (Cubas en Larrosa, 2019, p. 354)

Las páginas citadas del acápite pertenecen a la segunda parte del libro titulada "Incidencias y coincidencias" que, en este particular "intercambio", invitan a prestar más atención al truco de la enunciación (analizado en el pasaje dedicado al racismo epistémico). No es muy difícil establecer una relación entre evaluación y decepción, más aún cuando quien es evaluado no responde a las expectativas de su evaluador/a y, peor aún, cuando quien es evaluado (no) introyectó la razón de la evaluación y no llega a cumplir con las expectativas sobre su *propio* rendimiento. Por tanto, puede haber decepción cuando no se logra cierto "éxito", cierta "ganancia", cierto "nivel" esperado en una competencia determinada. Ahora bien, si el error y la equivocación son la garantía de no quedar reducidos a meros funcionamientos maquinales y de que cualquier "proceso de enseñanza" no sea una actividad orientada al éxito (con una presuposición de aprendizaje más o menos explícita), por involucrar todo tipo de relaciones con signos donde se funden y confunden intenciones, creencias y sentimientos en nuestra relación con el mundo, sus objetos y sujetos, ¿no podría ser la "gran decepción" del rendimiento, la frustración de las expectativas evaluadoras, el último resguardo de la singularidad política y su misterio ético?

Por lo demás, parece verificarse en la evaluación decepcionante que se trata de lo que anteriormente hemos visto como un *aparato pedagógico del empequeñecimiento*. Pues disminuye, rebaja, menosprecia, realza la verticalidad juzgadora, la producción de significados "esenciales" y la descalificación de sentidos que lo interrumpen, la arrogancia de quien *es* contra la fragilidad de quien *está siendo*, el testimonio de la desigualdad, la definición o sentencia sobre quienes *"no son"*, *"no tienen"*, *"les falta"*, *"deberían ser, pensar, hacer"* de tal o cual modo (pre)determinado porque se trataría de un *ethos* como un comportamiento específico de quienes moran en tal "sociedad profesoral". Daría gusto aquí hacerse un poco marxista (de Groucho) y parafrasear aquello de jamás desear hacerse socio de un club semejante que nos admitiera como miembro, porque si entender *qué quiere decir ser profesor* está atado a un significado estable (o estabilizado) al que habría que acceder (y dar *cuenta*) vía evaluación, mejor huir y servir para otra guerra que desmonte tales términos. Pues, si la docencia implica una forma de vida singular que va explorándose en las variantes más complejas de sus sentidos, necesitaría algo así como una importante porción de vida para decir lo que esa vida (singular) docente quiere decir.

Si *ser profesor/a* significa orientarse al dominio, al orgullo del saber que manifiesta su poder, a la perspectiva del amo que reside en las alturas y por eso evalúa (esto es, identifica, clasifica y ordena, determina el qué, racionaliza, burocratiza, objetiva, administra, codifica), tal vez necesitemos preguntar por los sentidos del *estar* docente. Una estancia a la que siempre se puede volver de manera diferente y no una esencia a la que solo se puede pertenecer de un *mismo* modo. El *estar docente*, lugar de lo atónito, de lo fragmentario, de la ignorancia y la impotencia, del encuentro y el desencuentro, del paseo intruso y vagabundo por el suelo, del acuerparse en las paradojas y las aventuras, de la renuncia al poder del saber, del vivir en lo provisional, lo azaroso, lo insignificante y lo incomprensible. Porque no se nace docente, se llega a *estarlo siendo*. Y esta particular forma de *estar* es la que se olvida cuando creemos *ser alguien*, cuando creemos que *somos profes* y no que lo estamos siendo porque un movimiento estudiantil nos permite serlo por algunos ratos. Esto quizá es lo que olvida la profesora cuando siente tamaña decepción y reduce la responsabilidad docente al ejercicio de su poder evaluador, a la "responsabilidad de reprobar" que quizá no sea más que una forma de irresponsabilidad política: porque se desentiende de "lo otro" de sí condenándolo, porque divide el mundo en quienes "están hechos" (predeterminados, predestinados, preestablecidos para enseñar o aprender) y quienes no lo están, porque en el *ser profesor* no habría lugar para ciertos tipos de militancia[56], porque considera que las juventudes no tienen nada que enseñar. Tal vez por esto mismo es que las juventudes intentan "desconocer" lo que *es* el estudio, por lo mismo que hacen brotar los "lugares comunes" de la política en la escuela y la universidad, por lo mismo que reniegan de la tarea impuesta en esos lugares *mismos*. Aquí es donde podríamos coincidir con Agamben (1996) y la idea de que si puede existir algo así como una ética es porque no se trata de *ser* o realizar ninguna esencia, ninguna vocación histórica o espiritual, ningún destino biológico, porque de serlo o haberla/o no habría experiencia ética posible sino solo tareas que realizar.[57]

De modo que habría que tener especial cuidado con esta suerte de "ontología del profesor" que cuenta con impunidad para decir quién *es* y quién *no es*, quién *podría ser* y quién no, quién tiene madera para *ser* y quién no la tiene, quién califica (autoriza) o cualifica para *ser* y quién no. Nuevamente, Kusch (2007a) parecería haber dado en el clavo cuando dijo que *ser* se liga a poseer/dominar, a utilidad/valor y requiere de todo un andamio de empresas, lo que se verifica en esas actividades

---

56. Es sorprendente cómo la profesora habla del "riesgo de una escuela apropiada políticamente por ciertos tipos de militancia en nombre de las diferencias" lo cual le parece que sería "terminar con el principio de igualdad" (Cubas en Larrosa, 2019, p. 353), ¿la igualdad homogeneizadora tan afín a la razón evaluadora?

57. Y sobre la tarea puede recordarse también lo dicho por Jacques Derrida: "El que la palabra «tarea» vuelva a aparecer es algo bastante notable de todas formas, debido a todas las significaciones que, como una red, teje en su derredor, dándose siempre la misma interpretación evaluadora: deber, deuda, tasa, canon, impuesto, gravamen de herencia y sucesión" (2001, pp. 472-473).

y ejercicios de "elección" donde temas, métodos, materiales, formatos, gestos y palabras son sometidos a evaluación en función del *ser profesor* -o de una condición ambivalente en la cual estudiantes del profesorado deben actuar *como si fuesen* profes teniendo conciencia de que "*todavía no son*"-. Al mismo tiempo, el "amparo" o "acompañamiento" supervisor que pretende evaluar "la medida" en que se hacen presentes "elementos constitutivos de profesor" no solo no deja en claro cuáles serían tales elementos, sino que pretende delimitar y evidenciar supuestas aptitudes e ineptitudes sobre un oficio que se construye a base de ensayo y errores y no de "certezas inquebrantables" sobre la no circunstancialidad de tales inaptitudes.

Puesto que la reprobación individualiza y, por tanto, dessocializa[58], despolitiza las cuestiones institucionales, contextuales o coyunturales que desembocan en un resultado insatisfactorio que no depende nunca meramente del empeño, comportamiento o aptitud individual, reprobar claro que es una afrenta personal en tanto y en cuanto atenta contra la dignidad y la credibilidad de alguien, certifica su "inaptitud" −lo que el otro no pudo hacer−, instalándolo en el lugar de la "ineptitud" o la "incompetencia". No se equivoca la profesora al hablar de esto como una suerte de *zeitgeist* (espíritu) moderno, pero no por la excesiva positividad propagada por los medios que diversifican la idea supuestamente falaz de que "todos pueden", sino precisamente porque el espíritu moderno (y colonial) se fundamenta sobre la idea eminentemente falaz de que (en las cuestiones referidas a la educación) siempre habrá (o tiene que haber) quienes *No puedan*.

Si no evidenciamos que las facetas "más elementales" de *un* oficio o "modo de vida" de manera tal que la autoridad juzgadora pueda constatar que lo introyectamos: suspendemos,

---

58. Por complejizar el análisis, también habría que resaltar el efecto inverso señalado por Cerletti (2012) según el cual la evaluación, que no puede desprenderse de las significaciones que le otorga una sociedad competitiva y meritocrática, otorga una *dimensión social* al resultado de una prueba individual.

reprobamos. (Lo que confirma la tesis de Lazzarato, según la cual en los juicios se verifica un modo de vida determinado por la evaluación). Entonces se nos quisiera tranquilizar diciendo que la reprobación no sería un "juicio despreciativo", sino la prueba de que no hicimos bien la tarea, no nos portamos acorde a la norma, no obedecimos a lo exigido, no (nos) rendimos de acuerdo a lo esperado. Si la materia autoriza a la "autoridad" a propiciar tal trato, apático, insensible, autoritario o antidemocrático, será necesario ponerla en cuestión y dudar siempre de semejante complicidad o construcción sintomática. De aquí que la cuestión policíaca de reprobar requiera decir que un aplazo es político en tanto alguien, a partir de una perspectiva considerada exenta de error, marca como "irrecusable" la percepción de un comportamiento "inadecuado", la escucha de unas palabras supuestamente "vacías" (que ni siquiera pueden ser escuchadas como "significantes vacíos" que articulen alguna política emancipatoria) y la verificación de un "desconocimiento" de algo clasificado como "elemental".

Por eso que las peleas políticas en torno a la escuela se escenifiquen en el aula, se les dé lugar, alojo y escucha, incluso puedan tornarse excusas de estudio, amplía el acceso y la permanencia de lo político en el suelo de la institución a la vez que contrarresta la idea de que un/a docente desempeña su función tan solo si encuentra, entre sus estudiantes, a otros iguales a sí que le otorguen quorum o un pasivo silencio y cómplice "consenso". Precisamente porque docentes y estudiantes no necesariamente comparten creencias, objetivos, posicionamientos y valores (al tiempo que la institución no se adapta nunca a todas las especificidades y singularidades interpelantes) es que el conflicto ineludible se instala en medio de alguna "lucha de clase(s)" que constituye lo político de la misma. De aquí que haya estudiantes y docentes que se resistan a ser disciplinados por ciertos ejercicios de poder, que luchen por mantenerse "intactos" frente a las imposiciones y condicionamientos que reclaman alguna genuflexión de sus convicciones ético-políticas apenas percibidas como "certezas preliminares" o "presupuestos de partida" que no podrían habitar los procedimientos y conclusiones del curso (de)formativo en juego. Por eso la "frustración" y la "preocupación" frente a la insistencia y la persistencia del posicionamiento estudiantil, incluso pese a las "energías gastadas", las observaciones, las correcciones, las discusiones, las "tutorías". Pero todo sería cuestión de que "no hay voluntad de aprender", y así es que se desentiende uno/a y se reprueba, se suspende, se aplaza, se desaprueba cualquier rebelión ética frente a lo enseñado.

Quizá haya que interponer, de una vez por siempre, una grieta honda entre la enseñanza y el aprendizaje, o tal vez una brecha irreductible, un antagonismo que podría alojar (y entender) la subversión bartlebyana de preferir no hacerlo. Tal vez así percibamos que podemos enseñar, aunque no haya (todavía, o incluso nunca) "voluntad de aprender", porque para enseñar no hace falta la presuposición narcisista (y efectista) de que el otro o la otra "va a aprender", sino tan solo la generosidad de compartir algo que todavía puede ser escuchado, mirado, sentido...

¿Salimos? Insumisión y huelga pedagógica

José María Ramos Mejía insinuaba que aquello que "colora de los más variados tintes nuestras sensaciones, extravía el juicio" (1904, p. 181). ¿Qué podría ser precisamente lo que alimente la palestra de sentidos y habilite una salida del circuito propuesto por la racionalidad de la evaluación? Esta podría ser una cuestión cardinal mientras los evaluadores siguen preguntándose cómo domar, bajo juicios tiernos o rigurosos, su densa melancolía y el grito mudo de a quienes despellejan.

La expansión y multiplicación de la evaluación es, para Lazzarato, "asimilable a una expropiación y a la desposesión del poder de obrar" (2013, p. 162). Como sugieren Butler y Athanasiou (2017), ese sentido de la desposesión "significa una inaugural sumisión del sujeto-a-ser a las normas de inteligibilidad" (p. 15) y, en general, trabaja como un aparato "a menudo paternalista cuyo fin es el control y la apropiación de la espacialidad, movilidad, afectividad, potencialidad y relacionalidad de los sujetos (neo) colonizados" (pp. 25-26).[59] Es lo que puede verse en los mencionados aparatos de empequeñecimiento y mercantilismo pedagógico que buscan capturar la potencia y la impotencia en sus redes de responsabilización subjetiva que somete a los sujetos a sus normas de inteligibilidad. Por esto también Lazzarato caracteriza la sujeción contemporánea como una evaluación "infinita" que hace del sujeto su primer juez, interiorizando el conflicto de manera que cualquier queja se vuelve contra uno mismo (y no contra las relaciones de poder) ya que uno mismo es "quien elige, quien decide, quien manda", quien "corresponde a su plena y cabal alienación" (2015, p. 186). Esto sucede en un contexto de excesiva codificación que permite la medida, el control, la "cuantificación de lo que se consideraba no cuantificable (las opiniones, los afectos, la atención, los gustos, las temporalidades sociales, etc.)" y que extiende "la escritura matemática de las cotizaciones de los activos financieros a las «redes sociales»" (p. 192).

Sobre la relación entre responsabilización y juicio, Nietzsche (1984) decía que "Nadie es responsable de sus actos; nadie lo es de su ser; juzgar equivale a ser injusto. Esto es verdad también cuando el individuo se juzga a sí mismo" (p. 72). El pensador rumano, Emil Cioran, parece decir algo bastante similar: "Nadie es responsable de lo que es, ni siquiera de lo que hace. Esto es evidente y todo el mundo está más o menos de acuerdo en ello. ¿Por qué entonces exaltar o denigrar?" (2014b, p. 59). Pero el problema no queda librado al azar, sino que instala un antagonismo al intentar delinear una respuesta que justifica la exaltación y la denigración al concluir que (ese) "existir equivale a evaluar, a emitir juicios, y la abstención, cuando no es producto de la apatía o de la cobardía, exige un esfuerzo que

---

59. En un sentido ligeramente diferente, y en clave pedagógica, Cioran (2015) sostiene que frente a la civilización que nos enseña a apoderarnos y adueñarnos de las cosas, donde cada nueva adquisición significa una cadena más, resulta fundamental la enseñanza que incurra en el arte de desprendernos de ellas, pues no habría libertad sin la enseñanza de la desposesión.

nadie quiere hacer" (Cioran, 2014b, p. 59). Por supuesto, el tono de generalidad, con las correspondientes pretensiones de universalidad que lo acompañan, no incluye en absoluto una aclaración sobre que se trata de *un modo* de existencia posible entre muchos otros. Además, como si, por el mero hecho de respirar, cualquiera pudiera ir exhalando evaluaciones y juicios por la vida. Sin descuidar que abstenerse pareciera adquirir la forma de una labor que solo podría estar al alcance de cobardes y apáticos.

O a lo mejor estamos confundidos y "existir" consiste en esa equivalencia meramente, por eso a alguna gente se le dice "no existís" o, en una contracara cartesiana, se supone la inexistencia de quienes no dudan ("no piensan"). ¿Será por lo mismo que un Cioran anterior dice "si *comparar* fuera inseparable de *vivir*, la revelación de nuestra ínfima presencia nos aplastaría" (2014a, p. 29)? Así es que algunos modos de existencia pueden ser abiertamente *invivibles* y tornar también de *ese* modo la vida de los otros: "arrastrados en un séquito fúnebre hasta el Juicio [...] montaje escénico de la agonía, la necesidad de dinamismo hasta en los estertores..." (Cioran, 2014a, p. 78).

Si, como afirma Cioran, "la abstención en común, la suspensión *colectiva* del juicio, apenas es viable" (2015, p. 65.), ¿por qué no instalar en esa mínima viabilidad el juego insurgente de lo irresoluble? Una mínima chance de no seguir alimentando la expansión y su sed colonial de irrevocabilidad, pues "como toda forma de expansión entraña una sed de lo irrevocable, ¿se imagina alguien a un conquistador que suspendiera el juicio?" (Cioran, 2015, p. 63).

Las calificaciones destruyen, disecan adjetivos, mientras los sentidos frescos se deleitan en su universo que nos enreda en evaluaciones. Por esto se dice también que no hay juicio que "no eche raíces en lo inmediato o no suponga un deseo de ceguera, sin el cual la razón [evaluadora] no descubre nada manifiesto a lo que poder fijarse" (Cioran, 2015, p. 60). Frente a este panorama, y retomando la pregunta planteada, resulta tentador volver a Nietzsche:

> Los grados del juicio deciden en qué dirección se dejará arrastrar cada uno por este deseo; hay continuamente, en cada sociedad, en cada individuo, una jerarquía de bienes según la cual determina sus actos y juzga los de los demás. Pero esta escala de medida se transforma constantemente, a muchos actos se les llama malos y no son más que estúpidos [...], al mirar hacia atrás, toda *nuestra* conducta y todos *nuestros* juicios parecerán tan limitados e irreflexivos como la conducta y los juicios de los pueblos salvajes y atrasados nos parecen hoy limitados e irreflexivos. (1984, pp. 104-105).

Como si se tratara de un rompecabezas de los *modus vivendi*, podría retomarse otra pregunta de Cioran, "puesto que todo vale, ¿con qué derecho habrían de escapar a esa equivalencia universal, que necesariamente las condena a la nulidad?" (2015, p. 62). Así, tal vez como respuesta, pueda entenderse mejor el planteo de que "el derecho de resistencia no se ejerce solamente contra un opresor exterior, sino que también y en primer lugar contra un abuso de poder interno" (Balibar, 2014, p. 260), del mismo modo que implica sublevarse contra el rol del opresor independientemente que afecte a "propios" o a otros. Es entender también que, frente a la desposesión que genera la razón evaluadora, la insumisión es la principal respuesta que puede nuclear movimientos colectivos: un rechazo, una interrupción, una desobediencia a la sumisión, a la sujeción, al sometimiento. El gesto de insumisión convoca al mismo tiempo al de la insurrección, la insubordinación, la sublevación, la conspiración, la sedición, el levantamiento, el motín, la revuelta, la rebelión.

Como relata Balibar (2014), "insumisión" es el término reglamentario que designó el estatuto de jóvenes que rechazaron "realizar su servicio militar o unirse a las unidades a las que han sido asignados" (p. 260). Se trata de una toma de posición que al desterritorializarse permite contrariar las asignaciones, las categorías y las identidades dictaminadas por la sociedad capitalista. En palabras de Lazzarato:

> El rechazo implica una acción que se aparta de la división
> del trabajo y da acceso a lo que es imposible en ella [...]
> tiene causas y metas, pero la ruptura que expresa cobra
> vida en virtud de un deseo sin meta ni causa. Su verda-
> dera causa es la ruptura de la causalidad (de la división
> del trabajo, de la producción, de la valorización), y sus
> metas no preexisten a la ruptura, que fuerza a inventar
> nuevas maneras de ser y actuar. (2015, p. 250)

De allí la potencia de la huelga pedagógica que bloquea la valorización del capital, es decir, que bloquea la evaluación en general, pero también que permite la salida de sus asignaciones y hace surgir un tiempo de suspensión de los dispositivos de explotación y dominación. Es la huelga que viene, la que detiene la razón de evaluar y convoca a sustraerse de sus técnicas de sojuzgamiento: un intento de escapar del círculo encantado de la productividad. Una aspiración al mínimo y a la falta de rendimiento como forma vital de dejar inexplotadas buena parte de nuestras energías. Tal vez un tiempo de pereza (Giuliano y Skliar, 2019) que admita una desidentificación, que promueva una acción política de desaceleración y que necesita de la educación como forma de descolonización.

(lealtad de revuelta)

Luchas en el mundo del equívoco
uno terrible en el que nos bañan
incluso al presente que arde y muere
sabe cuidar lo no sabido que surge
incierto mar tempestuoso de raíz
no era elevada la voz sino la luz
ahora que se la escucha mejor

el ruido toma otra forma
se hace emergencia de caricia
también donde la piel se marca
una vez quiso, deseó, inexperta

mejor nunca protestar por excesos
excepto que hagan daño quiten vida,
siempre es ella la que otra chance da

DESTINOS
QUE NO TIENEN PRUEBAS

Decir qué puede hacerse con los restos, pero ahora se
trata de los que sobrevivieron, los restos despojados de
sentido de sí mismos para volver a animarlos y darles
una vida nueva. [...] ¿Cómo no seguir hasta encontrar
las huellas de su tragedia, de lo indecible, de lo
insufrible en el texto? Quizá también:
¿cómo no equivocarse en leer los rastros?

León Roztichner, *Retratos filosóficos*

Andar por la sombra y (no) estar a la sombra de...

Buscando la tesitura
de una fiesta que no llega,
se presiente por la altura
una diosa que nos pega
al juzgar la criatura.
Borra el pájaro el borrón
y se acerca de rondón
a un montón de breve sombra.
Si es lo que no te nombra
es la estrella que se escombra.

José Lezama Lima

En una de las gestualidades retóricas que utilizaba mi bis-
abuelo para despedirse de mí con enigmática picardía,
luego de alguna visita, había una que solía repetir con
especial énfasis y una traviesa sonrisa: "¡andá por la sombra, eh!".
Es curioso, no decía "cuídate del sol", "mira la calle al cruzar"

o "no te metas en problemas", sino que recomendaba andar por la sombra como si allí anidara, además de la chance de no 'insolarse' (con todos los sentidos que esta palabra puede guardar en una época que ostenta luminosidad), una aventura misteriosa, un consejo de sabio, o simplemente esa andanza arcana que los campesinos solían cultivar incluso en su inquieta y laburante vejez. De cualquier modo, resulta tentador meter mano y revolver en ese bolsón semántico por encontrar contrasentidos a un tiempo jactancioso de excesiva luz, de "nuevos" iluminismos, de proliferación de pantallas que parecieran despojar de sombra (y de enigma) a los rostros. Se llamaba Dionisio, un nombre que también guarda algo que todavía puede ser evocado: inspirar la locura como forma de liberación del ser normal, algo que se permitía entre el la agricultura y las escenificaciones de rudo conocedor del suelo húmedo pampeano. Su sintagma lo completaba un sinónimo del recibir sin condición: Ospital (un lugar que encierra la locura, aunque no deje de inspirarla).

En un sentido bastante diferente, casi antagónico puede decirse, encontramos la expresión "a la sombra de..." en un texto que solo parece haber circulado en una versión que se subtitula "preliminar y descartable" y se firma en abril de 2011 con un aviso de posible pertinencia para tres años más tarde (el período que suele tardar en repetirse la prueba estandarizada de la OCDE). Se trata de un ensayo literario e inédito acerca de la evaluación que una de las grandes filósofas de la educación argentina, Graciela Frigerio, titula "A la sombra de PISA". El título podría operar como una suerte de dedicatoria, pero refiere a lo que queda eclipsado[60], disminuido, sub-alternizado, a ese código que en ciertos países implica cumplir una condena y pasarse un tiempo, "a la sombra", en prisión. Se trata de la

---

60.   En un texto de comienzos del año 2000, Horacio González percibe que la institución educativa que conocemos con el nombre de "facultad" está *eclipsada* por la red de parciales y finales que les quita a estudiantes todo lo interesante que son al comienzo para, progresivamente, victimizarlos con el sistema de parciales y terminar "masacrados al final por el peso enorme que tiene la lengua del examen" (2018, p. 220).

sombra como acumulación impalpable de culpas que siguen a los pasos, por un lado, por delante y por detrás, y donde una insistencia se avista, sin embargo, aun así, de todos modos. Alimentada de la pulsión de muerte y su tendencia a homogeneizar el mundo bajo el manto fantasmal de lo Uno, la *fiebre evaluativa* –que percibe Frigerio– es el fondo sobre el que se desdibuja la figura docente.

Por más que el inconsciente[61] siempre se interponga entre la medida y los resultados, las nociones que hacen a las puntas que coronan la razón de la evaluación tienen sus constantes históricas y sus variantes de mercado: mérito, voluntad, esfuerzos, inteligencias desiguales (o múltiples), resiliencia, y un largo etcétera. Mientras, la sombra que ningunea crece: ya no importa la relación con el saber ni los saberes de la relación, tan solo lo pasible y lo posible de comparar (o de comprar, me dicta un fallido de tipeo). Su fuerza proviene de la debilidad de los demás, es fuerte solo "en comparación" y así establece su criterio de autoridad (y veracidad) que otorga eficacia al dispositivo cubierto con el escudo inmunitario de lo incuestionable. De ahí que sepa muy bien qué es el aprendizaje y cómo provocarlo: "Al borde de un precipicio, cabeza abajo, agarrado solamente por los pies por su más ilustre profesor, es así como el aprendiz repite, asustado, la lección de la mañana" (Tavares, 2018, p. 181). Y así también se hacen fuertes los censores, que también pueden ser máquinas (abusivas, delirantes, policiales) porque nunca tendrán ojos húmedos, pero también las herejías que se tejen en las invisibilidades estratégicas.

Graciela Frigerio tampoco olvida a militantes, activistas y amantes de las competencias y las performances que se regodean en los entrenamientos de preparación para las pruebas, aún al costo de descuidar la enseñanza, pues lo privilegiado siempre

---

61. Frigerio (2011) realiza una filosa observación al Lacan de los *Otros escritos* que llega afirmar al inconsciente como "un saber que no piensa, no calcula, no juzga" descuidando así que las tópicas del aparato psíquico ponen en evidencia el modo en que el juicio cobra cuerpo de *superyó, ideal del yo, yo ideal*.

es "salir bien notado". Pero eso de "salir" es algo tramposo, ya que allí donde está el cartel de "Salida", en realidad, se disimula una entrada infinita al mundo del rendimiento que instala el pernicioso deseo de "estar a la altura", seguir escalando (compitiendo con otros o consigo mismo) y obtener cada vez mejores promedios. Es cierto que los veredictos de la prueba producen tiempos de goce para los narcisismos exaltados que viven de una dieta a base de "*ser* los mejores", "subir en la escala comparativa", habitar el "cuadro de honor", "hacer podio", "*ser más* que los demás" y un sinfín de maneras de engordar el yo. Imbuidos en el raciocinio del mérito, la nerviosidad nos consume al punto que se desea la aprobación como única forma de vencerla en apariencia y por un rato. Cioran ve en esto el deseo desesperado de un engaño y clava una seguidilla de interpelaciones al ángulo: "¿por qué extenuarse para *ser alguien*? ¿Por qué extenuarse incluso para *ser*? [...] ¿Hay algo más funesto [...] que una acumulación de méritos?" (2015, pp. 94-96; énfasis nuestro).

Frigerio (2011) también indica cómo en educación, de la mano de la pedagogía, la evaluación -y las formas que tomó- produjo efectos en las biografías afectando a los sujetos mucho más allá de lo que (la inteligibilidad de) las escalas de calificación instaban a comprender, perturbando las percepciones de sí y de los otros, las relaciones pedagógicas y sociales, hasta llegar a oficiar de "documento de identidad" que permite (o no) franquear las fronteras de instituciones que están atentas a resultados, promedios, performances. Así entraron (y continúan entrando) a escena los procedimientos que ostentan objetividad, que declaran neutralidad y fingen inocencia. Algo que quizá ya alertaba la percepción contrafilosófica de Cioran en su época: "Examinarse a sí mismo ya es algo malo; examinar a la especie [...] es aún peor: es atribuir fundamento objetivo y justificación filosófica a las miserias arbitrarias de la introspección" (2015, p. 9).

Tal vez haya sido uno de los éxitos del desarrollismo y el neoliberalismo la instalación de la evaluación como rejilla previa y posterior que ha de aplicarse a toda política que, pretensión de eficacia y eficiencia mediante, *deba* proporcionar resultados acordes a la lógica de la exigencia. Como observa Frigerio, esa exigencia ha ido tomando cada vez con más fuerza la forma de "una pasión por el *buen número*, el *mejor porcentaje*, la *más exacta expresión estadística*, el *más exquisito análisis cuantitativo*" (2011, p. 17), todo lo cual perfila una *cuantofrenia* que busca complementarse con análisis cualitativos y satisfacer su pretensión universal auto-investida (luego investida por los discursos que sobre ella se yerguen) como unidad de medida que exige prescripciones curriculares evaluables/medibles, relaciones institucionales apropiadas a los fines de la notación buscada, procedimientos aptos a producir el hacer medible, una educación cimentada sobre la primacía de una economía de la competencia y de las acciones "gananciales" (con su inevitable costado de pérdidas, daños colaterales y "debilidades" concebidas como obstáculos o amenazas). En otras palabras, es lo que Carlos Skliar (2003) refiere con la imagen del mundo reducida a *cantidades manipulables y obscenas* que, por más impresionantes y rimbombantes, inquietante y reales que sean "no habría que dejarse gobernar por ellas o, lo que es mejor decir, no habría que dejarse arrastrar por esa mismidad que todo lo cuenta, en sumas y restas trazadas desde una alcantarilla, olvidando al sujeto que queda sumergido o ignorado entre posiciones numéricas, coeficientes, pérdidas y ganancias y umbrales" (p. 61) porque, si no, cualquiera se reduce a su manipulación numérica, a su medición, a su cuantificación y se queda sin rostro, sin lengua, sin cuerpo o con un rostro, una lengua y un cuerpo debidamente mensurados.

En este marco, Jorge Alemán acierta cuando sostiene que "la matriz de socialización del capitalismo es la evaluación" porque lo que caracteriza efectivamente al capitalismo es producir un tipo de subjetividad que

> tiene que concebirse a sí misma como valor, como en competencia consigo misma, en una relación empresarial consigo [...] y de un modo tal que esté todo el tiempo en

juego su máximo rendimiento y, por lo tanto, un rendimiento que está lógicamente, para decirlo en términos psicoanalíticos, "más allá del princípio de placer". (en Giuliano, 2018b, p. 31)

Un rendimiento que durante determinada temporalidad tiene que auto-maximizarse, auto-valorizarse de manera ilimitada y en un "movimiento circular donde la subjetividad tendencialmente se vuelve capital y el capital se vuelve tendencialmente subjetividad" (Alemán en Giuliano, 2018b, p. 32). Así funciona el círculo vicioso de la evaluación, cuyos problemas pretenden ser resueltos incluso con más evaluación, lo que podría recordarnos cierta evocación de la guerra:

> Todos querían que la guerra terminara [...], pero nadie sabía cómo hacer para ponerle fin. Lo demoníaco [...] es que todos empezamos a comprender que las armas que usábamos eran tan mortíferas que ninguno de nosotros estaba preparado para soportarlas. Y las armas por sí mismas no iban a detener la matanza. (Piglia, 2015, p. 80)

Como si la conductista 'máquina de enseñar' hubiese triunfado y la docencia reflexiva hubiese pasado de la aspiración a una estancia en la torre de marfil a una permanencia en una torre de control, la formación para la competencia deja de lado cualquier atisbo formativo de convivialidad. Iván Illich y Raúl Fornet-Betancourt son partidarios de la convivialidad como forma de crear comunidad de pensamiento mutuo y común y "hacer de los espacios educativos *espacios de resonancia de saberes*" (en Giuliano, 2017, p. 209), así como -al decir de Ignacio Ellacuría- ante una política que a coro grita "¡A sus órdenes mi Capital!", la educación se torna una chance de "romper ese cautiverio comprometiéndose también en la lucha por liberar la política" (Fornet-Betancourt en Giuliano, 2017, p. 206). En este sentido, puede evocarse a Édouard Glissant (2019) cuando invita a pensar la política desde las poéticas que no cesan de combatir y en su detalle no habita un punto de referencia descriptivo, sino una extensión no medible: un revelado donde lo político aloja la potencia de un gesto injuzgable.

Muy en contraposición de Jean-Luc Nancy (2009) que encuentra en el gesto evaluador un sentido afirmativo de la evaluación que hace de la política una forma de distinción creadora de valor y al cual se ataría la existencia, dejando lo incalculable (es decir, lo no intercambiable, lo no mensurable ni equivalente) como aquello que excede a la política (y no como su parte constitutiva) al mismo tiempo que esta solo *debería* hacer posible su existencia, mantener su apertura, asegurar sus condiciones de acceso, pero no adoptar su tenor. De modo que se priva de lo incalculable a la política, es decir, se la priva del arte, del amor, de la amistad, del pensamiento o el afecto, al tiempo que a estas variantes de lo incalculable se les priva de su propia política ya que "el elemento en el cual lo incalculable puede compartirse lleva por nombre arte o amor, amistad o pensamiento, saber o emoción, pero no política" (Nancy, 2009, p. 34).

Gestualidades inevaluables, pedagogías conjeturales

No olvides
que fuimos hechos a la vez
de bestialidad y viudez
de lágrima y consuelo
de vísceras de espantos de pliegues.
Y que un gesto tuyo mío nuestro cualquiera
puede rehacer el mundo
o incluso
acabar por deshacerlo.

Carlos Skliar, *Hilos después*

Un aviso, con su habitual carácter de premura, se esconde en un libro de 1931 y parece todavía contener cierta vigencia:

> Se necesita un maestro. Sí; pero uno de los nuestros, a quien escuchar, de los que hayan sufrido los mismos quebrantos, los mismos abatimientos, las postergacio-

nes sin límites. Maestros, no fonógrafos repetidores de dogmas, de mitos, de teorías. Uno de los nuestros, listo de comprensión e indulgencia. Uno de los nuestros mejor que nosotros, se necesita. (Scalabrini Ortiz, 1933, pp. 142-143)

Quien conozca el texto, recordará que el aviso culmina con la recomendación a Macedonio Fernández de que se presente. Pues, para Scalabrini Ortiz, Macedonio encarna esa figura docente en plural "mejor que nosotros", pero que no deja de ser "uno de los nuestros" y, quizá por esa conjunción compartida de padecimientos y sensibilidades, se lo necesita. Al ubicar el aviso en un libro y no en un periódico, no se trata de una acción que media un fin, ni de una acción que tiene un fin en sí misma, se trata de un mero gesto.

Algo similar también puede decirse de Ezequiel Martínez Estrada cuando, en 1959, pronuncia un importante discurso a la juventud en la Universidad Nacional del Sur. Allí cuestiona cómo no se enseña a venerar mártires, sino a celebrar triunfadores; cómo se inculcan "las doctrinas norteamericanas y soviéticas del éxito y del deporte, del progreso mecánico y de la praxis idolatrada en la técnica" (Martínez Estrada, 2013, p. 72). Se inclina así por los rumbos y combate los planos de turismo cuyo único destino es el cambio de servidumbre que hace que la juventud busque "*influencers*" y no maestros, que busque técnicos y no arquitectos de ideas o músicas, que busque escribas y fariseos y no defensores de los esclavos negros (como el capitán Brown que inspiró y guio desde otro tiempo a Thoreau y este guio e inspiró desde otro tiempo a Martínez Estrada y este sigue inspirando cuando hasta en sus últimos gestos guarda una orientación subversiva: a quienes digan que nunca entrarán en nuestras aulas y conversaciones, replicar que nunca entraremos en sus ferreterías).

¿Puede decirse lo mismo de Borges y su animadversión contra los exámenes? Hay quienes dicen que directamente no los tomaba; otros dicen que sí hubo exámenes, pero jamás formuló una pregunta en ellos e invitaba a estudiantes a elegir y considerar un aspecto cualquiera de un tema en el que ni por remota casualidad exigiría una fecha ya que ni él mismo las recordaba. A través de estas incógnitas, o mitificaciones, Horacio González percibe que lo que late insinuado tras ellas es una revolución pedagógica y la esboza con el nombre de *pedagogías conjeturales*. Ellas tendrían un basamento irónico que arroja precisas demoliciones (con un "belicoso placer") a un problema, que expresa un deseo de conocimiento, y que encuentra su cauce "a la sombra de su imposibilidad" (González, 2019, p. 152). Así se delinea una forma de problematización que, cual músculo que puede darse el lujo de pasar por bobo, tiene la generosidad constante de *dar* un ritmo, de *bombear* vitalidad y acompañar la oxigenación de toda pedagogía conjetural: se trata de la disputa "no entendida con la idea oficial de que de ella sale una 'enriquecida síntesis', sino como armazones pedagógicos que tienen menos respaldo –son conjeturales porque la realidad también lo es–, que el que le prestaría la presente búsqueda de una verdad" (González, 2019, p. 165).

Esa disputa se acompaña también de una idea bufonesca del conocimiento como una "forma de intentar presentarse en nombre de otras piezas del conocimiento, piezas necesariamente incompletas, nunca terminadas, piezas humorísticas" (González, 2018, p. 215) porque en ello quizá radique la principal chance de que pueda *darse otro conocimiento* hecho de piezas sueltas y promesas que la "sociedad del conocimiento", así como la "sociedad del aprendizaje" y la "sociedad de la información", generalmente inhiben y destruyen. Pues el conocimiento, o el aprendizaje, como información reduce ese "conjunto de hechos contradictorios e inaprensibles por los sistemas normales de acumulación y progresión de explicaciones" que es la vida y, cuando eso ocurre, "cada sujeto quedó expropiado en su calidad de único depositario de sus enigmas y reservas, para ser transformado en papilla descifrada" (González, 2004, p. 344) destinada a alimentar los sistemas de control y fiscalización. Por eso quizá, en una línea parecida, Agamben sostiene que "a cada ser humano se le ha entregado un secreto y la vida de cada uno es el misterio que pone en escena este arcano" y que "no desaparece con el tiempo, sino que se vuelve cada vez más intenso" hasta mostrarse como un gesto que, en tanto misterio irrevelable e in-inscribible en los dispositivos de los medios y los fines, "es injuzgable" (2018, p. 158).

Horacio González se rebela contra el *ethos* burocrático que apresa las instituciones educativas con un "Canon de Tasación" que expresa un idioma complejo e incluye "un pensamiento registrador, arancelario e incentivatorio" (2018, p. 109). Dicho canon obliga a docentes al "referismo" o "referatismo" (algunos ismos provenientes de la figura exacerbada del réferi), a cumplir actividades de contaduría y expulsar el drama de la contingencia, en suma, a convertirse en evaluadores y evaluados insertos en una esfera de enjuiciamiento que desencadena incesantemente escenas de juicio final. Al mismo tiempo, se siembran las sospechas de que no es posible una existencia sin juicio, pero ellas no alcanzan a inhibir "la formulación de la utopía general del acabamiento del juicio" (González, 2018, p. 114). De lo contrario, la razón evaluadora se apoderaría de las instituciones en tanto posibilidad de volverlas *inquisiciones*, es decir, "instrumentos de categorización, enjuiciamiento y aprobación de credenciales que en su extremo delirante implica persecución de la vida intelectual" o "una pregunta persecutoria, un inquirir inquisitorial, que fusiona las ideas de Pregunta y Tribunal", lo que no es más que una cacería "en nombre del ideal pedagógico de la adaptación" (González, 2018, pp. 115-116). De ahí el combate contra el inquirir inquisitorial que fusiona las ideas de pregunta y tribunal, un combate librado en esas grietas del espacio y del tiempo que suelen ser las aulas cuando estas se dedican al enigmático arte de transmitir.

Y es que, para mala noticia de los profetas del odio (quienes gustan de proliferar diretes decadentes en torno a imposibles y utopías), hay docencias desprejuiciadas (o desjuiciadas) que no aplazan y desmontan el "progreso" del entender dándole lugar a la bola sin manija que va de un lado a otro no declamando lo imposible, ni reclamándolo, sino, tal vez tímidamente, haciéndolo. En palabras de un estudiante de González, se alza vivo y coleando el testimonio de una docencia conjetural capaz de burlar y fracturar la razón de evaluar:

> Tomó exámenes en el colectivo 12 (Puente Pacífico-Constitución). Organizó caminatas a la peatonal Lavalle para advertir de la superposición entre Todo x \$2 y cines antológicos o aceptó monografías dadaístas que incluían cien páginas totalmente en blanco —esta última ocurrencia proviene de alumnas que habían pescado su predisposición realmente desprejuiciada. Nunca "bochó" a ningún alumno porque siempre consideró que había algo de su rol que no tenía derecho a violentar a alguien mandándolo a rehacer nada. La escritura y la lectura están ahí no para ser juzgadas sino para que se vuelquen en todo lo que fuimos hasta el momento de toparnos con ellas y poder seguir pensando, cuando no pensarlo todo de nuevo. Nadie sabe *más*. Porque entender, para González, es un momento no en una curva de progreso sino en una conciencia que tiene el aspecto de una bola sin manija. Alguna vez reivindicó el "leer mal" como una forma crítica de leer. [...] Porque en las aulas nos enseña que las cosas *siempre* son difíciles pero los más difíciles somos *siempre* nosotros. No estar a la altura de uno mismo es una constante y un desafío de redención en el día a día. (Laxagueborde, 2018, pp. 12-14)

Una huella imprescindible, constituida por una bataola de gestualidades ético-políticas e inevaluables, en una época distópicamente kafkiana en la que cualquiera por el mero hecho de vivir puede resultar imputado o, si la acusación no ha sido formulada, puede llegar a no dudar en auto-acusarse o auto-calumniarse. Una evocación a lo conjetural de pedagogías que provocan esa tercera forma de la acción que "rompe la falsa alternativa entre el hacer que siempre es un medio respecto un fin (la producción) y la acción que tiene en sí misma su fin (la praxis)" (Agamben, 2018, p. 160). Se traza así, sin querer queriendo, un gesto como el no-acto aparecido en el acto de abrir un espacio en el que "los dispositivos que conectan las acciones humanas como fines y medios, imputación y culpa, mérito y demérito, se vuelven inoperosos" (Agamben, 2018, p. 162).

No se trata de idolatrías, ni de paradigmas, ni de "casos especiales", ni de singulares deidades, ni de una "comunión de los santos" —como solía aborrecer David Viñas—. Tan solo de unas pedagogías que, en su estado inmanente de conjeturalidad, guardan una sublime generosidad. Son tan silvestres que por ahí andan entretejiendo huellas, entre el pasado y el presente, en los bosques públicos de la formación y en las vidas que las hacen carne de conversación. Incluso podríamos encontrar en un joven Piglia otro precursor de las pedagogías conjeturales cuando, en su diario de 1964, escribe que "lo que se puede enseñar es tan limitado que alcanzaría con una frase de diez palabras. El resto es pura oscuridad, tanteos en un pasillo en la noche" (2015, p. 148). Seguiremos tanteando, entonces, en los recovecos de los días más opacos. Tal vez por todo lo que implica esa aventura, la enseñanza es la brevedad de un comienzo que se pierde en la trama y el resto es la búsqueda de esa infancia.

Incorregibles: poéticas del traspié
(entre el errar, el fracasar o el equivocar)

Las faltas no tienen límites
como tienen los terrenos,
se encuentran en los más buenos,
y es justo que les prevenga:
aquél que defetos tenga
disimule los agenos.

José Hernández, *La vuelta de Martín Fierro*

La palabra 'incorregible' suele invocar el espíritu de aquella sentencia borgeana dirigida a las singularidades peronistas que constituyen el pueblo argentino, sentencia precedida de una advertencia "no son ni buenos ni malos" y que desemboca en la recordada conclusión "son incorregibles". Interesantes sentidos se disparan de esa pieza histórica si recordamos que el "individuo a corregir" es una de las "figuras de anormalidad" que Michel Foucault toma en su célebre curso de 1975 conocido bajo el título de *Los anormales*. Siguiendo esta huella, Carlos Skliar encuentra que el "individuo a corregir" es el individuo incorregible que, en tanto tal, será intervenido específicamente por tecnologías "de la corrección, de la recuperación y, en síntesis, de la normalización" (2003, p. 140), lo que no hace más que darle cause a esa maña de seguir preceptos inculpadores y corregir lo visualizado como "falta" (ya sean errores, "desvíos", desorientaciones o traspiés).

Así no se hace difícil entender cómo es que, en el imaginario social, el error suele aparecer asociado a la vergüenza, la estupidez, la ignorancia, la degeneración, o alguna psicopatologización de moda relacionada con la desatención, la distracción, la falta de interés, la timidez o "falta de preparación", el desequilibrio emocional y un largo etcétera. Tal vez este panorama esté reforzado por una enseñanza falsamente montada sobre el acierto, donde sus propias equivocaciones intentan ocultarse y sus errores permanecen velados o, a lo sumo, lo más disimulados que se pueda. Aquí puede que opere la histórica asociación moral del error con el mal y de lo correcto con "lo recto", pero ¿qué es lo que hace una equivocación imposible de recordar o imposible de olvidar?

Se sabe que mil doscientos años antes que René Descartes escribiera su famosa sentencia "*cogito ergo sum*", Agustín de Hipona escribió "*fallor ergo sum*" no solo dejando entrever relaciones fundamentales entre errar y existir, también convidando a pensar que el hecho de estar vivo se alimenta del malentendido y una dieta a base de equivocaciones. Como diría Kathryn Schulz (2015), el error "como un rasgo de nuestro paisaje interior [...] es el colmo del cómplice que actúa desde dentro" (2015, p. 31). No obstante, coincidimos con Schulz en que el error surge de la innegable brecha entre el interior y el exterior, entre lo singular y lo general, entre las palabras y las cosas, entre lo presente y lo primigenio. Lo cual da la pista de que también es la grieta por donde entran las luces (y las sombras) de la imaginación, de la invención y de la esperanza. Se trata del yerro como un don, como una fuente inagotable (e irremplazable) de humor y de arte.

De hecho, para fortuna de las paradojas, Phillip Roth, en aquella novela con la que gana el Premio Pulitzer de Ficción en 1998 (*Pastoral americana*), sostiene que de lo que se trata la vida no es de entender bien al prójimo, sino de malentenderlo una y otra vez para, luego de una cuidadosa reflexión, malentenderlo de nuevo. Otra manera de insistir y persistir en la equivocación como signo principal del vivir. O como signo del goce, si recordamos a Oscar Wilde cuando (en *Una mujer sin importancia*) sostiene el secreto de la vida como el placer de estar terriblemente equivocado. O como si una interdependencia constitutiva entre el error y la comedia se entretejiera en la risa por la pifiada ajena (que funciona como espejo en el que, sin darnos cuenta, miramos nuestra propia errancia).

Si llevamos el asunto a un terreno más escabroso, ya que nunca faltan moralinas de la perfección dedicadas a refutar posiciones filosófico-literarias con planteos de pose oligárquica y tributo al campo médico, podríamos decir que (aunque no los prefiramos, y causen tanta gracia como morbo) los errores médicos se erigen, en los países "desarrollados", como una de las causas de muerte más altas, ocupando una cómoda posición, por delante del cáncer de mama y el sida, en el top 10 de la muerte. Fuera de broma, a quien le interese el morbo de las cifras puede consultar la documentación utilizada por Schulz o hacerse una idea con una analogía por ella ofrecida: "para que la aviación comercial tuviese el mismo número de víctimas en Estados Unidos, tendría que estrellarse cada tres días un 747 lleno matando a todos cuantos estuviesen a bordo" (2015, p. 278). La cuestión es la capacidad desarrollada en el campo médico para ocultar, negar o minimizar la pifiada cotidiana y cómo la equivocación atraviesa una metamorfosis que termina por aparecer como "complicación", o "resultado imprevisto", o "efecto secundario". Sin desatender la histórica influencia que el poder médico, en complicidad con el mercado, ejerce sobre la sociedad, ¿serán de esos procedimientos c(l)ínicos para ocultar el error que viene alimentándose subrepticiamente la tendencia a no hablar del fracaso y que en escena solo quede el éxito como única actuación posible?

Como si el hecho de fracasar ya supusiera un efecto ontológico que sentencia a portar su adjetivación, su mote, su carga junto al nombre propio, y de por vida. Una cadena perpetua que desoye completamente la idea nietzscheana de que hay fracasos, pero jamás fracasados ni fracasadas. Como si por el mero hecho de existir se estuviese condenado al éxito y no hubiera margen de error, un destino que solo podría ser torcido por una educación que pueda liberarse de ese yugo y plantearse que, como expresa Skliar, "educar también puede ser asumir la posición de ser fervientes devotos del fracaso" (2011, p. 167). Pues, en el espacio-tiempo educativo, es donde puede alentarse fracasar tan solo por pensar en nuevos, magníficos y conmovedores fracasos que permitan seguir pensando. Como si fracasar permitiera ir disimuladamente por la vida, mientras que a "ser exitoso" no se llega sin humillar y ser humillado, sin matar y ser matado, sin evitar todo el tiempo nuestra fragilidad constitutiva.

> Y es que ¿hay acaso otra cosa que el fracaso? ¿No se fracasa, por ejemplo, en el combate cuerpo a cuerpo con la muerte? ¿En la búsqueda infructuosa de un amor que nunca llega a tiempo? ¿En la desesperada y torpe asimilación del saber? ¿En la cruel pérdida de la memoria de la infancia? [...] Aunque algunos insisten en decir que del fracaso algo se aprende. Lo que se aprende del fracaso no es nunca lo que queremos aprender. [...] Porque, al fin y al cabo: ¿qué otra cosa podemos hacer sino fracasar una y otra vez? (Skliar, 2011, p. 168)

Algo similar podría decirse de la palabra *equivocar*. Como si su mera pronunciación sonara a una infeliz coincidencia con la vida misma, pero también a ese camino, a esa dirección o a ese sentido que se ha perdido en la andanza y suspende el juicio. Porque si hasta algún aristócrata se ha percatado de que hay mucha queja sobre la fragilidad de la memoria y muy poca sobre el sano juicio, no sorprendería el testimonio del pensador ilustrado que ha encontrado más verdad en un sordomudo que en esos filósofos del juicio que, para el "buen entendimiento", siempre reclaman un órgano faltante. Es lo que, en otro tiempo, vio –y vivió– Skliar cuando descubrió cómo opera la evaluación en la educación de los sordos: clasificaciones basadas en baterías de test derivadas de la lectura de tal o cual psicólogo del momento (ediciones inglesas o francesas, traducciones castellanas) que fácilmente le llevarían a la conclusión de que un grupo numeroso de niños sordos –independientemente de diferencias de edad, género, clase social, nivel de escolaridad, etc.– realizaban agrupamiento de objetos exclusivamente por "identidad perceptual" sin cambiar sus criterios conceptuales, sin abstraer, sin generalizar, en síntesis, *sin pensar*. Si no fuera por un pequeño gesto, a contracorriente de todo lo que le habían *dado* en su formación como indiscutible (como, por ejemplo, que 'hacer gestos' en educación de sordos era incorrecto), nunca podría haberse enterado de que se trataba de una gestualidad de igualdad la que le llevaría a cambiar la impunidad de la sentencia por el dolor de aquella ignorancia sobre la que desearía haber escrito: "*todos los niños sordos por mí evaluados demuestran ser notablemente receptivos a la primitiva comunicación del evaluador*" (Skliar, 2011, p. 138). La anécdota se complementa con el hallazgo de una lectura en la que un investigador documenta la literatura colonialista europea de los siglos XVI a XVIII y sistematiza la descripción que los autores de la época hacían de los nativos africanos, cuya correspondencia descriptiva entre los textos coloniales y los de la psicología de la sordera resulta absoluta (e incluso se halla el mismo paternalismo, el mismo etnocentrismo), lo que lleva a Skliar a una enseñanza que se graba a fuego: jamás tiene que ver con lo visto, "tiene que ver con la posición de quien ve" (2011, p. 139).

Hay juegos de lengua(je) que le dan al fallido un lugar fundamental, una fuente de sentidos por explorar, una cuna de esperanzas, suposiciones y acontecimientos contrafactuales. Sillares lingüísticos donde pueden tomar asiento las insinuaciones, las sugerencias, las generalizaciones y las matizaciones. Por eso, *quizá*, *tal vez*, *probablemente*, Schulz lamenta que en la lengua inglesa el subjuntivo esté desapareciendo casi por completo y solo se conserve en sutilezas gramaticales.

Como también hay en la escritura un grado inevitable de entendimiento erróneo, una verdad en fuga que, en el momento cabal que parece captarse (por no decir capturarse), titila, se distorsiona y se escapa zigzagueando. Pero cuando no se busca su captación (su captura) y se habita el sobresalto, la inquietud y el desafío, una errancia puede advenir poética. ¿Y será que puede haber poesía sin errancia? ¿Y qué traspié no aloja su poética de la tragedia y de la comedia en medio del drama humano? ¿O qué poética desea tanto la pulcritud como para presentarse limpia del barro (y del barrio) que le dio nacimiento? Ni siquiera el frío formalismo hace fenecer la fogosa intimidad que se insinúa entre el yerro y la poesía, entre el arte y el equívoco. Recordemos sino a ese arquitecto que devino una leyenda no precisamente por sus planos, sino por hacer del aparente dislate una actuación y de la actuación una enseñanza, y de la enseñanza una infancia incorregible, y de la infancia incorregible una vida artística abierta al mundo, Jorge Bonino:

> Para demostrar la esencial inconsistencia del lenguaje, a veces, solía tener a mano una mesa que transformaba en escritorio colocando papeles, libros, lapiceros y otros útiles rigurosamente ordenados; luego le mostraba al público un cartel que decía "¿está prolijo?" Y el público gritaba al unísono "¡sííí!". Después desordenaba completamente el escritorio y les mostraba un cartel que decía: "¿está improlijo?" y el coro asentía. Entonces tomaba el diccionario y leía las diferentes acepciones de la palabra prolijo y les informaba que improlijo no aparecía. Otras

veces escribía en mi pizarra la palabra "murciégalo" al lado de "murciélago" y hacía votar a los presentes por la forma correcta, para entonces demostrarles que en el diccionario convivían amigablemente, y los amonestaba con severidad y gritaba "¡nebrijas!", y les advertía que tomaran precauciones antes de corregir a los niños cuando dicen vedera, mondiola, almóndiga o bayonesa... (en Casarín, 2014, p. 73)

Palabras entramadas de incorregibles: errar, enseñar, escribir, poetizar.

Una imposible conclusión: errarle al tiro una y otra vez para, luego de una cuidadosa reflexión, volver a errarle. A lo mejor salvamos a alguien, además de a nosotros mismos.

(Actitud) crítica y arte de no ser evaluada

> El Negro disfrutó de una discreta
> fama y sin embargo el culturoso
> poder tiene con él –sino penoso–
> una deuda que es pública y secreta.
> Nunca vieron que sabía escribir.
> Para una mirada acartonada,
> cometió el error de hacer reír
> y de tener lectores a patadas.
> Aviso a los curiosos por venir:
> la crítica ha vivido equivocada.
>
> Juan Sasturain, *El versero*

Una relación íntima entre poesía y crítica se insinúa con mayor explicitación cuando leemos los trazos de Roberto Jorge Santoro, trazos cuya vitalidad no cesa (mal que les pese a los verdugos que promovieron su desaparición), donde pueden encontrarse definiciones criticas/poéticas como "*Caída*: el capitalismo / no mira por dónde camina", "*Quiebra*: al imperialismo / no le salen las cuentas", "*Exactitud de la tardanza*: los enemigos del pueblo / al final caen en la cuenta" (2013, p.

444). Pero una vieja pregunta sigue apareciendo e insistiendo sin parecer nada obvia: ¿qué es la crítica?

En una conferencia dictada en 1978, en la Sociedad Francesa de Filosofía de la Universidad de la Sorbona, Foucault se propone decir algunas palabras en respuesta a lo que considera un proyecto de inacabada formación, prolongación y renacimiento "en los confines de la filosofía, muy cerca de ella, muy en su contra, a sus expensas, en dirección a una filosofía por venir, acaso en lugar de toda filosofía posible" (2018, pp. 45-46). Sin sacar el pie de la "alta empresa kantiana", Foucault data a partir del siglo xv y xvi, en el occidente moderno, pequeñas actividades que llevan el nombre de *crítica* y se asocian a "cierta manera de pensar, de decir, también de actuar, cierta relación con lo que existe, con lo que se sabe, con lo que se hace, una relación con la sociedad, la cultura, [...] con los otros" (2018, p. 46) y que llama *actitud crítica*. Así se perfila la "manera crítica" como una manera de pensar, de decir y de hacer que se ejerce siempre en relación *con* (lo que la dota de una heteronomía constitutiva) un juego de relaciones que le permite generar articulaciones bajo formas de ataque que son, a su vez, atacadas (lo cual le da un carácter ineludible de fragilidad).

Sin detenerse en el contexto geopolítico que marca al siglo xv y xvi como fundamentales para la empresa colonial y la expansión de Europa, Foucault considera que una de las preguntas cardinales de lo sucedido en esos siglos fue ¿cómo gobernar?, la cual se respondió con la multiplicación de todas las artes de gobernar (entre las cuales está el arte pedagógico) y todas las instituciones de gobierno, pero también se acompañó de la necesaria contra-pregunta sobre cómo no ser gobernado "*deesa manera*, por esas personas, en nombre de esos principios, en vista de determinados objetivos y por medio de determinados procedimientos" (2018, p. 49). Una contra-pregunta que, probablemente, haya oficiado de interpelación primera entre los pueblos colonizados frente al atropello de la conquista, es decir, ya no como contra-interrogante en forma de respuesta a la gubernamentalización, sino como cuestión que ata la actitud crítica a una necesidad de supervivencia.

Por tanto, el "arte de no ser gobernado" como primera definición de la crítica adquiere un matiz diferente entre quienes recurrieron a él como mera contrapartida a un adversario (las artes de gobernar) del que puede desconfiarse, escaparse, al que puede recusarse o transformarse, limitarse o desplazarse, y entre quienes han recurrido a él como forma de resistencia vital y re-existencia (otra manera de sobreponerse a una negación de la existencia). Pues, en el marco de la colonización, las comunidades locales se descubrieron contrapartes frente al advenimiento de un adversario sin límites en el que estaban obligadas a creer, al que no podían recusar ni transformar, y mucho menos limitar, desplazar o escapar de él. En suma, las 'artes de no ser gobernado' en un contexto semejante adquirió dimensiones estratégicas inimaginables que podían llegar a ir desde mensajes conspirativos ocultos en cabellos trenzados a sueños musculares de rebelión que de vez en cuando se cobraban la vida de un colonizador.

Frente al poder colonial de nuestra época que toma forma en la razón de evaluar, ¿qué matices toma la (actitud) crítica como arte de no ser gobernado? ¿Podremos hablar de un arte de no ser evaluada como manera de limitar, desplazar y escapar del poder de la razón evaluadora? Sabiendo que este poder gusta de transformarse (y mejorarse) toda vez que le sea posible, ¿a dónde apuntaría la transformación en este arte? La evocación de cierta continuidad del poder colonial en la racionalidad evaluadora nos da también otra característica desterritorializada que hace a su marco fundamental: una obligación de creencia, una reducción de la desconfianza al mínimo posible, un antagonismo con lo que se le oponga, una simulación de sus límites, un planteo de inevitabilidad en su presencia y de imposibilidad de escape. Algo de esto puede llegar a leerse retrospectivamente también, e incluso desnudando sus relaciones íntimas con la ilustración, cuando Foucault comenta que se intentaba reconocer en la *Aufklärung* y en todo ese período del siglo XVI al siglo XVII, que le sirve de referencia, "la línea pendiente más marcada de la razón occidental, en tanto que la política a la que ella estaba ligada era objeto de un examen receloso" (2018, pp. 58-59), lo que insinúa también que el periodo colonial señalado no queda exento del raciocinio examinador receloso funcionando en el corazón de la razón (política) occidental.

Frente a ese panorama, quizá aporte retomar la actitud crítica en sus puntos de anclaje histórico o en la genealogía de la crítica que conjetura Foucault a partir de la relación con la escritura (en el rechazo al magisterio eclesiástico que establecía su mediación), la relación con la ley (en la no aceptación de leyes y en el establecimiento de los límites del derecho), la relación con la autoridad (en la no aceptación como verdadero lo que una autoridad establece). La crítica se multiplica así en formas de desacato al magisterio, a la ley y a la autoridad, es decir, aparece como movimientos que trazan una interrogación sobre los discursos y los efectos del poder. Esto es lo que la instala como un "arte de la inservidumbre voluntaria" y de la "indocilidad reflexiva" (Foucault, 2018, p. 52) al tiempo que cada uno de sus gestos implica alguna desujeción, enseña una inconformidad, construye comunidad y alimentan un combate. Respecto a este último, Foucault señala que suele desdoblarse en dos oponentes complementarios: por un lado, una autoridad, una tradición o un abuso de poder y, por otro, "una inercia, una ceguera, una ilusión, una cobardía" (2018, p. 53).

No obstante, como advertimos anteriormente, en el planteo foucaultiano late la vena de la empresa kantiana que termina por hacer desembocar su genealogía en la *Aufklärung* y reducir a ella la (actitud) crítica con todo lo que eso implica (entre otras cuestiones, privar de infancia a la crítica ya que esta podría estar solo en manos de "mayores de edad" que hacen "buen uso" de su razón). Quizá sea porque las veredas parisinas de aquel entonces, por las que probablemente se haya paseado el autor de la *Historia de la sexualidad*, se encontraban desprovistas de esas sillas igualitarias que Roberto Arlt (1994) apellidaba "conventilleras" y en donde hasta un ex barrendero, pasando por la vieja y el peón municipal, podían hacer filosofía barata. Será por eso que Noé Jitrik (2006) da en el clavo cuando dice que, en la tradición filosófica de la modernidad, la crítica tiene una formulación "enceguecedora". Frente a ello, Jitrik planta una genealogía de la (actitud) crítica y le da un triple alcance:

- *heurístico*: a partir de respaldos sociales y filosóficos "intenta saber 'cómo son realmente las cosas' o 'qué se oculta en las declaraciones'" (2006, p. 18);
- *ético:* al sacudir la inmovilidad de lo fáctico o el peso de las afirmaciones, fuerza a reconsiderar su pretendido dominio e intenta introducir una modificación en el entendimiento acerca de ellas o dirime un combate –lo cual denota que a su ejercicio no le basta "con dejar que la recorran las diversas savias que la alimentan" (2006, p. 18)–;
- *político*: al ejercerse en el orden de las simples relaciones sociales, tanto su aspecto de articulación como su aspecto de transformación constituyen su politicidad.

A ello se le suma un aspecto huidizo que hace del valor un mero adjetivo en una mala casualidad fugaz y que desdibuja cualquier sustantividad posible en el orden de una tasación. Pues así la actitud crítica convoca por igual a la sensibilidad y la inteligencia, y en ello radica la creatividad de su lectura. En cierta forma, se trata también de la conjunción de lo que Arlt llamaba "el placer de vagabundear" y la "terrible sinceridad", ya que

> para vagar hay que estar por completo despojado de prejuicios y luego ser un poquitín escéptico [...] como esos perros que tienen mirada de hambre y que cuando los llaman menean la cola, pero en vez de acercarse, se alejan, poniendo entre su cuerpo y la humanidad, una respetable distancia. (1994, p. 92)

Y, casi como una definición local de la *parresia*, la terrible sinceridad reclama interrogarse siempre (aún en el peor minuto de la vida) y sincerarse con todos y consigo "aunque se rompa el alma contra el obstáculo" (Arlt, 1994, p. 139), aunque depare el perjuicio, la soledad, el aislamiento, la sangre, aunque la equivocación acontezca en el preciso momento en que una fuerza misteriosa lo disponga, porque esa es la base y, sobre esa cuerda floja o tensa, cruzamos el abismo de la vida. Sin descuidar los sismos y cataclismos que alimentan el pensamiento que Glissant llama *del temblor* y que, vinculando sensibilidades e intuiciones, nos lleva a directa y sinuosamente a lo inextricable donde "hay toda la fragilidad que suele reforzar un sistema errático" y donde "ni el cuerpo ni el espíritu se desgreñan o pierden el hilo de la trama" (2019, p. 67).

Un pensamiento tentado (muchas veces de risa) por intuiciones, se asemeja a la chance de entender la crítica también como un gesto narrativo. Es lo que Noé Jitrik (1995) convida en una conferencia de mediados de los años noventa, dictada en la Facultad de Humanidades de la Universidad Nacional de Mar del Plata, donde señala que la crítica involucra una trama de relaciones complicadas con un problema en la que busca afirmarse y, del abanico de relaciones posibles e imposibles, caracteriza tres tipos:

- una relación *erótica*, cuando se pretende desnudar el problema o fusionarse con él;
- una relación *medicinal*, cuando se quiere mejorar aquello que causa el problema;
- una relación *infantil*, cuando se quiere desmontar el problema para ver cómo son sus mecanismos (como cuando en la niñez se desarman los juguetes para ver qué tienen adentro). Jitrik agrega aquí que, contrariamente a lo que podría pensarse, no se trata de un estadio de la crítica, sino de un modo de proceder, de una actitud.

Así la crítica se ocupa de un problema, se involucra con él tramando una relación compleja en la que busca afirmarse (incluso en la negación) y, en lo que refiere a nuestra cita, podemos ver históricamente que la relación de la crítica con la razón de evaluar ha sido médica, en el sentido en que siempre se ha querido mejorar lo que en ella causaba el problema, y erótica, en el sentido último de fusionarse con el problema hasta perderse en él. Frente a ello, la (actitud) crítica por la que optamos evidencia su relación con la infancia y también el primer sentido de la relación erótica con un plus de histeria, es decir, que apunta a la desnudez del problema, pero no para unirse con él, sino para contemplarlo con la mirada de un peligroso can hambriento que pareciera acercarse y no hace más que alejarse sigilosamente.

Tampoco faltan quienes, con una importante inclinación paranoica, suelen considerar a la crítica como perseguidora o, si se la percibe muy fogosa, "reductora". O también quienes la aceptan con un suspiro de condescendencia al considerarla, en última instancia, servicial o re-duplicadora de aquello mismo que intenta desnudar, mejorar o descomponer. Sin embargo, otro sentido de la crítica se cocina en la larga dedicación de Jitrik (1995) a este asunto, sobre todo cuando comenta que se ha pasado la vida tratando de decir lo que "no" es la crítica, un gesto que lo emparenta a Kusch en su exploración titulada *La negación en el pensamiento popular* y a un enfático David Viñas cuando en una ruda ocasión televisiva sostuvo que la discrepancia, como práctica de la negatividad, era su un punto de partida, porque decir "no" para Viñas era empezar a pensar. Luego de cortar varios puentes, Jitrik (1995) dinamita quizá el más conectado con la tradición moderna occidental y dice que la crítica no es un juicio de calidad o de falta de calidad, lo que implica —abriéndose totalmente del paradigma kantiano— que tampoco es un juicio de valor. Pues, en contra de Kant, no ve en qué descansa ni dónde se verifica la existencia de esa facultad del espíritu llamada "juicio", es decir, no siente como verdadera esa vertiente que hace de la crítica una calificación o un juicio.

No se trata de un enredo en un trunco esquema hegeliano, sino de algo que la actitud crítica carga en sí misma: irritaciones, agitaciones, temblores, situaciones socialmente peligrosas o, como mínimo, dificultosas, pero que conducen a cierta reflexión entre la potencia del narrar y la impotencia del explicar. Una suerte de quitarle capas a la cebolla, a riesgo de quedarse sin nada, ensayando caminos de entrada y salida al tiempo que se rompe un esquema de inmovilidad. Así, con la paciencia del albañil que va erigiendo andamiajes de sol a sol sin dejar de buscar la sombra, se van habilitando aberturas que permiten el juego del gesto narrativo y convocan a otros gestos: una ampliación contingente motivada y alimentada por un inconsciente que le va dando forma (a veces escrita, a veces inscrita) y que pide una lectura sin prejuicios en la que el asombro no sea un privilegio. Lo cual también hunde sus raíces en las enseñanzas populares ya que no niega el peso del "*a primera vista*", anunciante que "de un vistazo inicial igualmente se podría abarcar buena parte de los problemas" y que podría ahorrarnos de "andar por el mundo con la imposición de tener que observar con más hondura que la que ofrecerían esas *primeras vistas*" (González, 2004, p. 365).

Ello incita a una lectura despenalizadora o, como la llama González, "sintomática", que camina sobre la sospecha de lo que se quiebra en la literalidad de un problema, en su plano no explicitado y que obra como tácito, o late y pugna por decirse hasta que una libertad que lo despenaliza le hace "perder el sistema punitivo que él mismo inventó para no obligarse a decir la verdad" (2019, p. 201). Así se avizora una relación de parentesco entre lectura y crítica, así como entre problema y texto, lo que nos permite percibir de otro modo la noción de crítica como restitución de una idea vinculada a un texto-problema ya que "los textos son palimpsestos dormidos de otras voces de la historia que a veces [...] somete a un tropiezo inquisitorial donde la memoria se deshace o se ritualiza" (González, 2018, p. 122). Esto, como tal vez puede percibirse, no supone adaptar la crítica a parámetros de lectura masiva para ganar audibilidad social (teniendo que, indefectiblemente, moderar su fuerza de ruptura y dislocación), ni mucho menos satisfacer la demanda de "instantánea legibilidad" que persiguen los mercados de signos y que nunca desarma ni subvierte las reglas de formulación y comprensión diagramada por la lógica de la audiencia.

Tampoco se trata de una oposición a una *escucha sin más*, es decir, "un escuchar carente de aditamentos y ropajes [...] que queda retenido en la memoria boba, a disposición del momento terrible en que vayamos a interrogar lo banalmente sucedido como indicio de verdades abismales" (González, 2004, pp. 365-366), sino de una forma de resistir al *requerimiento* divulgativo de tener que explicar sentidos o enviar "todo lenguaje a una *prueba de inteligibilidad* proporcionada por los medios de comunicación" (González, 1993, p. 35). Prueba, examen o evaluación que no puede pasarse sin dejar intacto el léxico del "estado de cosas" y sin limar toda aspereza y disonancia que singularizan la crítica en medio de la creciente estandarización. Asperezas de tono, disonancias de lenguaje, rugosidades de vocabulario o lenguajes desafinados, que pueden contradecir –con sus irregularidades– las tendencias homogeneizadoras de la lógica mercantil de la audiencia (y de la razón evaluadora). Si el mercado aspira a la transparencia y la simpleza de signos que *deben ser* velozmente consumidos, la crítica burla ese artificio cuando planta una demora y no se entrega al desciframiento inmediato, cuando cuida la extrañeza del enigma allí donde radica su potencia de alteridad.

¡Guauch! Arte de no ser evaluado® y encarnaciones de la crítica

Quiénes somos
qué pasa
qué extraña historia es esta
por qué la soportamos
si es a costa nuestra
por qué nos soportamos
por qué hacemos el juego.

Idea Vilariño, *No*

Cualquiera podría coincidir, en una afirmación más o menos veloz, que Rodolfo Walsh o Frantz Fanon encarnan en el imaginario colectivo una figura innegable de la crítica o de lo que suele pensarse como 'intelectual crítico'. Sin embargo, en Jorge Bonino puede encontrarse otra figura más enigmática o misteriosa, tal vez una esfinge de la actitud crítica, por su deseo de hacer una crítica del mundo "sin ningún punto de vista". Motivo por el cual, sin haber estudiado teatro y sin pretender realizar una obra, se plantea hacer una escenificación con un lenguaje inventado por él, un lenguaje inexistente que no se entienda, pero que junte gente por una noche y que, durante ese rato, la crítica del mundo ajena a los puntos de vista se concrete de manera tal que "la gente no pudiera aferrarse a ninguna cosa" (en Kamenszain, 2014, p. 23) y quedara unida por la crítica. Y, si llegaba a decir algo que sonaba inteligible, en el fondo no quería decir nada o se trataba de un juego en el que, cuando parecía llegarse a una conclusión, una ambigüedad radical la frustraba. En palabras de Bonino:

> El clima que se creaba era el de dar la sensación de que siempre había que empezar todo de nuevo, por eso empezábamos aprendiendo las letras. El público repetía: a, e, i, o, u. [...] De golpe a mí me daba un desmayo mientras decía: "todos los planes que estamos haciendo están resultando FANTÁSTICOS...". (en Kamenszain, 2014, p. 24)

Hay quienes dicen que halló el grado cero del sentido, aunque también se trate de alguien que hizo de la parodia una enseñanza y de la enseñanza una parodia. Como cuando, durante ese rato en el que intentaba hacer una crítica del mundo, se ubicaba junto a la gente en una posición de infancia en la que nuevamente acontecía la enseñanza del habla y la escritura unida al dibujo, al canto, al baile, es decir, a "algo que pueden hacer todos y no solo algunos" (en Kamenszain, 2014, p. 34). Por eso le gustaba estar cerca de un pizarrón inmenso que le permitía "dibujar un árbol y después acostarse debajo de él, o dibujar una ventana y ponerse a mirar por ella" (en Kamenszain, 2014, p. 40), de ahí que a su enseñanza no le haya resultado complicado el salto de la universidad a la escuela o al jardín de infancias. Aunque es necesaria la aclaración de que, bajo la dictadura de Onganía, Bonino firma un petitorio en contra de las intervenciones de la policía en la universidad y este será el motivo por el cual se trunca su docencia universitaria en la Facultad de Arquitectura:

> me echaron de la facultad por firmar un papel de oposición a que hubiera policías en las aulas; en realidad, creo que no interpretaron bien mi propuesta: yo solicitaba que en el caso de que fuera necesario que los agentes anduvieran por ahí, lo hicieran uniformados, pero no convencionalmente, sino como arlequines o payasos. Esta aclaración la escribí al pie de la solicitada que firmamos un grupo grande de personas que trabajábamos en la facultad, pero finalmente me echaron sólo a mí: atribuyo esto a una falta de sensibilidad y creatividad de los servicios de inteligencia. (en Casarin, 2014, p. 71)

El redactor, escultor e ilustrador, Jorge Pistocchi relata que con solo contemplar a Bonino ya se recibía su primera lección "que las palabras son un medio pobre de comunicación, que nos hemos olvidado de nuestro cuerpo y que nuestra cara es cada día menos expresiva" (2014, p. 13). Así, mientras cualquiera podía detenerse en los pensamientos que semejante enseñanza artística suscitaba, Bonino ya estaba siendo el maestro capaz de transformarse en infinitos personajes que aclaran ciertas dudas (sin hacerlo jamás o, mejor, sin perder nunca ese estado de infancia que irradiaba a su alrededor y que a tanta gente molestaba al punto de resultarle insoportable). Como solo alguien que se propone una actividad crítica semejante, el llamado "mimo sonoro" logra reír último y reír mejor al tirarse al pozo por no aceptar adueñarse él solo de esa risa dichosa y contagiarla al resto en un gesto de desprendimiento absoluto. Un gesto que subvierte la filosofía occidental al unir, en una misma actuación, al crítico y la risa que causa.[62] En este preciso sentido (quizá

---

62.   Un 17 de abril, pero de 1990, Jorge Bonino realizó su último acto: un salto

bordeando su grado cero), puede evocarse la memoria de Piglia cuando permite recordar

> al filósofo Tales que, al caminar ensimismado, mientras observaba el firmamento tratando de captar la verdad oculta del universo, se cayó en un pozo, lo que produjo la risa de una joven campesina que se estaba lavando el pelo en el agua de una fuente. Y muchos han dicho después que hay más filosofía en esa risa jovial que en los profundos pensamientos del filósofo que se fue al fondo de un hoyo por no mirar por dónde caminaba. (2015, p. 346)

¡Guauch! Habrá exclamado el filósofo al verse asombrado por las profundidades del pozo y el porrazo que se habrá pegado, pero también puede haber sido la expresión interna de la joven campesina antes o después de su risa. ¿Será que miramos, escuchamos y pensamos desde las codiciadas profundidades que, las más de las veces, conducen a un pozo ciego, a una cámara séptica o a un aljibe que no ha resistido las sequías y ha llevado al deterioro o incluso a la putrefacción de la actitud crítica? ¿Y si sintiéramos y pensáramos desde esa risa jovial que, sin escaparle al inevitable dueto de asombro y dolor, surge de una lúdica negatividad? ¿Será este el primer gesto de toda contrafilosofía?

Equivocarse en el momento preciso o acertar en el momento equivocado, hete aquí la cuestión. O la evocación que insiste en el percudido y desacreditado espectro de la crítica que a ninguna época le sienta en gracia, tal vez porque provoca preguntas en el juego incesante de la discusión: goce y exención de la inevitable diferenciación y del fatal desacople que ocasiona

---

único e irrepetible. Luego, una enfermera provinciana comentaría a un amigo que le llamaba desde lejos: "El señor Bonino ha fallecido de *un intento de suicidio...*". Este fue el gran final de la vida (hecha obra) de quien encarnó una crítica del mundo en un lenguaje inexistente. Entre sus enseñanzas, y las huellas que dejó en el planisferio, quedó un pequeño registro fílmico que en su nombre combina las onomatopeyas del asombro y el dolor: ¡Guauch! Allí, todavía pueden verse sus gestualidades eternamente enigmáticas: <https://vimeo.com/31871716>.

sobre los poderes, instituciones y escrituras criticadas. Esta sería otra manera de entender la "filosofía", esa masa madre que se rehace multiplicándose críticamente en su atracción formativa de preguntas prometeicas y quijotescas, bastante contraria a lo considerado habitualmente "académico". La actitud crítica no carga certificaciones oficinescas, pero tampoco "deja de peticionar su mismo remedio sobre sí, como garantía de veracidad. [...] No es la divina insatisfacción que busca anular las obras. Es la obra misma cuando abre un conocimiento inédito" (González, 1993, pp. 38-39). Discontinuidad en la percepción, fisura del progreso: quizá alguna (contra)filosofía de la educación y otra pedagogía sin rendición.

(florecimientos)

Si hay unas flores que recuerdan
una primera infancia lenguajera,
los pensamientos esas quizá sean.

Mirarlas como quien busca
un lugar donde hospedarse
compartir la estancia fusca.

Preguntaste al florero si tenía
pero aquel respondió que no
que no, que no se vendían
por delicadas o diminutivas.

¿Por qué será en el fondo?
no se venden, son frágiles
los pensamientos florecen

siempre pequeños al lado de
lo que pueden hacer sentir
a la memoria de un cuerpo.

También por ser más que reminiscencias:
acaso paisaje infantil en experiencias.

Y si la infancia es más
que evocación fugitiva,
tal vez sea porque
en los pensamientos
donde mejor se osa
más colorida florece.

Cito-grafía

A continuación, por una mejor convivencia bibliográfica, se establece una diferencia entre las obras filosófico-educativo-literarias que hacen de base ético-política al planteo general del volumen y las obras que son parte del *archivo evaluador*. Sin embargo, algo más podríamos decir en esta sección sobre el sistema de citado que en ocasiones suele funcionar como cárcel del pensamiento y férreo defensor de una transparencia absoluta o de un distanciamiento aséptico entre lo dicho por uno y lo dicho por otro, distancia fundada también sobre la creencia de la propiedad privada del decir y el escribir. Es innegable la hegemonía de Estados Unidos a este respecto y contra ella tendríamos que intentar dirigir un poco más de nuestros esfuerzos combativos, pues incluso cuando las "normas de citación" no están explicitadas existe un sobre-entendimiento (o una operación desde el orden de lo no dicho) de que la producción de conocimiento en todas sus formas *tienen* que estar sujetas a una modalidad reconocida de citado *para ser* aceptada, validada o legitimada. Tampoco se trata de caer en la defensa de escribir bajo ese solipsismo que borra toda referencia, y así inflar una genialidad montada sobre el velado de los pensamientos y la gente *con* (y *contra*) quienes se escribe.

Lamentablemente, a veces suele llegarse con tal tedio al final de largas reflexiones escritas y reescritas que se descuida la importancia de este aspecto y se incurre en alguna forma más o menos prolija que ahorre cualquier inconveniente burocrático. Ahora bien, no negamos aquí que hemos practicado una suerte de "ética de la cita" en el sentido más amoroso posible: el compromiso de acudir a un lugar y un tiempo de encontrarnos por tratar algún asunto (más allá de que este implique amistad, debates y combates). No sería la cita como mero ornamento del texto, ni mero recurso de autoridad, sino como signo de un compromiso y de alguna generosidad no enfática ni declamada. Es el compromiso de la lectura con un tiempo liberado que hace presente toda la intensidad pasada y, tal vez, futura.

Lindo hubiese sido hacer la gran jugada en la que se llega a la sección destinada a la bibliografía y solo se encuentra un pequeño pasaje que dice que los libros ya han sido mencionados en el cuerpo del texto y no serán reiterados, pero ello nos habría supuesto ahorrar algo de pereza y señalar títulos o crear fórmulas indirectas para referir citas, autores o pretextos. Estimamos que las formas aquí practicadas, implícita y explícitamente, no reducirán las maneras optativas de aparición, sea esta el refilón, la insinuación o alguna transversalidad inconsciente. Esta bibliografía sugiere, en un orden solo aparente, que no se piensa solo o que la soledad siempre está poblada. En este sentido, en la inquietud colectiva de cada cual, y en cada trazo conspirativo, queda la curiosidad sobre si un conjunto de incidentes, de amistades más o menos declaradas, de evocaciones y provocaciones, quizá pueden llegar a llamarse pueblo. O incluso: la trama libresca y amorosa de una conversación cualquiera en medio de la plaza llena.

Referencias bibliográficas de base

Agamben, Giorgio (1996). *La comunidad que viene*. Valencia: Pre-Textos.

————— (2014). *Pilato y Jesús*. Buenos Aires: Adriana Hidalgo.

————— (2015). *Idea de la prosa*. Buenos Aires: Adriana Hidalgo.

————— (2018). *Karman: breve tratado sobre la acción, la culpa y el gesto*. Buenos Aires: Adriana Hidalgo.

Aguer, Bárbara (2018). ¿Podemos pensar las no-europeos/as? En Facundo Giuliano (comp.), ¿Podemos pensar los no-europeos? Ética decolonial y geopolíticas del conocer (pp. 161-202). Buenos Aires: del Signo.

Anzaldúa, Gloria (2004). Los movimientos de rebeldía y las culturas que traicionan. En: b. hooks, A. Brah, C. Sandoval, G. Anzaldúa. *Otras inapropiables. Feminismos desde la frontera* (pp. 71-80). Madrid: Traficante de Sueños.

————— (2016 [1987]). *Borderlands / La frontera: La nueva mestiza*. Madrid: Capitán Swing.

Arlt, Roberto (1994 [1933]). *Aguafuertes porteñas*. Buenos Aires: Losada.

————— (2010 [1975]). *Nuevas aguafuertes*. Buenos Aires: Losada.

Astrada, Carlos (2006 [1948]). *El mito gaucho*. Buenos Aires: Fondo Nacional de las Artes.

Balbinito (1894a). Los exámenes anuales son una farsa. *Revista de enseñanza*, año 3, núm. 59, pp. 146-147.

————— (1894b). Los exámenes anuales son una farsa II. *Revista de enseñanza*, año 3, núm. 60, pp. 162-163.

Bierce, Ambroise (2008). *El diccionario del diablo*. Madrid: Edimat.

Bleichmar, Silvia (2007). *Dolor país y después…* Buenos Aires: Libros del Zorzal.

Butler, Judith (2009). Violencia no violencia. Sartre en torno a Fanon. En: Frantz Fanon, *Piel negra, máscaras blancas* (pp. 193-216). Madrid: Akal.

————— (2017). *Cuerpos aliados y lucha política. Hacia una teoría performativa de la asamblea.* Buenos Aires: Paidós.

————— y Athanasiou, Athena (2017). *Desposesión: lo performativo en lo político.* Buenos Aires: Eterna Cadencia.

————— y Laclau, Ernesto (1999). Los usos de la igualdad. *Debate feminista*, 19, 115-139.

Cambaceres, Eugenio (1982 [1887]). *En la sangre.* Buenos Aires: Colihue.

Casarín, Marcelo (2014). Bonino, actor de mi propia obra. En: Marcelo Casarin et. al. *Aclara ciertas dudas. Entrevistas a Jorge Bonino* (pp. 49-85). Córdoba: Caballo Negro.

Castro, Edgardo (2011). *Diccionario Foucault. Temas, conceptos y autores.* Buenos Aires: Siglo XXI.

Castro-Gómez, Santiago (2000). Ciencias sociales, violencia epistémica y el problema de la "invención del otro". En E. Lander (comp.), *La colonialidad del saber: eurocentrismo y ciencias sociales. Perspectivas latinoamericanas* (pp. 88-98). Buenos Aires: CLACSO.

Cioran, E. M. (2014a [1949]). *Breviario de podredumbre.* Madrid: Taurus.

————— (2014b [1973]). *Del inconveniente de haber nacido.* Madrid: Taurus.

————— (2015 [1964]). *La caída en el tiempo.* Barcelona: Tusquets.

Costa, Flavia (2014). Nuevos cuerpos productivos. Fitness, gubernamentalidad y el sentido práctico de la "buena presencia". *Artefacto. Pensamiento sobre la técnica*, 8, 22-29.

Del Volgo, Marie-José y Gori, Roland (2010). Résister à la société de la norme et de l'évaluation. *Connexions*, *94*(2), 49-60.

Deleuze, Gilles (1995). *Proust y los signos*. Barcelona: Anagrama.

———— (1996). *Conversaciones. 1972-1990*. Valencia: Pre-Textos.

Deligny, Fernand (2017). *Semilla de crápula: consejos para los educadores que quieran cultivarla*. Buenos Aires: Cactus / Tinta Limón.

De Marinis, Pablo (1999). Gobierno, gubernamentalidad, Foucault y los anglofoucaultianos (O un ensayo sobre la racionalidad política del neoliberalismo). En R. Ramos y F. García (comps.), *Globalización, riesgo, reflexividad. Tres temas de la teoría social contemporánea* (pp. 73-103). Madrid: Centro de Investigaciones Sociológicas.

Derrida, Jacques (2001). Torres de Babel. En Jorge Larrosa y Carlos Skliar (eds.) *Habitantes de Babel. Políticas y poéticas de la diferencia* (pp. 433-480). Barcelona: Laertes.

Dussel, Enrique (2011). *Filosofía de la liberación*. México: Fondo de Cultura Económica.

Fanon, Frantz (1965). *Los condenados de la tierra*. Buenos Aires: Fondo de Cultura Económica.

———— (2009 [1952]). *Piel negra, máscaras blancas*. Madrid: Akal.

Fernández, Macedonio (2004). *Textos selectos*. Buenos Aires: Corregidor.

Fernández Moreno, Baldomero (1969). *Obra poética*. Buenos Aires: Huemul.

Foucault, Michel (1982). *La imposible prisión. Debate con Michel Foucault*. Barcelona: Anagrama.

———— (1990). *Tecnologías del yo y otros textos afines*. Barcelona: Paidós.

———— (1992). *Microfísica del poder*. Madrid: La Piqueta.

———— (1994 [1984]). La ética del cuidado de uno mismo como práctica de la libertad (Entrevista realizada R. Fornet-Betancourt, H. Becker y A. Gomez-Muller). En: Foucault, M. *Hermenéutica del sujeto* (pp. 105-142). Madrid: La Piqueta.

———— (2000). *Defender la sociedad. Curso en el Collège de France (1975-1976)*. Buenos Aires: Fondo de Cultura Económica.

———— (2001). El sujeto y el poder. En Dreyfus, H. L. y Rabinow, P. *Michel Foucault: Más allá del estructuralismo y la hermenéutica* (pp. 241-259). Buenos Aires: Nueva Visión.

———— (2006). *Seguridad, territorio y población. Curso en el Collège de France (1977-1978)*. Buenos Aires: Fondo de Cultura Económica.

———— (2007). *Nacimiento de la biopolítica. Curso en el Collège de France (1978-1979)*. Buenos Aires: Fondo de Cultura Económica.

———— (2018). ¿Qué es la crítica? Seguido de la Cultura de sí. Buenos Aires: Siglo Veintiuno.

FRIGERIO, Graciela (2011). A la sombra de PISA: versión preliminar y descartable. Inédito.

GARCÍA SUÁREZ, Carlos Iván (ed.). (2004). *Hacerse mujeres, hacerse hombres: dispositivos pedagógicos de género*. Bogotá: Siglo del Hombre.

GINER DE LOS RÍOS, Francisco (1889 [1882]). *Educación y enseñanza*. Madrid: De La Lectura.

———— (1993 [1894]). O educación, o exámenes. En A. Díaz Barriga (ed.) *El examen: textos para su historia y debate* (pp. 72-82). México: Plaza y Valdés.

GIULIANO, Facundo (2016). La educación, entre la mismidad y la alteridad: Un breve relato, dos reflexiones cuidadosas y tres gestos mínimos para repensar nuestras relaciones pedagógicas. *Voces y silencios. Revista Latinoamericana de Educación*, 7(2), 4-18.

———— (2017a) *Rebeliones éticas, palabras comunes. Conversaciones (filosóficas, políticas, educativas) con Judith Butler,*

Raúl Fornet-Betancourt, Walter Mignolo, Jacques Rancière, Slavoj Žižek. Buenos Aires: Miño y Dávila editores.

————— (2017b). Del sujeto y la repetición en la educación al reconocimiento ético como acto educativo. *Araucaria. Revista Iberoamericana de Filosofía, Política y Humanidades, 19*(38), 265-284.

————— (2018a). Situar a Paulo Freire: entre el racismo epistémico y la razón evaluadora. Una lectura crítica desde la filosofía de la educación. *Pensando-Revista de Filosofía, 9*(17), 191-225.

————— (2018b). En torno a lo imposible: una aventura común, entre psicoanálisis y educación, con Jorge Alemán. *Estudios de Filosofía Práctica e Historia de las ideas*, (20), 17, 1-35.

————— (2019a). Desnudar la razón evaluadora. Elementos para un combate filosófico-educativo. *Pensamiento. Revista de Investigación e Información Filosófica, 75*(287), 1451-1474.

————— (2019b). Entonces, ¿qué es un dispositivo? De la matriz colonial de poder a los dispositivos (pedagógicos) contemporáneos. *Voces de la Educación, 4*(8), 28-68.

————— (2019c). Escuela y colonialidad. Variantes e invariantes (estéticas) de la clasificación social. *Ñawi, 3*(2), 93-109.

————— (2019d). La razón evaluadora en las pedagogías críticas. Reflexiones sobre la colonialidad pedagógica desde América Latina (1954-2019). *Revista Estado y Políticas Públicas*, (13), 145-166.

————— (2020a). Razón evaluadora/razón punitiva: relaciones y complicidades (o dos caras de la colonialidad pedagógica). *Revista Humanidades, 10*(1), 122-141.

————— (2020b). Fragmentos (literarios, pedagógicos, filosóficos) de una crítica de la razón evaluadora. *(pensamiento), (palabra). Y obra*, (24), 62-81.

——————— (2020c). Razón evaluadora y escenarios del juicio educativo. *Revista Pensamiento Actual*, *20*(34), 74-90.

——————— (2020d). Portarse mal, decir alguna verdad: la función de la confesión en la razón evaluadora. *Ensayos. Revista de la Facultad de Educación de Albacete*, *35*(1), 163-173.

——————— (2020e). Infancia y razón evaluadora: contrariedades y resistencias pedagógicas (entre filosofía y literatura). *Enunciación*, *25*(2), 220-231.

——————— (2020f). Psicoanálisis y educación: acerca de lo imposible versus la razón evaluadora. *ECOS-Estudos Contemporâneos da Subjetividade*, *1*(10), pp. 123-144.

——————— (2020g). Herencias indisciplinadas, legados de rebelión: derivaciones ético-pedagógicas para una crítica de la razón evaluadora (a 100 años de la Reforma Universitaria del 18 y 50 años del Mayo Francés). *Investigación y postgrado*, *1*(35), pp. 35-60.

——————— (2020h). La razón evaluadora en Paul Ricoeur: Trazos por un desarme de la máquina que ajusticia. *Revista Dialectus*, *9*(19), 25-37.

——————— y Skliar, Carlos (2019). A propósito de la pereza y la *scholè*. Meditaciones éticas, políticas, educativas. *Archivos de Ciencias de la Educación*, *13*(16), e072.

Glissant, Édouard (2019). *Filosofía de la relación: poesía en extensión*. Buenos Aires: Miluno.

González, Horacio (1993). Teorías con nombre propio: el pensamiento de la crítica y el lenguaje de los medios. *El ojo mocho*, (3), pp. 32-40.

——————— (2001). La tradición crítica argentina frente al pensamiento como cálculo. En Naishtat, F., García Raggio, A. M. y Villavicencio, S. (Comps.). *Filosofías de la universidad y conflictos de racionalidades* (pp. 57-66). Buenos Aires: Colihue.

——————— (2004). *Filosofía de la conspiración: marxistas, peronistas y carbonarios*. Buenos Aires: Colihue.

————— (2018). *Saberes de pasillo: universidad y conocimiento libre*. Buenos Aires: Paradiso.

————— (2019). *Borges. Los pueblos bárbaros*. Buenos Aires: Colihue.

González, César (2021). *Rectángulo y flecha*. Buenos Aires: Continente.

————— (2021). *El fetichismo de la marginalidad*. Buenos Aires: Sudestada.

Gori, R. y Del Volgo, M. (2009). L'idéologie de l'évaluation: un nouveau dispositif de servitude volontaire? *Nouvelle revue de psychosociologie*, *8*(2), 11-26.

hooks, bell (2013). *Ensinando a transgredir: a educação como prática da liberdade*. São Paulo: WMF Martins Fontes.

————— (2017). *El feminismo es para todo el mundo*. Madrid: Traficantes de Sueños.

Illich, Iván (2008). *Obras reunidas II*. México: Fondo de cultura Económica.

Jankélévitch, Vladimir (2015). *La ironía*. Buenos Aires: El Cuenco de Plata.

Jauretche, Arturo (2012 [1957]). *Los profetas del odio y la yapa*. Buenos Aires: Corregidor.

Jitrik, Noé (1995). Un resumen sobre la crítica. (Conferencia pronunciada en la Facultad de Humanidades de la Universidad Nacional de Mar del Plata). Inédito.

————— (2002). *Evaluador*. México: Fondo de Cultura Económica.

————— (2006). Productividad de la crítica. *La biblioteca*, (4-5), 16-25.

————— (2010). *Verde es toda teoría: literatura, semiótica, psicoanálisis, lingüística*. Buenos Aires: Liber.

Kamenszain, Tamara (2014). El espectáculo no puede detenerse. En: Marcelo Casarin et. al. *Aclara ciertas dudas. Entrevistas a Jorge Bonino* (pp. 19-41). Córdoba: Caballo Negro.

KUSCH, Rodolfo (2007a). *Obras completas. v. 1*. Rosario: Fundación A. Ross.

———— (2007b). *Obras completas. v. 2*. Rosario: Fundación A. Ross.

———— (2007c). *Obras completas. v. 3*. Rosario: Fundación A. Ross.

LANGIER, A. y WEINBERG, D. (1932). El factor subjetivo en las notas de examen. *El monitor de la educación común*, núm. 717, año 51, 40-41.

LARROSA, Jorge (2003). *Entre las lenguas. Lenguaje y educación después de Babel*. Barcelona: Laertes.

LAXAGUEBORDE, Juan (2018). Prólogo. Quedarse libre. En: González, H. (2018). *Saberes de pasillo: universidad y conocimiento libre* (pp. 7-23). Buenos Aires: Paradiso.

LAZZARATO, Maurizio (2013) *La fábrica del hombre endeudado. Ensayo sobre la condición neoliberal*. Buenos Aires: Amorrortu.

———— (2015). *Gobernar a través de la deuda. Tecnologías de poder del capitalismo neoliberal*. Buenos Aires: Amorrortu.

LOPES LOURO, Guacira (comp. 1999). *O corpo educado: pedagogias da sexualidade*. Belo Horizonte: Autêntica.

LUGONES, María (2008). Colonialidad y género: hacia un feminismo descolonial. En: Mignolo, W. (Comp.) *Género y descolonialidad* (pp. 13-54). Buenos Aires: Del Signo.

MAILLARD, Chantal (2019). *La compasión difícil*. Barcelona: Galaxia Gutenberg.

MALDONADO-TORRES, Nelson (2007). Sobre la colonialidad del ser: contribuciones al desarrollo de un concepto. En S. Castro-Gómez, S. y R. Grosfoguel (comps.),*El giro decolonial. Reflexiones para una diversidad epistémica más allá del capitalismo global* (pp. 127-168). Bogotá: Siglo del Hombre, Instituto de Estudios Sociales Contemporáneos-Universidad Central, Instituto Pensar-Pontificia Universidad Javeriana.

MARECHAL, Leopoldo (1994 [1970]). *Megafón, o la guerra*. Buenos Aires: Planeta.

MARTÍNEZ ESTRADA, Ezequiel (1956). *Cuadrante del pampero*. Buenos Aires: Deucalión.

———— (1957). *Las 40*. Buenos Aires: Gure.

———— (2011 [1933]). *Radiografía de la pampa*. Buenos Aires: Eudeba.

———— (2013). *Mensajes*. Buenos Aires: Interzona/Ediuns.

MECKERT, Jean (2017). *Los golpes*. Barcelona: las afueras.

MÈLICH, Joan-Carles (2014). *Lógica de la crueldad*. Barcelona: Herder.

MERCADO, Tununa (1990). *En estado de memoria*. Buenos Aires: Ada Korn.

———— (2003). *Narrar después*. Rosario: Beatriz Viterbo.

———— (2005). *Yo nunca te prometí la eternidad*. Buenos Aires: Planeta.

———— (2021). *El vuelo de la pluma*. Buenos Aires: Miluno.

MIGNOLO, Walter (2018). Sí, podemos. En: F. Giuliano (comp.), ¿Podemos pensar los no-europeos? Ética decolonial y geopolíticas del conocer (pp. 121-159). Buenos Aires: Del Signo.

MUDIMBE, Valentine Yves (2006). ¿Qué es una línea? Sobre las paradojas en torno a las alegorías de identidad y alteridad. *Boletín de Antropología Universidad de Antioquia*, *20*(37), 327-357.

MÜLLER, Herta (2011 [1995]). *Hambre y seda*. Madrid: Siruela.

———— (2015). *En la trampa: tres ensayos*. Madrid: Siruela.

MURENA, Héctor A. (1962). *Ensayos sobre subversión*. Buenos Aires: Sur.

NANCY, Jean-Luc (2006). *Ser singular-plural*. Madrid: Arena Libros.

Nietzsche, Friedrich (1984). *Humano, demasiado humano*. Madrid: EDAF.

————— (1997). *El Anticristo. Maldición sobre el cristianismo*. Madrid: Alianza.

————— (2005). *La genealogía de la moral. Un escrito polémico*. Madrid: Alianza.

————— (2011). *El viajero y su sombra: segunda parte de Humano, demasiado humano*. Madrid: EDAF.

Odifreddi, Piergiorgio (2018). *Diccionario de la estupidez*. Barcelona: Malpaso.

Papalini, Vanina (2015). *Garantías de felicidad: estudio sobre los libros de autoayuda*. Buenos Aires: Adriana Hidalgo.

Piglia, Ricardo (2015). *Los diarios de Emilio Renzi: años de formación*. Barcelona: Anagrama.

Pineau, Pablo (1999). ¿Por qué triunfó la escuela? O la modernidad dijo: "Esto es educación", y la escuela respondió: "Yo me ocupo". En P. Pineau, I. Dussel y M. Caruso. *La escuela como máquina de educar. Tres escritos sobre un proyecto de la modernidad* (pp. 27-52). Buenos Aires: Paidós.

—————, Dussel, I. y Carusso, M. (2016). A modo de introducción: La escuela moderna como modelo para armar. En: *La escuela como máquina de educar. Tres proyectos de la modernidad* (pp. 21-25). Buenos Aires: Paidós.

Pistocchi, Jorge (2014). Las máscaras de Bonino. En: Marcelo Casarin et. al. *Aclara ciertas dudas. Entrevistas a Jorge Bonino* (pp. 11-17). Córdoba: Caballo Negro.

Quijano, Aníbal (1992). Colonialidad y modernidad/racionalidad. *Perú indígena, 13*(29), 11-20.

————— (2007). Colonialidad del poder y clasificación social. En S. Castro-Gómez y R. Grosfoguel (comps.), *El giro decolonial. Reflexiones para una diversidad epistémica más allá del capitalismo global* (pp. 93- 126). Bogotá: Siglo del Hombre, Instituto de Estudios Sociales Contemporáneos-

Universidad Central, Instituto Pensar-Pontificia Universidad Javeriana.

Ramos Mejía, José María (1904). *Los simuladores del talento en las luchas por la personalidad y la vida*. Buenos Aires: Félix Lajouane & C.ª

Rancière, Jacques (2010). *El espectador emancipado*. Buenos Aires: Manantial.

Ribeiro, Darcy (1985). *Las Américas y la civilización. Procesos de formación y causas del desarrollo desigual en los pueblos americanos*. Buenos Aires: Centro Editor de América Latina.

Roca, Deodoro (2008). *Obra reunida I: cuestiones universitarias*. Córdoba: Universidad Nacional de Córdoba.

Rodríguez, Pablo Esteban (2008). ¿Qué son las sociedades de control? *Revista Sociedad*, 27, 177-192.

Roth, Philip (2006). *Pastoral americana*. Buenos Aires: Debolsillo.

Santoro, Roberto Jorge (2013). *Obra poética completa 1959-1977*. Buenos Aires: RyR.

Scalabrini Ortíz, Rául (1933). *El hombre que está solo y espera*. Buenos Aires: Librerías Anaconda.

Schulz, Kathryn (2015). *En defensa del error. Un ensayo sobre el arte de equivocarse*. Madrid: Siruela.

Skliar, Carlos. (2003). *¿Y si el otro no estuviera ahí? Notas para una pedagogía (improbable) de la diferencia*. Buenos Aires: Miño y Dávila editores.

————— (2011). *Lo dicho, lo escrito, lo ignorado. Ensayos mínimos entre educación, filosofía y literatura*. Buenos Aires: Miño y Dávila editores.

————— (2017). *Pedagogías de las diferencias: notas, fragmentos, incertidumbres*. Buenos Aires: Noveduc.

————, y Giuliano, Facundo (2020). La universidad: lo que ha sido, lo que es y ¿qué será? *Pensamiento Universitario*, (19), pp. 66-78.

Tavares, Gonçalo (2018). *Enciclopedia*. Zaragoza: Xordica.

Thénon, Susana (2019). *La morada imposible I*. Buenos Aires: Corregidor.

Varela, Julia (1995). Categorías espacio-temporales y socialización escolar: del individualismo al narcisismo. En: Larrosa, J. (ed.) *Escuela, poder, subjetivación* (pp. 155-190). Madrid: La Piqueta.

Vergara, Carlos (1916). *Filosofía de la educación*. Buenos Aires: Compañía Sudamericana de Billetes de Banco.

Vidaillet, Bénédict (2012). Le sujet et sa demande d'être évalué : angoisse, jouissance et impasse symbolique. *Nouvelle revue de psychosociologie*, *13*(1), 123-137.

Wilde, Oscar (2004). *Una mujer sin importancia*. Buenos Aires: Losada.

Williams, John (2016). *Stoner*. Tenerife: Baile del Sol.

Zarka, Yves Charles (2009). L'évaluation: un pouvoir supposé savoir. *Cités*, *37*(1), 113-123.

Žižek, Slavoj (2013). *Sobre la violencia: seis reflexiones marginales*. Buenos Aires: Paidós.

Del archivo evaluador

Atienza y Medrano, A. (1889). Los exámenes. *El Monitor de la Educación Común*, año 11, núm. 16, pp. 551-553.

Avolio de Cols, S. (1972). Formulación de objetivos y evaluación del aprendizaje. *El monitor de la Educación Común*, núm. 942, pp. 31-34.

Balibar, Étienne (2014). *Ciudadano sujeto, vol. 2: ensayos de antropología filosófica*. Buenos Aires: Prometeo.

Berisso, D. (2015) ¿Qué clase de dar es el dar clase?: alteridad, donación y contextualidad. Buenos Aires: Antropofagia.

Bourdieu, P. y Passeron, J.-C. (1996 [1970]). *La reproducción. Elementos para una teoría del sistema de enseñanza*. México: Laia.

Cerletti, A. (2012). Evaluation in Philosophy, teaching and political issues. *Educar em Revista*, (46), pp. 53-68.

Chartier, É.-A. (1933). Exámenes. *El Monitor de la Educación Común*, núm. 724, año 52, pp. 70-71.

De Vedia, J. M. (1889). Educación Nacional: Los exámenes. *El Monitor de la Educación Común*, n° 170, año 11, pp. 623–625.

———— (1895). Los exámenes. *El Monitor de la Educación Común*, año 15, núm. 268, pp. 337-338.

———— (1898). Los exámenes anuales: su supresión. *El Monitor de la Educación Común*, n° 298, año 16, pp. 817–819.

Dussel, I. y Southwell, M. (2008). Sobre la evaluación, la responsabilidad y la enseñanza. *El monitor de la Educación*, (17), 26-30.

Guerrico, F. D. y Tufró, J. (1888). Los exámenes. *El Monitor de la Educación Común*, n° 146, año 9, pp. 241-251.

Larrosa, J. (1995). Tecnologías del yo y educación. Notas sobre la construcción y la mediación pedagógica de la experiencia de sí. En: Larrosa, J. (Ed.) *Escuela, poder y subjetivación* (pp. 259-329). Madrid: La Piqueta.

——————— (2018). *P de profesor (con Karen Rechia)*. Buenos Aires: Noveduc.

——————— (2019). *Esperando no se sabe qué. Sobre el oficio de profesor*. Buenos Aires: Noveduc.

Montaigne, M. de. (2014 [1580]). *Ensayos completos*. Madrid: Cátedra.

Nancy, J.-L. (2009). *La verdad de la democracia*. Buenos Aires: Amorrortu.

Poggi, M. (2008). De la rendición de cuentas a las responsabilidades. *El monitor de la Educación*, (17), pp. 31-34.

Rancière, J. (2007). *El maestro ignorante: cinco lecciones sobre la emancipación intelectual*. Buenos Aires: Del Zorzal.

Ricoeur, P. (2006 [2004]). *Caminos del reconocimiento. Tres estudios*. México: Fondo de Cultura Económica.

——————— (2008 [2001]). *Lo justo 2. Estudios, lecturas y ejercicios de ética aplicada*. Madrid: Trotta.

Tenti Fanfani, E. (2003). Los docentes y la evaluación. En G. Iaies et. al. *Evaluar las evaluaciones. Una mirada política acerca de las evaluaciones de la calidad educativa* (pp. 165-194). Buenos Aires: IIPE-UNESCO.

Tufró, J. (1888). Exámenes. *El Monitor de la Educación Común*, año 9, núm. 142, pp. 49-50.

ANDANZAS TEXTUALES

Algunos de los textos convidados en el presente volumen, tal vez por su inquietud constitutiva, en su ansia de aventura han aparecido por otras latitudes y compartiendo lugar en revistas que han tenido la gentileza de alojarlos en su interfaz electrónica, pero no por eso menos humana en el sentido de las huellas lenguajeras que hoy parecen tomar la forma tenebrosa de lo computacional en una conjunción lo suficientemente conflictiva como para hablar al mismo tiempo de "democratización del acceso al conocimiento" y no-gratuidad de los servicios de Internet. A su vez, estos pasajes formaron parte de un paisaje más amplio que lleva el solemne y nada amigable nombre de "tesis doctoral".

A favor de este volumen, cabe manifestar que los textos reunidos fueron revisados, reescritos y corregidos en las imprecisiones que sus versiones digitales (veloces y, a veces por eso, un poco descuidadas) pueden albergar. A continuación, se comparte la mención del capítulo y su correspondiente primer lugar de aparición (en su distinta versión inicial).

(2018) "Subjetividades y objetividades de (des)aprobación" y "Dos pulsiones vitales contra el espíritu inquisidor", en *Voces de la Educación* (Xalapa, México). Volumen 3. N° 6, pp. 85-92.

(2019) "¿Tienes razón evaluación?", en *Revista Electrónica Educare* (Heredia, Costa Rica). Volumen 23. N° 1, pp. 405-426.

(2019) "¿Realidad de la ficción o ficción de la realidad?", en *Discusiones filosóficas* (Caldas, Colombia). Volumen 20. N° 35, pp. 149-165.

(2020) "Aparatos de empequeñecimiento y mercantilismo pedagógico", en *Estudios* (San José, Costa Rica). N° 40. San José, pp. 1-32.

(2020) "Cuidados con la palabra *exigencia*", "Inteligencia y extractivismo", "Ribete: cuando el sujeto desea la *obediencia debida*", "Las balas de una razón", "Medidas del capital e inconmensurables" y "¿Salimos? Insumisión y huelga pedagógica", en *(pensamiento), (palabra)... y obra* (Bogotá, Colombia). N° 24, pp. 62-81.

(2021) "Destinos que no tienen pruebas", en *Revista Rupturas* (San José, Costa Rica). Volumen 11. N° 1, pp. 1-24.

(2021) "Complacencias con (e insurgencias contra) una racionalidad de impostura", en *Estudios Sociales* (Santa Fe, Argentina). Volumen 60. N° 1, pp. 237-258.

(2021) "Estudiar, ¿arte de lucha o artificio de supervivencia?" y "Al frente: otro arte y otra política del educar", en *Poligramas* (Cali, Colombia). N° 52, pp. 1-24.

(2022) "Bases modernas/coloniales del evaluar y avatares pedagógicos de alteridad", en *Pedagogía y Saberes* (Bogotá, Colombia). N° 56, pp. 117-133.

LA PROMESA

Silvia N. Barei

Mi compañero se llamaba Juan José P.

Le decíamos Josesito.

Era más bien esmirriado, muy tímido y usaba anteojos.

Vivía al frente de mi casa, pero pocas veces lo dejaban jugar con nosotros en la vereda.

Y ese nosotros era un nos-o-tres, compuesto por una banda de primos y primas que vivíamos en casas colindantes y de chicas y chicos de la esquina y de la vuelta.

Creo que un episodio en cuarto grado marcó mi idea de lo que no debe ser la docencia, lo que no debe ser la imposición de un aprendizaje, lo que no debe ser la educación.

Yo no pertenezco a la escuela del rincón con bonete de burro, el arrodillarse en maíz o el reglazo en las manos. De eso se acordaba mi padre.

Pero sí pertenezco a la escuela del tomen distancia, del cuadro de honor, del pizarrón negro, del pase al frente y las filas de bancos con las niñas de un lado y los varones del otro.

Recuerdo a Josesito parado al frente contra el pizarrón negro, con la cabeza gacha, refregándose las manos nerviosamente y sin poder responder a lo que la maestra le preguntaba. Recuerdo el ceño fruncido de la maestra y la amenaza de la mala nota y el llamado a los padres.

Recuerdo –de manera indeleble– a Josesito poniéndose de rodillas frente a la maestra, las manos juntas como en un rezo, la cara arrasada por las lágrimas, la expresión mendicante: "No señorita, no. En mi casa me matan. Le prometo que para mañana estudio todo de nuevo. Le prometo mi manzana".

Recuerdo las risas de mis compañeros, mi angustia terrible por el miedo de ese chiquillo, su perfil desvalido y solitario, su imposibilidad de respuesta, "eclipsado, disminuido, sub-alter-nizado", diría Facundo.

Estoy describiendo un cuadro de época recortado contra el silencio del paso del tiempo.

Porque ese paso –una zancada más bien– no ha podido borrar ese marco de infortunio hacia el cual mi presente retrocede con un nombre en diminutivo que vaya a saber por qué atesoro y que nunca ha dejado de conmoverme.

¿Debe un niño sufrir este tipo de humillación?

¿Debe alguien ser castigado en la escuela y luego en su casa?

¿Debe alguien creer que no sirve para nada –bueno para nada, le han dicho– solo porque ha fallado en una lección escolar, en completar una tarea, en responder un cuestionario?

¿Puede una manzana devenir una cuerda que salve del abismo?

* * *

Me contestaría Facundo en algunas de las palabras de este libro:

> "La dimensión racista de la razón evaluadora, como bio-política que manifiesta el racismo del biopoder, integra las tecnologías disciplinarias modificándolas parcialmente y orientándolas hacia la masificación. Así, las estimaciones estadísticas, las mediciones globales, las normas de disciplinamiento y regulación, se constituyen en la matriz práctica de una sociedad de normalización en la que la mortificación simbólica o el 'dar muerte' toma las formas de un asesinato indirecto como multiplicación o exposición a una muerte política que a veces se traduce en

expulsión, rechazo, reducción, exclusión, a-plazo (como negación del tiempo singular), descalificación de lo inferior a la normalidad (la cual es establecida por la misma lógica de la colonialidad), reificación de la diferencia."

* * *

Hay decisiones difíciles. Se trata sin dudas de cuestiones políticas, o mejor, bio políticas. Se trata del conocimiento, de las formas de enseñar y aprender, o mejor, de un deseable desaprender.

Se trata también de los condicionamientos culturales de la propia subjetividad, o mejor, intersubjetividad.

Porque allí está lo otro, la otra, les otres, las alteridades complejas que constituyen nuestras culturas y con quienes la educación parece haber hecho *tabula rasa,* tan rasa como el pizarrón negro con letras de tiza blanca que la maestra borraba, aunque no siempre habíamos terminado de copiar.

* * *

Y entonces siguen mis preguntas:

¿Cómo salvar la distancia entre quien se supone que enseña porque lo sabe todo y quien se supone que aprende porque no sabe nada?

¿Cómo no hacer de la educación un castigo, un ejercicio de poder, una incertidumbre dolorosa?

¿Cómo superar la idea de la enseñanza como disciplinamiento y pensarla como opción de libertad?

¿Qué ética sostiene los saberes que producimos y reproducimos si dejamos de lado los retos de soñar un tiempo nuevo?

¿Puede una manzana ofrecer una promesa venturosa, al menos una tregua?

* * *

Me recuerda Facundo que Héctor Murena escribió: "La palabra puede prometer una manzana, un amor, una paz". Efectivamente, un amor, una paz ofrecía Josesito a la maestra.

* * *

Me detengo entonces en la idea de promesa porque creo efectivamente que vemos en la educación una promesa que *mate*rializar y que correspondiera estar siendo (lo dicen en nuestra familia, lo reiteran los maestros) algo así como un fanal en la oscuridad del presente.

No hay un modelo de vida, un modelo político, un modelo de ciencia, un modelo de comportamiento, un modelo de sexualidad, un modelo de educación que sea el único posible y que anule la diversidad de las construcciones subjetivas, de las versiones de la historia, de las opciones de un pensamiento plural y descolonizado.

Hay otros modelos -si es que cabe esta categoría merecedora también de desconstrucción-; modelos (o no-modelos) que permitan imaginar formas de vida colectiva organizadas por fuera de las proposiciones ordenadoras y las lógicas de los mercados de la educación y su dimensión puramente normativa y punitiva.

* * *

Y ahora escribo esta nota como a pie de página, o más precisamente como final de un libro escrito por otro, un libro arriesgado y desafiante que exhibe afectos intelectuales y también pone a la vista, por qué no, una disposición vital manifiesta reflexionando sobre la modernidad, sus crisis y sus abusos.

Pienso, desde la incomodidad de un recuerdo que lleva, en diminutivo, el nombre de un niño de pueblo, y ahora —digo— tal vez pueda formular una última pregunta:

¿Qué promesa de ventura en tiempo presente sería tangible si la educación se construyera en la confianza de que estamos acá para aprender juntos, para no ejercer poder sobre quienes suponemos que "no saben", para proponer una conversación en lo que ella aloja de horizontal, para compartir un libro, un cuaderno, un banco, un recreo, un patio de escuela, un juego, las risas, las manzanas?

www.ingramcontent.com/pod-product-compliance
Lightning Source LLC
LaVergne TN
LVHW040112180726

843489LV00005B/1374